U0458647

教育部哲学社会科学研究重大课题攻关项目"高等教育质量监测与评估研究"资助。

JIAOYU PINGGU GONGXINLI YANJIU

教育评估公信力研究

张会杰 著

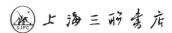
上海三联书店

目 录 CONTENTS

序

　　教育评估源于教育教学及管理活动的需要,自人类的教育活动产生的那一刻起,评估评价活动就与之相伴而生。在中国,隋唐时期就开始出现制度化的以科举考试为代表的评估实践,科举是集政治、教育、文化与社会等多方面功能于一身的关键制度节点。科举制度绵延存续长达 1300 年,对国人的教育与考试观念产生了持久且深远的影响,也为建立现代教育测评理论提供了经验基础。

　　20 世纪 80 年代以来,教育评估开始成为国内教育行政部门和学校组织重要的管理手段,评估的领域不断扩大,各级各类评估项目大量涌现。伴随教育管理体制改革的推进,评估在教育价值引领、教育资源配置中日益发挥重要的作用。这一局部性的管理活动因其广泛影响而具有全局性的意义。

　　置身于社会转型期,价值观念多元化、动态流变与冲突交融特征日趋显现,一定程度上冲击着原有教育评估的理论和实践基础,评估面临着的诸多矛盾与争议已超出单纯技术与方法的层面,并成为当代教育评估发展中不可忽视的现实问题。长期以来,评估相对人、利益相关者及社会公众对评估活动的感知及评估过程中主客体之间的互动在教育评估的理论研究中较少涉及。评估具有鲜明的公共性和显著的社会性,人们对其信任与否对评估活动有着巨大的反作用,这种反作用是客观存在的,它直接决定着教育评估功能的发挥。仅仅着眼于评估主体本身进行制度设计,这种单向度的视角很容易弱化、遮蔽甚至湮没评估相对人、利益相关者及社会公众的能动作用。要使评估富有成效,不能只关注评估各子系统尤其是评估主体的功能发挥,还应关注教育评估因评估相对人、利益相关者及社会公众对其信任状态而产生的整体效益。评估公信力尤其是如何有效聚合评估相对人、利益相关者和社会公众的普遍信任亦将成为教育评估制度优化的一个值得关注的突破点。

信任主题的研究在今天呈现出多学科交叉互通的态势,然而,对于信任水平及其意义的分析建构始终存在着较为严重的认识分歧。在转型时期社会诸多领域陷入"信任危机"的背景下选择这样一个需要综合运用多学科的知识进行研究的问题,研究难度和风险较大,需要研究者具备理论创新的勇气和能力。张会杰 2004 年进入山东大学高等教育研究中心(山东省高等教育评估中心)工作伊始,即开始以评估秘书、评估专家、评估方案咨询论证专家等身份参与一些具体的评估项目,还承担了山东大学通识教育课程体系评价方案的设计与开发工作,作为亲历者与观察者,对当前的教育评估有一定的感性认识和实践体会。在跟随我攻读教育评价学方向博士学位期间,她勤奋学习,刻苦钻研,在教育评价学的前沿领域进行了一些富有成效的探索。

　　本人承担着教育部哲学社会科学研究重大课题攻关项目"高等教育质量监测与评估研究"的研究任务,《教育评估公信力研究》作为该项目的重要组成部分,其成果突破了以往教育评估研究的思维模式,把教育评估的研究对象由评估主体本身延伸到对评估相对人、利益相关者乃至社会公众,拓展和增进了教育评估的问题空间和分析领域。这一拓展具有一定的方法论意义,有助于增进对评估相对人、利益相关者和社会公众及其与评估主体互动协商等内容的分析,有助于增强对丰富的评估实践的理解和解释。

　　从更广泛的学术意义上看,本研究改变把不信任当作信任的对立面,仅仅致力于如何建立和维持信任,努力减少和控制不信任的单向度公信力观,将不信任尤其是理性质疑的积极价值纳入到公信力主题的分析中,这一双向度的公信力观丰富和补充了信任研究的理论体系。基于理性信任和质疑积极潜能的充分发挥、盲目信任和无端不信任消极作用的有效规避考虑评估的制度设计,不仅为教育评价学科提供学理参考,而且对其他行业和公共组织的制度优化也将有所助益,这亦是本研究的意义所在。

　　在该书出版之际,我想借此机会,祝愿张会杰博士今后取得更为丰硕的研究成果,为教育评估事业的改革与发展做出贡献。同时感谢上海三联书店出版社为该书提供了出版机会,使这一探索性的研究能与更多同仁分享。

陈玉琨

于华东师范大学丽娃河畔

2015.10.25

前　言

　　转型期中国教育评估的信任困境和基于公信力提升的评估秩序建构，是现阶段教育评估及教育管理应当面对的颇具挑战的基础性问题，开展教育评估公信力研究十分必要也非常紧要。本书综合运用多学科的理论和知识，基于文献研究、思辨分析，采用开放式和半结构访谈等方法，对教育评估实践中的"信任难题"进行初步的理论分析与学理回应。

　　本书首先描述并呈现了当前社会诸领域出现的"信任危机"以及教育评估实践中的"信任难题"，指出当前我国教育评估存在公信力低下这一现实困境；在回顾信任研究理论发展的基础上，确立了教育评估公信力研究的问题关注。因"公信力"是汉语世界的新词汇，本研究对"公信力"的概念界定，相近概念的辨析及公信力在教育评估概念地图中的位置坐标等予以较多着墨。本书分析了教育评估实践的公信力诉求及其特性，揭示公信力这一概念的公共性、关系性、整合性以及教育评估公信力整体提升的艰巨性。

　　其次，对教育评估公信力的影响要素进行解释性建构。本研究以评估相对人、利益相关者及社会公众对教育评估的期望为出发点，对评估参与者的诚实与诚信、评估活动的公正与准确、权威与利害，评估过程中的参与协商及舆情引导等进行详细论证，同时对社会系统性因素，如传统的信任文化及特点、教育规模与价值观多元等进行了探讨。研究发现，我国教育评估在"去行政化"的转型过程中，人们对评估的期望正在发生变化，这直接推动着教育评估公信力的信任结构变迁。影响要素的分析为教育评估公信力提升途径的探讨奠定基础。

　　再次，研究结合评估发展四阶段论的划分，指出教育评估公信力的信任指向分别对应于测量、描述、判断、价值协商等层级，人们的普遍信任在教育评估"硬核"与

"保护带"上存在着结构性的差异,研究还概括了威慑型公信力、批判型公信力以及自致型公信力的关键特征及其效应。强调区分公信力层级结构及品质类型的必要性和重要性在于揭示公众信任指向及信任标准的差异。在此基础上,研究对评估公信力现象进行了历史及中外比较,还对评估公信力的双重面相,即普遍信任与广泛质疑共存之悖论状态进行了分析解释。伴随社会转型的持续推进,公众的质疑能力和舆论环境对评估公信力亦将产生影响。

教育评估与信任问题关联密切,本书论证了教育评估中的有限信任及其特征。基于人类才德的非完善性,教育评估中的有限信任是合理的,相比于充分信任与不信任具有比较优势。研究分析并揭示出评估实践中不信任与信任胶合共生这一实然状态,并对评估中信任关系的非对称性进行了概括,基于"办"之责任与自由,对教育的"管、评"机制进行了理论探讨。研究指出,教育及学术的公共属性要求管理主体履行底线意义上的监管职责,以保证教育教学及学术供给的基本水准。在"办"之资质得以确认的基础上,"管、评"分离,管理主体应致力于对教育评估公正秩序的维护,严格限制行政权力对具体教育教学及学术活动的干预及控制。现阶段国内教育评估中"管、评"失衡,选拔评优评估供给过剩而认可保障性评估供给严重不足,以致于形成"善意"的摧残。评估公信力由信任与不信任共同驱动,不信任作为外部压力促压却并不必然促进评估理论与实践的改善,教育评估发展及其公信力的提升需要优化信任纾解不信任。这一思路有助于澄清公信力问题争论上的误区,同时认识和发现不信任之于公共治理的潜在价值,该部分的分析论证是本研究重要的观念及理论创新,也是对当前信任研究的重要补充。

最后,从范式转型与制度保障层面提出教育评估公信力提升的策略及途径。基于信任的优化与不信任的纾解及超越,研究从明确权责,规范评估公共权力,完善教育评估立法,形成评估法治体系;转变管理职能,强化监管维护良序;发展智库,提升评估专业能力,设定评估标准,改善评估信用水平;加强监督制衡,防范道德风险,创设诚信评估环境,增进伦理自觉;制定执行细则,公开评估信息,促进互动协商,引导舆情民意;建立健全释疑机制,如开放思想市场,善待批评质疑,增设风险论证,建立健全元评估机制等六大方面提出了我国教育评估公信力提升的策略建议。这些建议寄期望于为现实问题的探讨提供参考。

第一章 评估公信力概述

这是最好的时代,也是最坏的时代
这是智慧的时代,也是愚蠢的时代
这是信任的时期,也是怀疑的时期
这是光明的季节,也是黑暗的季节
这是希望的春天,也是失望的冬天
我们的前途无量,又感到希望渺茫
我们奔向天堂,却走向另一个方向
——狄更斯《双城记》

第一节 研究背景与问题的提出

一 转型社会各领域的"信任危机"

改革开放以来,中国的经济发展取得了举世瞩目的成就,创造了三十多年高速增长的"奇迹"。2010 年,中国国内生产总值(GDP)占世界比重升至 9.5%,综合经济实力跃升至世界第二[1],人民生活水平显著提高。按照惯常的逻辑,人民群众对党和政府的满意度应随其生活水平的提高而上升,党和政府的公信力也应随综合国力的增强而提升。然而,事实并非这样,在一些地方和部门,党和政府的公信力不仅没有上升反而下降了。调查表明,[2]政府维护稳定的压力急剧增大,行政成本日益高涨。在一些地方和部门,这方面的压力甚至已经接近临界点。

[1] 朱剑红.我国 GDP 占世界比重升至 9.5%[N].人民日报,2011—3—25(01).
[2] 俞可平.政政须抓住机遇[J].领导文革,2011(12):29—30.

早在 1995 年,"信任危机"这一提法即已出现[1],近些年社会的不信任似乎逐步拓展、逐年加深和固化,有学者称之为中国社会的"全民不信任运动"[2]。这场信任危机是广泛的,波及社会的多个领域,如政府信任危机[3]、警民信任危机[4]、医患关系[5]、食品安全等等。2013 年初出版的《中国社会心态研究报告 2012—2013》(《社会心态蓝皮书》)显示,只有不到一半的人认为社会上大多数人可信,社会的总体信任进一步下降,人际之间的不信任进一步扩大。针对这一"民心"困局,学者们从多个角度进行了较为全面的研究,如"我国社会转型期信任危机的成因"[6]、"当今中国社会的信任危机:表现、本质及其影响"[7]、"信任危机的人文反思"[8]、"信任危机的现代性解释"[9]、"我国当前的信任危机与社会安全"[10]、"对我国信任体系缺失的再思考"[11]、"信任危机与中国人的异常行为"[12]、"司法公信力的理性解释与建构"[13]等等。也许人类社会任何时期都存在信任缺失的问题,但只有当社会成员之间的互不信任或不守承诺达到比较严重的程度,遭受不道德伤害的担心、焦虑成为比较普遍的社会心理时,这个社会才真的出现了信任危机。[14] 种种迹象显示,现阶段信任的缺失呈弥散状,既表现为对政府、公共组织等机构的不信任,也表现为不同群体之间的隔膜、猜疑和互不信任,某种意义上,中国

〔1〕闻讯.可怕的"信任"危机[J].湖南经济,1995(1):32—33.
〔2〕郑永年.司法衰败、信任危机和中国的社会暴力化[EB/OL].[2011—2—15][2012—8—10] http://www.21ccom.net/articles/zgyj/ggzhc/article_2011021529836.html.
〔3〕尹保红.政府信任危机研究[D].中共中央党校博士学位论文.2010.
    邹育根.当前中国地方政府信任危机事件的型态类别、形成机理与治理思路[J].中国行政管理.2010(4):68—72.
〔4〕王淑萍.警民信任危机成因分析——基于"期望差异"理论[J].中国人民公安大学学报(社会科学版).2010(6):33—35.
〔5〕李伟民.红包、信任与制度[J].中山大学学报(社会科学版),2005(5):110—116.莫军成.论医患间的信任危机及其重建[J].山西师大学报(社会科学版).2011(4):12—15.
〔6〕曹立前.我国社会转型期信任危机的成因[J].山东师范大学学报(人文社会科学版).2005(2):108—110.
〔7〕申自力.当今中国社会的信任危机:表现、本质及其影响[J].求实.2004(7):55—57.
〔8〕王莉.信任危机的人文反思[J].江西社会科学.2003(4):185—186.
〔9〕高兆明.信任危机的现代性解释[J].学术研究,2002(4):5—15.
〔10〕冯仕政.我国当前的信任危机与社会安全[J].中国人民大学学报.2004(2):25—30.
〔11〕张杰,刘东.来自继承,还是来自环境?——对我国信任体系缺失的再思考[J].湖北社会科学.2006(8):60—63.
〔12〕彭大松.信任危机与中国人的异常行为[J].理论月刊,2012(4):152—155.
〔13〕胡铭.司法公信力的理性解释与建构[J].中国社会科学,2015(4):85—106.
〔14〕徐贵权.应正视中国社会信任危机[J],探索与争鸣,2010(8):44—46.

社会陷入一定程度的信任危机。

转型社会各领域的信任危机,尤其是政府的公信力问题日益得到广泛关注。前任总理温家宝同志多次提出建设诚信政府,因为政府需要人们信任、支持和帮助。[1] 现任总理李克强同志也反复提出"不断提高政府的公信力、执行力和效率"的要求,并把廉洁视为政府公信力的基石。[2] 化解信任危机,提高政府公信力开始逐渐成为从中央到地方的治理共识。

二 教育及评估实践的"信任难题"

教育是文明进步、社会发展和民族振兴的基石,是"太阳底下最光辉""人类最后和最好的希望之一"的公共事业,这项关乎千家万户根本利益的事业本应是最受人信任的一个领域,遗憾的是,面对转型期诚信及信任严重缺失的社会现实,近些年来,教育及教育评估行业也频频遭到社会各界的批评质疑。公众对教育组织及其行为的信任问题日益凸显。有六十年高教工作经验的原华中师范大学校长章开沅指出,[3] "文革"前后,多次疾风骤雨式的群众运动严重损害了教育的发展,挫伤了众多师生员工的积极性。如果说过去是屈从于政治压力,现今的大学则是倾倒于金钱的魔力。通过形形色色的各类"工程""计划""项目"等,拟订各种繁琐而脱离实际的指标体系与评审程序,在利益驱动下迫使大学顺从就范。他进一步谈到,大学现在确实很忙,学校越来越大,学生越来越多,教师们的教学负担也越来越重。……而教育部及其下属各司局又巧立名目、精心设计繁琐的申报、评审、验收等手续。……在这样劳民伤财的纷纷扰扰之中,大学领导又有多少余闲精力用于改善管理,以期实实在在地提高教学与科研水平呢?高校素质的整体下降已成为有目共睹的事实,而更为严重的是急功近利、弄虚作假造成的诚信流失。武汉大学原校长刘道玉认为,[4] "当前中国大学已经陷入危机之中。如教学质量严

---

〔1〕温家宝.人民需要政府诚信、政府需要人民信任[EB/OL].[2012—3—14][2013—10—16]
　　http://news.china.com.cn/2012lianghui/2012—03/14/content_24893297.htm.
〔2〕李克强.公生明,廉生威廉洁是政府公信力的基石[EB/OL].[2013—3—27][2013—3—28]
　　http://www.chinadaily.com.cn/micro-reading/dzh/2013—03—27/content_8607236.html.
〔3〕章开沅.谁在"折腾"中国的大学[J].同舟共济,2009(6):28—29.
〔4〕刘道玉.我心中的理想大学[EB/OL].[2012—6—13][2012—6—18].http://www.21ccom.net/
　　articles/zgyj/gqmq/article_2012061361811.html.

重下降,大学毕业生就业困难,研究生泡沫化,学风浮夸和学术造假,教授和博士生导师素质严重下滑,教育产业化或变相产业化愈演愈烈,大学中的铺张浪费严重,债务累累,官本位越来越严重……"北大教授钱理群关于"北大清华正在培养精致的利己主义者,他们若掌权会比现在的贪官污吏对社会危害更大"的论断,将批评的对象指向包括北大清华在内的精英高校,表明大学的问题已非常严重。[1] 作为当下最重要社会议题之一的教育,社会各界的负面评价越来越多。从高耗费低效率到学术腐败,大学公信力下降已经成为值得高度重视的事实。[2]

质量是教育的生命。评估与质量改进关系密切,评估不仅可以对教育现象及其变革进行终结性的测量、分析和评价,还可以为质量过程的合理调控生成形成性的数据。作为保障和提高教育教学质量的重要手段,评估已成为当前大多数国家和地区的通行做法,甚至被提升到国家战略发展的高度。目前世界上已有120多个国家和地区建立了教育评估及质量保证机构,联合国教科文组织建立了高等教育质量保证机构的国际网络[3]。我国的教育评估顺应这一国际趋势,自1985年启动以来,取得了长足的发展,各级各类教育评估体系逐步建成,不同的评估项目在改善教育教学条件、提升教师素质、保障教学质量等方面发挥了和正在发挥着积极的作用。然而,成绩的背后也存在着一些不容回避的问题,特别是近些年来,同行不认可与社会不信任的现象日益突出,并开始引起从评估组织、评估专家、评估相对人[4]、利益相关者及社会公众的广泛关注。对此,教育评估组织的领导者亦发现,[5]"高教战线对待评估工作存在一定的偏差,其中就有认识误区,对评估的认识停留在上一轮评估出现的一些问题上,认为评估是搞形式主义,例行公事,害

〔1〕 王长乐.我们为什么没有先进的大学制度理论[J].大学教育科学,2012(5):3—10.
〔2〕 贾永堂.大学教师考评制度对教师角色行为的影响[J].高等教育研究,2012(12):57—62.
〔3〕 刘献君.高等教育质量:本科教学评估的落脚点——对我国本科教学评估的几点思考[J].高等教育研究,2006(9):16—21.
〔4〕 评估相对人是本研究提出的一个概念,区别于"评估对象"。概念详细解释请见本书第二章第一节53页。
〔5〕 季平.加强质量保障体系建设扎实搞好合格评估工作——季平主任在研讨会上的讲话[EB/OL].[2012—04—27][2016—03—16]. http://www. pgzx. edu. cn/modules/news_detail. jsp? id = 1501.

怕评估影响学校正常教学秩序,干涉学校办学自主权,'谈评色变'。"原本科教学工作水平评估专家组组长李延保曾撰文指出,[1]"2003年启动的对589所各类高校展开的'本科教学工作水平评估',无论从评估组织的规模,还是其所涉及内涵的广度和深度,在中国大学发展历史上都是空前的,其影响也是深远的,……但是,我国社会舆论对历时5年的'首轮评估'反应却不是那么令人兴奋。就连那些亲自参与并深深感受到'评估'给高校教学建设带来显著推进作用的学校领导和评估专家也讳言'首轮评估'的积极意义和作用,生怕沾上了'评估的腥气',真叫人不可思议。冷静下来,许多问题,包括'评估'的社会性问题值得高校管理者反思。"

教育是"社会的良心",教育评估更是整个社会信任体系的基石。评估在规范学校办学与管理方面具有理论合理性和实践必要性,但伴随着评估实践的深入,包括著名学者在内的批评、反对和抵制的声音日趋激烈。在高等教育层面,某大学教授曾赋词一首[2]:评估闹剧何时了/怪事知多少/弄虚作假久成风/大好光阴耗在应酬中/已无学术尊严在/弊政谁来改/吾今不学杞人愁/且看潮生潮落水东流。评估活动中出现的一些有意不尊重评估规律以谋求个人或局部利益的现象让人深感忧虑。在教育评估与督导方面甚至还出现过严重的腐败现象,某省政府教育督导团原总督学受贿上千万元被判无期徒刑,"大家都没想到教育界也会有这么大金额的腐败案"[3]。"高等教育评估腐败对社会造成极大危害,评估的纯洁声誉和道德权威严重透支,引发了高等教育评估的信任危机。"[4]一些学者的相关研究也呈现出对此类现象的较为冷峻的批判,如许晓平提出"警惕'泛评估主义'的危害"[5],张红伟和章建石认为当前高等教育评估中存在"评估陷阱"[6]。学者邓晓芒的批判更为激烈[7],当前中国教育正面临着前所未有的危机,……前几年的大学教学

〔1〕李延保.从首轮本科教学评估的社会效应看评估理论研究的学术文化责任[J].高教发展与评估,2009(9):38—42.
〔2〕吴龙辉.虞美人·广西师大评估事件观感(用李后主韵)[EB/OL].[2008—4—11][2016—03—16]http://blog.sina.com.cn/s/blog_5929fc9601009247.html.
〔3〕洪振快.清代学政与当代督学[N].新京报·评论周刊,2010—10—23.
〔4〕张继平,杨杏芳.高等教育评估腐败及其治理[J].现代教育管理,2010(12):64—66.
〔5〕许晓平.警惕"泛评估主义"的危害[J].人民论坛,2010(7上):4—5.
〔6〕张红伟,章建石.透视高等教育评估"热"[J].大学·研究与评价,2007(6):42—46.
〔7〕邓晓芒.当代中国教育的病根[J].社会科学论坛,2010(7):114—122.

评估,明明是劳民伤财、贪腐泛滥、公然造假,但面对检查大员,从校长到学生干部都必须振振有词,天花乱坠,因为这关系到学校的"生死存亡"和集体的名誉。这层利害关系,在校内动员时就向广大教职员工和学生们暗示甚至明示出来了,检查大员们其实也都心知肚明,但就是不能在场面上说破,谁捅了漏子谁不得好死。评估从业者的失德行为与本应具备的学问道德产生强烈反差,将深刻动摇乃至摧毁社会公众对教育的美好想象和合理期盼。与教育界的批判和抨击交相呼应的还有大众传媒的诸多非议,如南方周末刊发的《高校评估该停了》[1]一文在社会上引起很大反响,其他报道如,"朱清时是信奉改革的教育家,任中科大校长期间,他曾以坚决抵制扩招、无视教育部本科教学评估等赢得声誉。"[2]则从另一个层面折射出社会对教育评估的否定性评断。

其他的一些,比如,以考试为主要手段的评估项目长期以来也是争议不断。钱理群曾用"针插不进、水泼不进"来形容应试教育的坚固——"应试已成为学校教育的全部目的和内容,不仅教育者(校长、教师)以此作为评价标准,也成为学生、家长的自觉要求,应试教育的巨网笼罩着中国中学校园,一切不能为应试教育服务的教育根本无立足之地。而应试教育恰恰是反教育的。"[3]以扩大高校招生自主权为目的的自主招生政策本是探索多样化人才选拔和培养模式的"破冰之旅",但其"黑幕"屡见报端,致使一些公众将自主招生与"走后门""暗箱操作"等划上等号。2008年中国青年报对自主招生的调查显示:[4]68.6%的人认为存在权势者的"暗箱操作",这是高校自主招生结果频繁引发争议的原因,81.9%的公众呼吁自主招生过程更加透明。2009年的调查显示,66.7%的人认为自主招生过程中权钱交易不可避免,56.8%的人认为过程不够透明。[5]在中国,教育问题很多时候并不仅仅只是教育的问题。秦晖先生认为,[6]现在很多指责我们教育的弊病,如果只是头痛医头脚痛医脚的话更糟糕。比如,若取消了统考完全由各大学自主招生,局面会更

〔1〕傅剑锋,吴冰清.高校评估该停了[N].南方周末,2008—4—24.
〔2〕姚忆江.南"科"一梦[N].南方周末,2010—12—16.
〔3〕曾鸣,袁幼林.钱理群:告别教育[N].南方周末.2012—9—13.
〔4〕肖舒楠,等.自主招生黑幕不断 81.9%公众呼吁过程透明[N].中国青年报,2008—7—21.
〔5〕王聪聪.近7成受调查者认为自主招生中权钱交易不可避免[N].中国青年报,2009—11—23.
〔6〕秦晖,张维迎,梁锦松等.重启"教育改革"——亚布力中国企业家论坛2013年年会[EB/OL][2013—2—25][2013—2—26].http://www.21ccom.net/articles/dlpl/shpl/2013/0225/77708_4.html.

加一塌糊涂。因为自主招生的前提是大学自治,教育家办学。如果这一点做不到,当官员控制和管理学校时,自主招生将成为他们安置各种"关系"的通途,这是很危险的,搞不好,都会造成灾难。自主招生遭遇公信力危机,为维系公众对公平公正的信任,维持"刚性"的考试机制成为新一轮考试招生制度改革争论中"稳健"派论者的核心主张。

科研领域的评价也是问题多多。中国科协曾作过一些调研,发现部分科技工作者对现行评价体系的不信任感和挫折感相当强烈。[1] 比如,在政府科研经费资助和项目管理上,官员的权力过大,往往直接指定和左右评审专家,使评审的科学性、公正性得不到保证;在人才评价和科技成果、资助项目评定上,缺少严格意义上的同行评议,常常简单地把论文发表数量、引用率等量化指标作为唯一的评判标准,形成被大家戏称为"学术工分"式的评价方法;在科技成果奖励上,重政府奖励,轻学术共同体奖励,两者缺乏衔接,一些受政府奖励的成果同行认可程度却较低,等等。其他一些调研,如对来自科研院校和高等学校的政协委员的调研显示,[2]"科技评价导致怪象丛生、'评比'并未达到以评促进初衷"。有学者对此深感悲观,[3]"中国的学术腐败愈演愈烈,而这种恶性循环在现行体制下似乎并没用改观,相反,它正在向纵深不断滋生和蔓延,正在吞噬着全体中国人的良知。"教育科研管理机构的研究亦指出,[4]我国教育科研评价面临四大现实难题:如何确立评价标准;怎样改革"急功近利"的评价制度;学术共同体能否自律;如何建立个人科研诚信。科研成果"有数量无质量"现象堪忧,科研评价的权威性和科学性颇受诟病。

转型社会是狄更斯所说最好的时代还是最坏的时代难以辨别,但上述基于不同的评估项目,围绕评估体系中信任与信服状态的相关论述表明,当前教育领域评估相对人、利益相关者乃至社会公众对评估的不信任是普遍存在的,也是较为严重的,有研究甚至专门以首轮本科评估为负面典型来论证中国诚信及信任危机的严

〔1〕韩启德.充分发挥学术共同体在完善学术评价体系方面的基础性作用[J].科技导报,2009(18).卷首语.
〔2〕张春莉.信任危机呼唤科技评价体系改革[J].中国禽业导刊.2005(6):18—19.
〔3〕卫志民.学术腐败,人人有伤[J].科学新闻.2011(10):16—19.
〔4〕刘贵华,柳劲松.教育科研评价的中国难题[J].高等教育研究,2012(10):25—29.

重性。"信任危机"所表现出的时代难题,成为各级各类教育评估面临的一个需正规和亟待解决的重要问题。如何认识评估实践中的"信任危机"具有一定的现实意义,也是化解危机的首要前提。正像日本学者田中耕治在回应本国教育评估所面临责难时所指出的,[1]"我们在梦想没有'考试',没有'评价'的学校和社会之前,先从各个角度对恶魔般的'教育评价'进行仔细观察,弄清其本来面目,进而探索通过'教育评价'为改革服务的渠道,这才是至关重要的"。

三　教育评估困境之"公信力密钥"

　　单纯的经济发展并不必然带来社会的进步。中国的近代史对此已有令人警醒的揭示。1820 年,中国的 GDP 比西欧和其衍生国的总和还要高出将近 30%,[2]然而经济实力并没有带来社会进步,清廷全局性的治理困境导致民心背离,并最终危及政权。人民的满意度和政府的公信力同样不是经济发展的必然结果。这种现象在其他国家也普遍存在。在美国,过去的 30 年,在对美国人至关重要的许多事务上,……联邦政府取得了进步。通货膨胀率低,就业率高。这两点使原美联储主席格林斯潘把美国经济特征描述为"良性循环"。而与此同时,对本国政府不信任的美国人的比例达到了近 30 年的高点。一方面,美国人认为自己的状况从来没有这么好过,另一方面,他们彼此之间的不信任以及对政府的不信任却在增加。这两者之间的不一致让研究者困惑不已。[3]

　　与之类似,中国的教育在过去三十多年里呈现出超常规跨越式发展的态势,取得了令人瞩目的成就,教育评估在促进教学硬件条件改善等方面取得了显著的成效,诚如吴启迪所言,[4]"教育评估作为中国高等教育改革发展历程中一项重要的制度创新,在促进政府加大高等教育经费投入、高校深化高等教育教学改革、提升管理水平等方面发挥了重要作用。"然而,针对中国教育与教育评估实践的尖锐批评与质疑批判层出不穷。近些年,评估相对人、利益相关者及社会公众对评估的

〔1〕[日]田中耕治.高峡等译.教育评价[M].北京:北京师范大学出版社,2011,2.
〔2〕[英]安格斯·麦迪森.伍晓鹰等译.世界经济千年史[M].北京:北京大学出版社,2003,109.
〔3〕[美]A.J.达米科,M.M.康韦,S.B.达米科.张巍译.政治信任与不信任的模式:民主政治中的公民生活[J].国外理论动态,2012(10):43—55.
〔4〕吴启迪.中国高等教育评估体系的构建与完善[J].教育发展研究,2009(3):38—41.

"阳奉阴违"乃至"口诛笔伐"的令人不可思议的状况成为困扰教育评估发展的一个基本问题。尽管没有充分证据表明,现阶段教育整体的离心与疏远比以前更加广泛和严重,或比其他社会更加普遍,但当我们冷静观之,亦会感受到这些激愤之言呈现出来的焦灼呼吁和迫切期待。这些批评质疑有一个不容忽视的积极意义,就是敦促我们严肃地对待教育及教育评估中的"科学性""诚信"和"信任"等问题,对其合目的性及合规律性进行深刻地反思。教育及教育评估中的信任问题是应当勇于正视的重要问题,对此进行研究继而加以改善显得刻不容缓。

"教育的成功与否往往取决于生活环境中一定的内部氛围和教育者与受教育者一定的情感态度。……我们首先把信任,对他人的信任,对现有集体生活的(主要是机构的)基本规则的信任,对生活的信任等等作为有意义的生活的前提条件。人类生活只有基于对世界的这种信任上才是可能的。"[1]马丁·特罗认为,[2]在美国,信任始终是院校自主权的一个核心因素,人们投入大量的时间、想法和努力去向学院和大学提供支持的社会群体创造和维持这种信任。没有一件事情可以像美国社会对高等教育失去信任及信心这个事实更让教育者感到特别恐慌。陈玉琨先生指出,[3]在西方,目前高等教育质量保障主要是以高等学校做出质量承诺,以获得同行认可和社会信任的活动。作为质量保障的重要手段,教育评估的成败优劣及功能的发挥高度依赖同行的认可和社会的信任。参与者对教育评估的态度、情感等直接影响着教育评估功用的发挥。评估要达到让人"口服心服"从而"心悦诚服"地改进教育教学的理想境界,也必须注重科学的发展,这是评估制度逻辑的内在要求。当然,此处的"科学发展"并不是把评估当作一个纯粹的科学过程,这与第四代评估的理念高度一致,第四代评估的核心主张在于[4]"我们确信这样做(纯粹的科学过程)会完全忽略了评估学的社会、政治、价值取向等基本特征",教育评估需要"一种全新且成熟的评估方法,这种方法超越了科学范畴(即仅为获得事实),涵盖了

〔1〕[德]O·F·博尔诺夫.李其龙等译.教育人类学[M].上海:华东师范大学出版社,1999,41、71—72.
〔2〕马丁·特罗.高等教育中的信任、市场和问责:一个比较的视野[A].马万华主编.多样性与领导力——马丁·特罗论美国高等教育和研究型大学[C].北京:教育科学出版社,2011,190.
〔3〕陈玉琨.论发展性高等教育的质量保障[J].国家教育行政学院学报.2001(5):11—14、22.
〔4〕[美]埃贡·G·古贝,伊冯娜·S·林肯.秦霖等译.第四代评估[M].北京:中国人民大学出版社.2008,1—2.

人性的、政治的、社会的、文化的以及其他各种相关的因素。"立足科学发展观的教育评估是以人为本的,强调全面协调可持续,不仅要求关注评估的专业水准以及评估功能的显性发挥,还要求尊重评估相对人、利益相关者及社会公众对教育评估的综合感受,特别是他们对评估信服的程度、信任的水平以及信心的大小,这与第四代教育评估的理念是高度一致的。

教育评估事业正处于严峻的现实困境当中,专家学者的质疑、参评学校的消极抵触、家长社会的不信任,种种不利言论冲击而来,指责教育评估太滥太繁、弄虚做假、劳民伤财,缺乏科学性、规范性和专业水准。面对教育评估的高关注度与低美誉度的尴尬处境,我们不能停留在简单的责难批判和零碎的经验反思上,更不能固步自封,而需要从理论的高度,对教育评估这方面的状况进行系统的理性分析。评估相对人、利益相关者及社会公众对教育评估因其信任状态而产生的综合效力可用"公信力"这一概念进行表征,公信力就像空气和水以及人的健康一样,正常状态下往往意识不到,只有当它缺乏时,人们才会感受到它须臾不可失去的珍贵。不一样的是,空气和水以及人的健康的失去片刻之内就能自动察觉,而对公信力的感知却需要时间的积累,"公信力"恰恰是解读评估困境的一个"密钥"。

同行的认可和社会的信任对于教育评估至关重要,尽管当前评估学界对公信力的认识处于感性阶段,尚未引起广泛的关注,但公信力对于教育评估健康发展的重要性已日益得到政府部门及评估组织的认同。2010 年,国务委员刘延东在科研诚信与学风建设座谈会上的讲话强调指出,[1]"在评价方式上,要公开透明,接受学术界的监督,以增强公信力。"2011 年初,教育部长袁贵仁特别强调,[2]要"多措并举,增强教育部门公信力"。国内教育评估组织的理念或院训也显现出对"公信力"的自觉追求。如,江苏省教育评估院的院训为"公、真、矩、和",云南省高等教育评估中心恪守"客观取信,中立求存"的原则,上海教育评估院"团结·开拓·公正·廉洁",重庆教育评估院秉承"尺、正、明、信"的院训,"尺者,定标尺

---

〔1〕刘延东.将科研诚信和学风建设摆在科技工作的突出位置——在科研诚信与学风建设座谈会上的讲话[J].新华文摘 2010(12).
〔2〕袁贵仁强调:要不断增强教育部门执行力、公信力[EB/OL].[2011—1—26][2012—8—8]http://www.gov.cn/jrzg/2011—01/26/content_1792575.htm.

分,臻科学之境;正者,尚正气分,去褊狭之私;明者,务透明分,除暗箱之弊;信者,重信实分,得众人之心。"虽然这些评估组织的理念愿景各有侧重,但对"公·信"的自觉追求已开始成为我国教育评估组织清晰明确的发展共识。由此可见,伴随中国教育评估实践的逐步推进,提升公信力将逐步成为教育评估科学发展的自觉追求。

第二节 研究论域的论述与评析

以普遍意义上的"信任"作为重要基础的公信力研究,在大陆学界,从研究对象所属的社会部门来看,主要集中在政府与执政党、大众传媒、司法、非政府组织(NGO)、非盈利组织(NPO)等领域。教育评估的公信力与其他学科领域的公信力既有联系又有区别,本研究选取信任研究及其他学科的公信力研究进行文献的梳理与述评,或许显得松散,但笔者认为这是论题自身的跨学科特点所致,因而也是必要的,可以从中借鉴有价值的研究成果。

一 信任及公信力研究的述与评

信任有着古老的理论渊源,经历了漫长而绵延的理论发展历程。近现代以来,以洛克、霍布斯为代表的启蒙学者,以韦伯、迪尔凯姆为代表的古典社会学家对信任问题均有所关注。德国社会学家西美尔(Simmel Georg)1900 年出版的《货币哲学》被视为当代信任研究的起点,这部著作基于信任分析作为制度化象征物的货币。经过一段时间的沉寂,20 世纪 50 年代之后,信任问题重又受到学界主要是心理学界的重视。七八十年代以后,信任日益成为众多学科研究的前沿和重点问题。

(一)信任及公信力研究的发展趋势

随着政治民主化、经济全球化、文化多元化、贸易及社会交流网络化,我国学者开始越来多地关注与研究信任问题。近十几年,"信任"与"公信力"日益得到广泛而深入地关注,以此为主题的学术研究出现的频次急剧增长,具体如表 1-1 和图 1-1 所示。

表 1-1　1979—2014 年度以"信任"及"公信力"为主题的学术论文统计表(单位:篇)

年份	1979—81	82—84	85—87	88—90	91—93	94—96	97—99	2000—02	03—05	06—08	09—11	12—14
信任	275	723	1 289	1 687	1 785	2 340	2 839	4 778	9 631	17 974	23 209	31 218
公信力	0	0	0	2	0	24	39	237	1 762	4 291	8 086	11 628

(备注:1、数据采集时间:2011 年及以前数据采集时间为 2012 年 8 月 6 日上午 10 时。2012—14 年的数据采集时间为 2016 年 3 月 16 日下午 1 时。2、数据库为中国期刊全文数据库(1994 年至今)以及世纪期刊(1979—1993 年),1999 年至今的中国博士学位论文全文数据库和中国优秀硕士学位论文全文数据库。3、以"信任"或"公信力"为主题的学术论文即,篇名或摘要或关键词中含有"信任"或"公信力"的学术论文)。

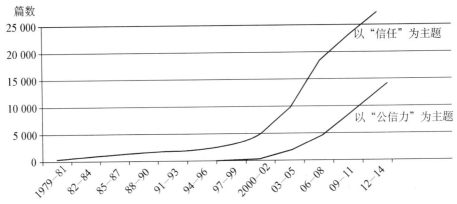

图 1-1　"信任"及"公信力"主题的学术论文数量发展趋势(1979—2014 年度)

(二) 信任及公信力研究的关注重点

根据施信者与受信者的规模及属性,可把信任分为个体的人对个体的人的点对点的信任、个体的人对集合系统及其机制的信任、具有群体特性的集合对点的信任与对集合系统及其机制的信任。最后一类中"对点的信任与对集合系统及其机制的信任",此处的"点"主要是公众人物,如公共组织的领导者、行业专家等个体,"集合系统及其机制"主要是公共组织或制度系统,这类信任研究具有"公信力"的意义指向。"公信力"最先是政治学中的一个概念,指领导者获得选民信任(trust)和信心(confidence)的能力。"公信力"多与制度信任相关联,收窄了"信任"论域的研究范围,主要关注具有"公共性"的,如对制度的系统信任和对公共组织内公众人物专业水平及其人格的信任等。

信任及公信力研究的关注重点,某种程度上均可纳入如下两个函数之中,即

$$Y = f(x_1, x_2, \cdots x_n) \qquad (1)$$

$$V = f(y_1, y_2, \cdots y_n) \qquad (2)$$

第(1)式中,Y代表信任,x_1,x_2,$\cdots$,x_n代表影响信任的若干要素,f代表这些要素的综合作用关系,x_1,x_2,$\cdots$,x_n等要素相互影响并经由f的综合作用形成不同水平和不同性质的信任,可由该函数式加以表征的信任研究主要探讨信任的含义与属性、信任的来源、发生及维持机制、信任的类型结构、水平高低等。这类研究主要集中在心理学、社会学等学科领域。

第(2)式中,V代表政治、经济、社会以及教育等不同领域的发展状态及进步水平,y_i代表信任,f是包含了信任乃至以信任为核心的若干要素之间的综合作用。此时,y_i与y_1,y_2,$\cdots$,y_n一样,是影响政治、经济、社会等活动的自变量,这些不同的要素及其组合经不同的综合关系f的作用后产生出不同的绩效表现。可通过该函数式加以表征的信任研究主要探讨信任之于社会不同领域的功效和意义,这类研究主要集中在政治学(如信任与宪政民主的关系)、经济学(如信任与组织、地区及国家经济发展的关系)、社会学(如不同类型的信任对人际交往的影响等)、管理学(如信任之于组织绩效的作用)、法学、组织行为学以及教育学等。虽然对信任的研究日趋多元,但基本可由上述两个函数式而统括,本部分的综述即由此而展开。

(三) 研究的共识与分歧

1. 信任的概念与内涵

"信任"是理解"公信力"的起点。学者们基于自己对信任的理解,分别提出了有较大差异的信任概念,这也导致了信任研究的三种取向:个体取向、人际关系取向以及社会取向。

个体取向的研究多遵循心理学的研究路径,他们将信任理解为对情境的反应,是由情境刺激决定的个体心理和行为,或将信任理解为个人人格特质的表现,是一种经过社会学习而形成的相对稳定的人格特点。美国心理学家多依奇(Deutsch)在1958年的囚徒困境实验中提出,[1]"一个人对某人或某件事发生的信任是指,

---

〔1〕Morton Deutsch. Trust and Suspicion [J]. The Journal of Conflict Resolution 1958(2):265-279.

他期待这件事的出现,并且相应地采取一种行动。这种行为的结果与他的预期相反,则会给个人带来负面心理影响,且这种影响将远远大于与预期相符时带来的正面心理影响。"把信任看作是一种心理期待状态、一种主观态度或行为倾向,是个体取向的信任研究的共同特点。

人际关系取向的信任研究把信任理解为出理性算计和情感关联决定的人际态度。理性的人做任何事情都是为了增进自己的福利,或者至少不损害自己的福利。信任别人是件冒险的事,信任是风险中致力于追求最大化功利的有目的的行为。理性人在信任问题上特别考虑,第一,潜在收益与潜在损失孰重孰轻;二是对方失信的可能性有多大。这种取向的研究多从理性选择出发,认为信任实际上是人们为了规避风险,减少交易费用的一种理性计算。

社会取向的研究中也把个人的主观经验作为分析的起点,但突破了只关注个体信任的心理学视域,认为信任是社会制度和文化规范的产物,是建立在法治体系或伦理基础上的一种社会现象。西美尔通过功能性特征定义信任是"社会中最重要的综合力量之一",[1]并论述,"离开了人们之间的一般性信任,社会将变成一盘散沙",信任"提供一种可靠的假设,这种假设足以作为保障,把实际的行为建立在此之上。因为几乎很少有什么关系能够建立在对他人确切的认知之上。"阿罗(K. Arrow)认为,[2]信任是经济交换的润滑剂,是控制契约的最有效机制,是含蓄的契约,是不容易买到的独特的商品……世界上很多经济落后的现象可以通过缺乏相互信任来解释。卢曼(N. Luhmann)提出,信任本质上是一个社会复杂性的简化机制。[3] 信任是嵌入社会结构和制度之中的一种功能化的社会机制,将包围着我们的复杂性和不确定性转变为可以相信或不可相信。吉登斯(Anthony Giddens)则将信任定义为"对一个人或一个系统之可依赖性所持有的信心,在一系列给定的后果或事件中,这种信心表达了对诚实或他人的爱的信念,或者,对抽象原则(技术性知识)之正确性的信念。"[4]聚焦到教育领域马丁·特罗认为信任是通过公共机

〔1〕[德]西美尔.陈戎女等译.货币哲学[M].北京:华夏出版社,2002,178—179.
〔2〕郑也夫.信任论[M].北京:中国广播电视出版社,2001,60.
〔3〕[德]尼克拉斯卢曼.瞿铁鹏等译.信任——一个社会复杂性的简化机制[M].上海人民出版社,2005.
〔4〕[英]安东尼·吉登斯.田禾译.现代性的后果[M].南京:译林出版社,2000;30.

构或私人团体向高等教育提供支持，并不要求获得支持的教育机构提供特殊的商品和服务以换取这种支持，也不要求对基金如何使用作出详细且明确的解释。[1]在他看来，信任是美国大学（公立或私立）能够获得私营机构或个人大量捐赠的核心组成要素，是学院和大学自治非常重要的基础。

2. 信任的影响要素

信任的影响因素以信任为因变量，探讨信任何以形成。不同学科领域的学者采用不同的路径去观察与研究信任，其理解和解释的理论范式也是不一样的。对信任影响要素的解释主要有信任的认知发生、理性选择、信任文化、道德基础、制度基础，以及功能主义、符号互动论、现象学等等。[2]

信任的认知发生论重视个体幼年时期的生活经历、信任体验的作用，并把高信任感看作是幸运体验的副产品。而且，信任感或不信任感一经形成便不易改变。罗特（Rotter）在实验研究中注意到，[3]一个人的生活经历和对个性的看法，会导致形成对一般性他人的可信赖程度的概化期望（generalized expectancy）或信念，这就是为什么有的人倾向于信任他人、而有的人则倾向于怀疑他人。针对现代科学技术发展过程中形成的对专家体系的"信任危机"，贝克和吉登斯认为，信任危机的核心是"科学知识"，由于更新的科学知识本身不被大众所了解，因此他们怀疑其中的技术风险和不确定性。

将信任解释为文化现象的人把信任看作社会文化密码的一部分，像基因一样以某种神秘的方式代代相传。信任是从一个行为规范、诚实而合作的社区中产生出的一种期待，它依赖于人们共同遵守的规则和群体成员的素质。有的社会的习俗、伦理道德倾向于诚实、善心、非血亲的普遍责任感，而有的社会则倾向于极端的家庭主义、缺乏对家庭以外组织的普遍信任，由此不同的社会、不同的社群就会形成不同程度的信任感。日裔学者福山（Francis Fukuyama）对不同文化下的社会信任度与经济发展作了比较，认为信任实质上是一种普遍的文化特征，信任不是理性

〔1〕马丁·特罗. 高等教育中的信任、市场和问责：一个比较的视野[A]. 马万华主编. 多样性与领导力——马丁·特罗论美国高等教育和研究型大学[C]. 北京：教育科学出版社，2011，188.
〔2〕[波兰]彼得·什托姆普卡. 程胜利译. 信任——一种社会学理论[M]. 北京：中华书局 2005. 18.
〔3〕Rotter. J. B. A New Scale for the Measurement of Interpersonal Trust [J]. Journal of Personality，1967(35)：651－665.

计算的结果,它产生于与现代化无关的宗教或伦理习俗。[1] 科尔曼在《社会理论的基础》(1990)、普特南在《使民主运作:现代意大利的市民传统》(1993)和《独自打保龄:美国下降的社会资本》(1995)中都提及作为社会资本要素之一的信任,并认为,信任不能从理性的决策中获得,只能从宗教、传统、习俗中获得。

信任的制度学派的口号是"制度决定"(Institution Matters),认为某些制度环境比其他制度环境更有利于信任感的产生。在健全的法制下,通过制度建设为公民提供社会安全网,就会大大降低他人失信的潜在损害,社会信任也会得到增强。王绍光的研究表明,如果政府增加运作的透明度,允许公民通过各种渠道表达他们的政策偏好和不满,并使自己的所作所为向公民负责,人们就会增强对政治制度本身公正性、稳定性和可预测性的信心。对制度的信心反过来可以增强人们彼此间的信任感。他还发现,信任的产生取决于两个考虑:(1)甲对乙失信可能性的判断;(2)甲对乙失信可能带来的损失的承受能力,也就是甲的相对易损性(相对易损性=潜在损失的绝对值/潜在受损者所拥有的总资源),甲对乙的信任程度=1-乙失信的可能性×甲的相对易损性。[2]制度学派的研究特别关注信任与民主制度的关联,认为只有在民主制度下信任才会是一种理性的博弈。新兴的蓬勃发展的网络贸易进一步表明[3],在陌生人的社会中,即使缺乏共识的价值观念,人的普遍信任也是可以实现的,关键是有什么样的制度安排。对政校分开、管办分离的现代大学制度的研究发现,[4]政府和高校的信任关系是影响政府和高校分权的一个重要因素,而政府和高校的行为及相关的教育质量保障体系、社会监督制度的不完善等影响着二者之间的信任关系,继而在一定程度上影响着政府向高校分权的意愿和方式。

3. 信任的类别或结构

西美尔初步和间接地提出人格信任与系统信任的区别,他认为从传统到现代

〔1〕[美]弗朗西斯·福山.彭志华译.信任:社会美德与创造经济繁荣[M].海口:海南出版社,2001,350.
〔2〕王绍光,刘欣.信任的基础:一种理性的解释[J].社会学研究,2002(3):23—39.
〔3〕钱炳,周勤.中国人真的不能相互信任吗?——关于"韦伯命题"和淘宝案例的分析[J].东北大学学报(社会科学版),2010(5):409—414.
〔4〕刘海波.而政府和高校的信任与分权研究[J].复旦教育论坛,2012(6):42—47.

的转变伴随着信任类型从以人格信任为主转到以系统信任为主。[1]卢曼从系统理论和符号功能主义视角,将信任分为人际信任和制度信任,前者以人与人交往过程中建立的情感关联为基础,后者以社会的规范制度、法律法规的制约为基础。吉登斯也提出传统社会中的人格信任与现代社会中的系统信任的概念。人格信任是对某个具体人物的信任,系统信任是对制度系统的信任。

特殊主义信任与普遍主义信任是另一种重要的类别划分。前者指信任的确立以特殊的亲情或关系(如血缘、学缘、友朋、地域等)为基础,并以道德、意识形态等非正式制度作保证。后者是指以信用契约(或明或暗)和法律准则为基础和保证而确立的信任关系,严格遵守信用契约是这种信任的关键,履约能力(经济实力和专业实力等)是考察的重点。作为一种社会文化现象,普遍主义的信任常常被看作是人们在社会中良性互动的行为规范,是除物质资本和人力资本之外决定一个国家经济增长和社会进步的最主要的社会资本。

费孝通1947年提出"差序格局"理论,"在差序格局中,社会关系是逐渐从一个一个人推出去的,是私人联系的增加,社会范围是一根根私人联系所构成的网络,因之,我们传统社会里所有的社会道德也只在私人联系中发生意义。"[2]这种具有差序格局特征的社会费孝通称之为乡土社会,乡土社会重视熟人关系,人们依靠相互熟悉建立信任,陌生人之间很难建立信任关系。此后有大量研究证实了该理论。如王绍光等的调查显示,[3]时至今日,中国城市人口依然像当年乡下居民一样,维持着亲疏有序的关系格局:亲人间的信任高于朋友间的信任,朋友间的信任高于熟人间的信任,熟人间的信任又高于对陌生人的信任。新近的调查同样显示[4],个人因素、社区因素、社会因素显著影响了居民的社会信任水平,居民的各种信任分布呈现出"差序格局"的特征。

从不信任的角度切入,2001年,学者马可奈特(McKnight)和切万尼(Chervany)整合了学者们对不信任的定义,把不信任划分为三种类型,即个体不信

〔1〕[德]西美尔.陈戎女等译.货币哲学[M].北京:华夏出版社,2002,178—179.
〔2〕费孝通.乡土中国[M].北京:生活·读书·新知三联书店,1985,28.
〔3〕王绍光,刘欣.信任的基础:一种理性的解释[J].社会学研究,2002(3):23—39.
〔4〕李涛,等.什么影响了居民的社会信任水平?——来自广东省的经验证据[J].经济研究,2008(1):137—152.

任、制度不信任和人际交互不信任。[1] 其中,个体不信任倾向是指一类个体在大多数情况下不愿信任别人的持续性倾向。如果个体倾向于怀疑大多数人的善意或正直,并认为信任大多数人会使自己处于易受伤害的状态,那么就具有较高的不信任倾向。个体不信任倾向的形成不仅取决于他们是否认为大多数人不怀好意,不可靠(对人性的怀疑),还取决于个体是否认为如果处理得当,与不怀好意、不可靠的人合作也能取得可以接受的结果。制度不信任是指个体对客观环境(如法律制度、保障措施等)产生较大风险的感知,其来源在于个体对某一制度结构性保证和情境规范的判断。结构性保证包括担保、合同、规章、承诺等;而情境规范则涉及交易习惯和规则,个体往往通过观察交易习惯和规则是否正常来判断交易能否成功。如果个体在进行决策时感知到某一制度的结构保证或情境规范不够健全,就会做出存在较大风险的判断,从而产生对相关制度的不信任。人际交互不信任主要涉及人与人之间的关系,个体在人际交互中会对对方进行认知判断,与其内心的期望进行比较。制度与人际不信任是在交互过程中慢慢形成的。

4. 信任的价值及功效

信任之所以得到几乎所有社会学领域学者的广泛关注,在于信任对社会生活有着重要的意义,信任是自愿的,目的在于促进良好的合作使双方受益。诸多领域的绝大多数研究都充分肯定了信任的积极功效与意义。"清楚而简单的事实是:没有信任,我们认为理所当然的日常生活是完全不可能的。"[2] 巴伯认为,"虽然信任只是社会控制的一种手段或机制,但在所有社会机制中,它是一种无所不在的重要手段或机制。"[3]

社会学家认为信任就像社会关系中的胶合剂,它是良好社会秩序的基础;在政治学家看来,信任是民主制度运作的润滑剂,普遍信任有助于公民参与及集体行动的实现,有助于民主政治制度的维持,有利于司法公正和政府效率的提升;经济学家眼中的信任类似于催化剂,不仅促进合作,使经济交换更加有效,还可降低组织

---

〔1〕贾雷等.不信任研究脉络梳理与未来展望[J].外国经济与管理,2012(8):73—81.
〔2〕[波兰]彼得·什托姆普卡.程胜利译.信任——一种社会学理论[M].北京:中华书局 2005.1.
〔3〕[美]伯纳德·巴伯.信任的逻辑和局限[M].牟斌等译.福州:福建人民出版社.1989,19.

内和组织间交换时所产生的风险及成本,如监控成本、缔约成本、交易成本等[1];在高信任度社会里知觉风险较低,控制介质的需要减少,可有效降低交易成本,提高经济组织的运行效率。[2]经济学家把信任看作是一种社会资本或资源,是市场经济的基石。福山认为,[3]"信任"是一种社会美德,是创造经济繁荣的源泉。只有那些拥有高度信任的社会才能构建一个稳定、规模巨大的商业组织,以应对全球经济的竞争。有关中英两国高等教育对于个体社会信任机制的研究显示,[4]高等教育总体上都能有效地促进个体社会信任的形成,但具体的作用机制存在显著差异。在中国,高等教育以其经济效应机制作为影响社会信任形成的重要实现途径;在英国,高等教育更主要的是经由非经济效应机制,即通过加强个体对价值规范与制度安排的认同而对社会信任的形成产生作用。该研究建议,中国在通过高等教育增进个体价值规范和制度安排的认同方面仍有很大的完善空间,应进一步创造更加公平的环境,改进高等教育的教育模式和教育理念,更好地发挥高等教育的非经济效应在社会信任培育中的作用。有研究认为,[5]政府对不同类型高校在不同问题上的信任程度不一,分权的程度和方式也相应地具有较大差异。改善政府和高校的信任关系,将有助于促进政府对高校的合理分权,形成良好的政校关系。微观层面上,教育学家认为信任是学校在改革中可以依赖的一种核心资源,[6]一些实证研究表明,信任对学校效能[7]、改革情境中的教师协作、教师效能感均有促进作用[8],能够显著地影响学生的学习成就。

〔1〕Jeffrey L Bradach, Robert G Eccles. Price, Authority, and Trust: From Ideal Types to Plural Forms [J]. Annual Review of Sociology. 1989(15):97-118.
〔2〕薛天山,翟学伟.西方人际信任研究的路径与困境[J].南京大学学报(哲学人文科学·社会科学版),2009(2):127—144.
〔3〕[美]弗朗西斯·福山.彭志华译.信任:社会美德与创造经济繁荣[M].海口:海南出版社,2001,封底.
〔4〕黄健,邓燕华.高等教育与社会信任:基于中英调查数据的研究[J].中国社会科学,2012(11):98—111.
〔5〕刘海波.政府和高校的信任与分权研究[J].复旦教育论坛,2012(6):42—47.
〔6〕Bryk, A. & Shneider, B. Trust in schools: A core resource for improvement [M]. New York: Russell Sage Foundation, 2002.
〔7〕Forsyth, P. B. , Barnes, L. L. B. & Adams, C. M. Trust-effectiveness patterns in schools [J]. Journal of Educational Administration, 2006,44(2):122-141.
〔8〕Fisler, J. L. & Firestone, W. A. Teacher learning in a school-university partnership: Exploring the role of social trust and teaching efficacy beliefs [J]. Teachers College Record, 2006.108(6):1155-1185.

5. 信任的建立及修复机制

祖克尔曾系统地阐述了信任的产生机制(trust producing mechanism)。[1] 一是由声誉产生信任——根据对他人过去行为和声誉的了解而决定是否给予信任,声誉好的人能得到信任。二是由社会相似性产生信任——根据他人与自己的价值观念、工作背景等方面的相似程度来决定是否给予信任。一般来说,相似度越多,信任度越高。三是由法制与规则产生信任——基于社会规章制度、如专业资格、科层组织、中介机构及各种法规等的保证而给予信任。祖克尔分析了1830—1920年间美国社会的信任问题。她发现,这一时期大量移民涌入、人口流动加剧及企业组织的不稳定等因素导致声誉产生信任的机制出现紊乱,有效性降低。但伴随科层制的发展、专业资格制度的推广、规章和立法的加强,由法制与规则产生信任的机制得以确立。卢曼提出四个方面:声誉(以往的行为,尤其是某种一贯性、连续性)、事前承诺及表现(着眼于当下)、可见性(公开性),以及情境约束。[2] 个人或组织值得信任与他们的行动的稳定、连续、一致性有一定的关系。

一些学者沿着祖克尔的思路来分析华人社会中的信任产生机制。他们认为,华人社会中主要是通过声誉和关系产生信任,而法制化的信任很少。怀特利指出,[3] 华人家族企业往往努力发展与主要下属和生意伙伴的私人关系以与他们建立相互信任。值得注意的是,怀特利等人所说的通过关系产生信任的机制与祖克尔提出的由社会相似性产生信任的机制并不相同。祖克尔所说的虽然是人际之间的相似性,但重点是个人的特质。怀特利等人所强调的则是私人关系的建立,是由人际交往而形成的相互的义务关联,这实际上是另一种建立人际信任的机制:关系运作,即建立、发展、维持和利用关系的活动。考虑到"关系"在中国社会中的重要性,可以认为,关系运作可能是中国人建立和发展信任的重要机制。关系意味着相互的义务,而义务感会使人做出值得信任的行为。回报性的义务是关系的核心因

〔1〕Zucker, L. G. Production of Trust: Institutional Sources of Economic Structure, 1840-1920, In B. M. Straw & L. L. Cummings (Eds.), Research in Organizational Behavior, 1986(8):53-111, Greenwich, CT: JAI Press.

〔2〕[德]尼克拉斯卢曼. 瞿铁鹏,等译. 信任——一个社会复杂性的简化机制[M]. 上海人民出版社,2005,43-49.

〔3〕RD Whitley. The social construction of business systems in East Asia [J]. Organization Studies,1991,12(1):1-28.

素。一个人如果不履行自己的义务,可能会付出极大的代价——失去关系网及其中所包含的社会资源。既然关系中蕴涵的义务对个人行为有如此大的制约,信任的建立就可以通过关系的建立和发展得以实现。[1] 学者张静认为,无论当事人是否意识到,信任的施予必须有某种约束关系的保障。若没有这种保障,他出于自我保护便不会轻易给予信任(不完全信任),否则,就要承担风险。由此引申出两个要点。[2] 第一,付出信任是有风险的,社会约束机制一定程度上降低风险;第二,一种社会约束机制构造着一种信任程度,约束机制的效用同信任程度成正比。由于每一种信任都包含了对约束机制本身的信任成分,故信任水平的变化,事实上反映了信任维持机制的变化——人们对它的有效性产生了怀疑。

有学者(见访谈信息,编号 X2)用"形势大好、秩序大乱、人心大坏"来形容当下的社会。道德伦理实用化、相对化,导致信用破产,造假之风盛行。中国人越来越没有原则,只要对自己、对小集团有利,对幸福的追求可以超越其他所有的伦理原则。道德的危机引发诚信的危机,进而转化为信任的危机。从这个角度看,国内大量文献所论述的"信任危机"多局限在"诚信"层面,用"诚信危机"指称似乎更为合适。转型中国存在信任危机,危机带来了压力与困扰,但同时也带来了变革的契机,要化"危"为"机",离不开对"信任危机"的准确认识和深刻反思。

6. 信任的测评及中国的"信任之谜"

信任是一个与人休戚相关而又常常令人困惑和苦恼的问题。20 世纪 60 年代中期开始,发达国家的政治信任度一直下滑,在西方特别是美国,社会的普遍信任水平、政府及公共组织的公信力持续下降,反之大量的实证数据则显示出我国政府公信力水平的遥遥领先。著名的调查有英格哈特(R. Inglehart)主持的"世界价值观调查",1990 年首次将中国纳入调查对象中,结果发现在被调查的 41 个国家中,在中国,相信大多数人值得信任的比例高达 60.1%,仅次瑞典、挪威、芬兰,排列第

---

[1] 彭泗清.信任的建立机制:关系运作与法制手段[J].社会学研究.1999(2):53—66.
[2] 张静.信任问题[J].社会学研究,1997(3):84—87.

四。[1] 1995、2001、2007 年的调查数据显示中国的社会信任水平分别为 52.3%、54.5% 和 52.3%,而世界范围内的社会信任水平均值分别为 24.9%、28.1% 和 24.5%。[2]与上述判断截然相反,在许多跨文化研究中,华人社会被认为是典型的低信任社会。400 多年以前,意大利传教士利玛窦(Matteo Ricci)曾指认,[3]"在中国人文雅、谦恭的外表后面,是人人自危,相互猜忌——同乡不可信,朋友不可信,亲戚不可信,甚至自己的孩子也不可信。"韦伯(Max weber)以独特的研究指出,[4]"中国人非常惧怕未知的和不能直接看到的东西,这种恐惧超出了正常的范围,表现为无法打消的怀疑,他们还排斥或者根本没有关于不算太近的东西或不是直接有用的东西的知识。这种作法似乎同那种对如此虚幻的巫术骗局的善良无边的轻信形成了强烈的反衬。"原因在于"官方的独裁、因袭的不诚实,加上儒教只重视维护面子,结果造成了人与人之间的普遍的猜疑"。他还证明了宗教伦理与社会信任的正相关关系,他认为,"中国人彼此间典型的不信任已为所有观察者所证实,同清教诸教派中对信徒的诚实品质的信赖成为鲜明的对照,即使在宗教团体以外,也可以信赖清教徒的诚实。"福山同样指出,[5]美国、日本、德国属于高信任度国家,而法国、意大利和中国属于低信任度国家。

在国内,1988 年中国人民大学舆论研究所对全国新闻界的调查表明,"78.7% 的新闻工作者从切身的实践中感受到我国新闻宣传的效果'很差''较差'或'一般',他们很坦率地承认我国新闻宣传报道在群众中'信誉很低''较低'或'一般'(占 78.7%)"[6]然而此后类似调研却发现,[7]我国媒介公信力不但不低,而且相对较高,我国民众绝大多数(高达九成左右)对媒介(报纸、电视、新闻界)是基本信

〔1〕Inglehart, Ronald. Modernization and Postmodernization: Cultural, Economic, and Political Change in 43 Societies, Princeton: Princeton University Press 1997:173.

〔2〕Inglehart, Ronald "Trust, Well-being and Democracy". InWarren, Mark E., Democracy and Trust, NewYork: CambridgeUniversity Press. 1999,:91.

〔3〕[美]史景迁.陈恒,梅义征译.利玛窦的记忆之宫——当西方遇到东方[M].上海:上海远东出版社,2005,292.

〔4〕[德]马克斯·韦伯.王容芬译.儒教与道教[M].北京:商务印书馆,1999:283-284.

〔5〕[美]弗朗西斯·福山.彭志华译.信任:社会美德与创造经济繁荣[M].海口:海南出版社,2001,封底.

〔6〕田金祥.新闻报道可信性问题探析[J].中国广播电视学刊,1990(5):35—38.

〔7〕喻国明等.中国大众媒介的传播效果与公信力研究——基础理论、评测方法与实证分析[M].北京:经济科学出版社,2009.(前言5—7).

任的,而在美国,对报纸、电视、新闻界都分别有近四成的民众是几乎不信任的。我国民众对媒介的信任程度明显高于美国。基于此类现象,国内信任研究中一种普遍甚至是主流的观点认为,中国的公共机构具有较为显著的制度优势,无需向西方学习借鉴。除此,中国历史上信任程度高,当下低,今不如昔的观点在国内学术界和民众中似乎得到广泛的认同,一些学者甚至以此作为研究的前提。张维迎认为,[1]"中国原本信任度很高……当然我们必须承认,今天的中国社会确实是一个低信任度的社会,但是我们绝不能因为自己吃错了药就怀疑祖宗的基因有问题。"

作为大多数社会科学领域研究的前沿和热点,信任已经成为分析当代社会政治经济与文化的基础性概念之一。不同社会的信任度差异很大,中国人的信任问题呈现出令人迷惑的双重面相:实证数据呈现的高信任与主观感受的低信任之间的巨大落差吸引着众多学者对"信任之谜"进行多角度的研究。[2]

(四) 研究不足与发展趋势

笔者在搜集整理信任主题的几乎是浩如烟海的学术文献时,常常叹服于学界前辈们广阔的视野、深刻的洞察以及精准的表达。这些研究从不同角度提供了探索教育评估公信力的思路和理论依据。基于有限视域的阅读心得,笔者提出以下关于信任主题的研究不足与发展趋势的几点拙见。

1. 对"信任"的考察呈现单一向度特点,忽视信任的局限性及其风险

从古至今,中西学者均对"信任"积极的正向功能进行了充分的确认,如同公平、正义一样,信任是社会的一种基本善。[3] 人类无法离群索居,信任是社会稳定、有序、团结、合作和进步的重要条件。然而,过犹不及,信任的程度与结构一旦有所偏颇,亦会进入"轻信""盲信"的状态,但以往的研究存在忽视信任的局限性及其风险,片面强调不信任的社会危害的立场倾向,如,"它不仅增加了普遍交往(交易与交流)的成本,减少了广泛合作的机会和可能,而且使社会成员动摇了对人性和社会共同价值的信念,并由此侵入政府机关和市场领域,影响政府信任和市场信任。"尽管有学者开始意识到,不同类型的信任并非都能形成良性的影响,如梁莹曾

---

[1] 张维迎,柯荣住. 信任及其解释:来自中国的跨省调查分析[J]. 经济研究,2002(10):59—70.
[2] 文建东,何立华. 中国"信任之谜"及其解释[J]. 新华文摘. 2010(19):51—55.
[3] 郭慧云,丛杭青,朱葆伟. 信任论纲[J]. 哲学研究,2012(6):3—12.

通过普遍信任与特殊信任对社区民主实践进行实证层面的深入解析。[1] 也有关于质疑(主要集中在科学探索领域中)积极价值的论述,但总体上看,对质疑的研究从数量到质量上与对信任的研究落差较为悬殊,"不信任"的合理性及必要性常常受到忽视和抑制。

2. 忽视"信任"与"不信任"连续谱系的中间状态

众多学者常常集中于探讨个体与群体的"信任"与"不信任"这两种比较特定的状态。在现实生活中,很少有人会在"信任"与"不信任"两极状态中进行非此即彼的选择。更多情况下,是采取一种"不可不信,但不可全信"的态度,尤其是在分工与专业化的现代社会,完全不信任别人的人无法生存,但是,一味地信任又是很冒险的事情。事实上,现代的政治、经济及教育制度,既强调相互间的普遍信任,又强调因人类才德的不完备所导致的不信任的合理性,"既信又防"越来越成为制度设计的基本取向。"信任"与"不信任"的平衡对于人类的生存选择是一个重要的议题。然而,已有的研究相对忽视对"既信又防"状态,即有限信任状态的研究,缺乏信任与不信任两者有机结合及其平衡的学理探讨。

3. 对信任之谜的解析常忽略施信者的期望及信任标准

信任有着鲜明的时代性,在不同的发展时期呈现出不同的内容。如果仔细分析,以公信力指称的各类信任其含义和取向有着明显的差异。就像使用相同的测力计,在不同的地方,比如,在地球与月球上,同样物体的重力显现出极大的差异一样,尽管使用相同的信任量表,由于施信者(公众)对受信方(公共机构)的信任标准不同,公共机构同样的甚至更胜一筹的信用水平,收获到的信任极有可能是不同甚至还是大幅降低的。历史地看,对政府、对公共机构的不信任是西方文化传统中独特和重要的组成部分,而当前国内诸多信任主题的比较研究中,常常忽略了施信者在给予信任情感时期望及信任标准的差异,仅仅根据信任水平的外在表现,很容易模糊受信者信用能力的差异,进而轻易否定了学习借鉴西方的必要性,在今昔对比中则难免一厢情愿,否定社会发展的进步性和持续革新的可行性。提出信任标准并强调信任标准的差异,关注公众批判文化对信任水平的影响,对于更全面地分析

----

〔1〕梁莹.社区田野间孕育的强势民主:在信任与不信任之间[J].东南学术,2011(3):48—62.

比较西方以及中国传统,更好地利用它们可能给予我们的帮助,应该是有所助益的。

二　教育评估公信力研究的述与评

教育评估是教育共同体意义确证与教育管理秩序构建的核心载体。教育评估作为一种以价值判断为主的活动,并不天然具备良好的性能和卓著的效能,并赢得公众的普遍信任。一种国际性观点认为,"高等教育质量的评估和管理这一问题在激发起人们的热情的同时,也引起了另一部分人几乎同等程度的怀疑和讥笑。热衷于高教质量评估和管理的人们罗列出其对高等教育机构和在其中工作学习的人们的种种好处。反对者则认为,最好的结果是,研究这个问题根本无用;而有可能最坏的结果是,对学术机构产生严重的破坏作用。"[1]"评估公信力"是中外教育评估活动中共有的问题,由于受政治、经济、文化等因素的影响和制约,在不同国家和地区会呈现出鲜明的区域性特点。虽然多数研究中没有使用"公信力"这一概念,但其中的问题指向与教育评估公信力主题亦有某种程度的关联。

1. 教育评估公信力的现状描述及分析

公信力是一个虽被广泛应用但定义尚不统一的词语。评估公信力几乎涵盖了评估活动中与信任相关的诸多主题连在一起的对象群。对教育及教育评估的尖锐批评并非中国大陆独有,这种现象从世界范围来看是比较普遍的。联合国教科文组织的报告指出,[2]目前人们过分重视选拔、考试和文凭,这种制度奖励强者、幸运者和顺从者,而责备和惩罚不幸者、迟钝者、不能适应环境者以及那些与众不同的和感到与众不同的人们。这种选拔的方法,不仅从教育原理和教育哲学的观点来看,应该受到批评,而且从实践的观点来讲,也应该受到批评。几乎没有证据可以证明:选拔的程序能够正确地预测一个人是否具有某种特殊职业所需要的才能。一般讲来,这种选拔程序所测验的东西只限于等级制课程有关的一个狭小的活动

---

〔1〕[美]约翰·布伦南,特拉·沙赫.陆爱华等译.高等教育质量管理——一个关于高等院校评估和改革的国际性观点[M].上海:华东师范大学出版社,2005,1.

〔2〕联合国教科文组织国际教育发展委员会.华东师范大学比较教育研究所译.学会生存——教育世界的今天和明天[M].北京:教育科学出版社,1996,105—106.

范围。在美国,1983 年出版的《国家处在危机之中——教育改革势在必行》指出,美国社会的教育基础受到日益增长的平庸潮流的腐蚀,它威胁着整个国家和人民的未来。在确保教育机会均等,实现了基础教育普及以后,美国教育中至少有六种令人担忧的平庸现实。……在各种国际数学和科学测试中,美国人成绩低下,越来越落后。最后,报告还提出,到 20 世纪 70 到 80 年代,很多人都想享受生活,而不愿意再去努力学习,这成了美国人最大的威胁。2003 年,美国的调查报告依然认为,在国际性的教育评价当中,1983 年提出的威胁至今仍然存在。[1] 在加拿大,对有限资助的担忧、随之而来的对问责制和质量的关注以及自然科学的主导作用——汇聚于一个专业评估模式幼稚的框架之内,既限制了学术发展,也妨碍了对学生和社会的服务。[2]

在日本,考试竞争非常激烈,甚至有"考试地狱"之称。据调查,在日本的 200 万学龄儿童中,每年就有 5 万儿童不得不停课退学,其中不少人是因为患上了"学校恐惧症"。如果强迫患者去学校,他们会产生焦虑情绪和焦虑性身体不适,如面色苍白,心率加快,呼吸急促、腹痛呕吐、便急尿频等,但倘若同意患者暂时休学,焦虑情绪和不适症状很快就会得到缓解。[3] 日本学者天野郁夫针对高等教育评估的研究表明,[4]"日本在此之前从未对大学进行评估,也没有积累相关的经验。……既有评估的才能,义能服众的权威人士并不多见。在现在的日本社会,'评估'俨然成了一个胡言乱语的词汇,很多人都难以信服通过评估来划拨资金的做法。"普遍的观点甚至认为,"卓越的研究人员若是参与到名目繁多的评估中,其研究能力非但不能提高反而会受到很大影响。"

在我国台湾地区,龙应台女士曾提到[5],许多父母千方百计地把儿女送到国外,以逃避台湾的联考制度。在台湾凡是作父母的,大概心头都有一个解不开的结:希望孩子们无忧无虑地长大,可是在教育制度的钳制下,不得不眼看着他们的

〔1〕张民选.公平而卓越——国际视野下的教育质量[J].中国教育政策评论,2010,209—218.
〔2〕[加]迈克尔·斯科尔尼克.查强译.关于专业评估和知识遵从的批判研究[J].北京大学教育评论,2004(2):23—31.
〔3〕张洪军.克服"学校恐惧症"[N].文汇报,2004—3—15.
〔4〕[日]天野郁夫.张雪丽译.日本国立大学的发展趋势[J].大学教育科学,2012(4):98—106.
〔5〕龙应台.正眼看西方[N].中国时报·人间,1985—5—1. http://www. 21ccom. net/articles/dlpl/whpl/2012/0419/58022. html.

眼镜愈戴愈厚,书愈读愈死,精神愈逼愈紧张,如果有机会,哪一个父母不希望儿女能逃过这个制度。

西方学界对教育评估公信力这一主题的研究主要集中在较为微观的"可信度"的考察上,[1]可信度是能够经受争论的检验而被相信的品质。教育评估中,如评估者可信度(evaluator credibility),通常被视为评估者(在我国,评估者常被称为评估专家)使人信任的本质、能力或力量,反映着评估者的基本素质或内在特性,是不以评估接受者的主观意志和看法为转移的"本质属性"。随着评估实践的发展,这种观点开始遭到批评,[2]传统的评估信奉委托人和赞助商永远是明智的,却丝毫不顾公众的意见;的确,评估活动常常倾向于要说服利益相关者相信:一项评估的全部要点就是收集足够的信息,以使早已存在于幕后的决策更加合理化和合法化。但实际情况却恰好相反。伴随第四代评估理念的深入,开始从评估接受方的角度来看待评估者可信度,强调他们的主观认知及心理感受,以及评估接受方基于评估主体可信度而产生的评估综合绩效。公信力反映了评估过程中评估接受者对评估主体的可相信程度的主观评判。这种对公信力的理解,强调评估本身赢得信任的能力由评估相对人、利益相关者、社会公众共同决定,而不仅仅是由评估专家决定。

20世纪80年代开始,我国各级各类教育的内外部管理中开始有计划地组织实施以提高教育教学质量为主要目标的评估活动。教育评估对教育活动的影响无论从广度还是强度,都表现出与日剧增的发展趋势,相关的研究成果也急剧增长。教育评估的公信力是中国教育评估遭遇一系列现实困顿及理论研究的不完善这一阶段性处境中提出的。近些年来,许多学者在思考不同教育评估项目存在的问题和改进对策时,也开始越来越多地提及评估的公信力。如,高校自主招生公信力,是指高校在自主招生过程中通过其公正、公平的招生行为而赢得公众之认可、信任乃至美誉的能力,是高校依据其自主招生理念和行为所获得的社会公众的信任度,

---

[1] West, M. D. Vilidating a Scale for the Measurement of Credibility: A Covariance Structure Modeling Approach. Journalism Quarterly, 1994. 71(1), 159-168.
[2] [美]埃贡·G.古贝,伊冯娜·S.林肯.秦霖等译.第四代评估[M].北京:中国人民大学出版社. 2008,7—8.

其本质是高校自主招生与社会期待的契合度。[1] 再比如,学术评价的公信力,有学者认为,[2]公信力必须体现他人评价,具有公众确认的权威性、在社会中的信誉度(值得信赖)和在公众中的影响力等多重特征。就学术评价而言,所谓学术评价的公信力,就是学术评价机构在其学术评价活动中不断赢得社会公众(包括学术界)的信赖而形成的影响力、说服力和号召力的总和,它是学术评价机构最宝贵的资产。具有公信力的学术评价机构,必须从完善学术评价组织结构、建立科学合理的学术评价机制、整合评价资源入手。

2. 教育评估公信力的影响要素

评估公信力的影响要素是已有研究共同关注的重要问题。从顶层设计的角度看,教育评估存在着一个由许多制度相互交错而结成的"制度丛"。有学者指出,[3]受到其他制度逻辑的影响,在专业化和专业意识被压抑的情况下,教育评估依据专业逻辑做出的判断与决定会被科层逻辑及社会逻辑所左右。从中微观层面上看,在高校中科研制度处于支配地位,有时甚至压制和扭曲着教育教学的质量保障及评估制度。"制度丛"影响着行动者的观念与行为,也抵制着某一种制度做出激进的改变,它倾向于将局部的变革拉回原有的轨道。这些方面交织在一起,导致我国教育评估制度表面上纷繁细致,形式上严密周全,在一定程度上保障了程序规定的或表面的质量,但难以保障实质性的质量提升。一旦出现问题,制度的逻辑是进一步加强管理,而越加强管理,问题就更是不断涌现。大学自主、学术自由及建基其上的文化被压抑,大学内与指标化管理相契合的功利化文化在上升,教育教学评估的制度保障与文化保障处于错位状态。

从评估活动中参与者的诚实诚信、评估活动的规范性角度来看,陈玉琨先生以本科教学工作水平评估项目为例指出[4],教育评估中大量的"伪饰"行为,"学校希望把最亮丽的方面展示给专家组,且尽可能地掩饰存在的问题。如果学生也参与到"伪饰"过程之中,……其结果就是让学生认为作假可以得到好处,这将对社会的

---

〔1〕尹晓敏. 高校自主招生如何赢得公众信任——以信息公开为视角的理性分析[J]. 江苏高教,2012(2):47—50.
〔2〕姚申. 学术体制、学术评价与学术风气[J]. 重庆大学学报(社会科学版),2010(6):73—75.
〔3〕尹弘飚. 论课程变革的制度化——基于新制度主义的分析[J]. 高等教育研究,2009(4):75—81.
〔4〕陈玉琨. 我国高等学校本科教学评估:问题与改革[J]. 复旦教育论坛,2008(6):5—7.

诚信带来极大的冲击,造成社会诚信的危机。"沈玉顺详细评析了评估中普遍存在的"有悖伦理的造假作弊""扬长避短的评估报告""有违规定的变相行贿""极道中庸的评估专家""皆大欢喜的评估结论""形同虚设的后续改进措施"等九种形式主义表现[1];王静琼谈到"评估专家道德自律性差,⋯⋯因受到高规格和过份热情的接待或接受礼品、礼金、甚至接受贿赂,对被评学校过分褒扬,淡化问题"[2];有研究指出,"2005 年开始的高校评估工作很难说达到了'以评促建'的目的,甚至引发了一些高校造假'大高潮'。因为评估涉及很多指标,如学校的教学档案、教学管理文件、规章制度等,规定得很严格,为了不扣分,每所高校都在拼命补做得不够规范的地方,甚至不惜造假。"[3]德国评估专家施托克曼(Reinhard Stockmann)发现,[4]如果对项目的批评性自我评价伴随着一种具有较高的负面评价结果的威胁预期,那么就极有可能带来对评估过程的掩饰和妨碍。通过有意识地误报信息,恶意中伤行为或者拒绝合作等防御性机制都可以归结为对评估人员公开的或隐蔽的不信任行为。因此,评估与利益相关者之间信任关系的建立就具有重要的意义,这一点特别适合于被利益相关者当作"外人"的项目外部的评估专家。

施托克曼在论证评估在提高项目和措施的有效性、效果和效率,为理性决策提供依据的不可或缺性的同时,明确指出,[5]尽可能地重视评估的专业化标准和科学基础,而这一点并不是很容易就可以做到的,因为评估不仅仅是经验社会学的一部分因而要按照经验社会学的多数规范来进行,而且它还是深受政治影响的职业范畴。从评估公共权力的来源及其规范角度来看,阎光才先生的研究显示,[6]目前我国学术界的情形,过多来自政府和行政机构的奖励、选拔和考核,基本破坏了学者个体自主的生态。政府和行政权力的不良介入导致我国学术共同体的公信力存在严重不足,政府设置了过多的评奖、过多的考核和"建设工程",政府与行政权力控制过多或过强,就会引起权力结构的失衡,客观上压制了学术共同体同行评议

〔1〕沈玉顺.高校本科教学评估中的形式主义:现象、根源与对策[J].复旦教育论坛,2008(6):67—70.
〔2〕王静琼.我国高等教育评估中介组织公正性研究[J].现代教育管理,2009(12):30—33.
〔3〕何立华.中国的信任问题研究[D].武汉大学博士学位论文,2010,14.
〔4〕[德]赖因哈德·施托克曼,沃尔夫冈·梅耶.唐以志译.评估学[M].北京:人民出版社,2012.329.
〔5〕同上书,前言,3.
〔6〕阎光才.学术共同体内外的权力博弈与同行评议制度[J].北京大学教育评论,2009(1):124—138.

的生长空间。西广明认为教育评估中存在"寻租"现象,并指出"评委的意义非同寻常,而评委心中的评判标准与评估本身的标准常常是不一致的,因为有'人情'及个人'偏好'的存在。"[1]

西方学者对于公众信任的研究纳入了信任主体的期望因素。巴伯(B. Barber)把行动者彼此寄予的期望作为探索信任的意义的起点。[2] 斯坦福大学校长肯尼迪同样认为,美国高等教育中的"信任危机"这一悖论源在于社会对大学的期许和大学看待它自身的方式之间存在着不和谐。[3] 信任的"期望"起点对于本研究有重要的启发,本研究将对此做更进一步的探讨。

3. 教育评估公信力现象的解释

教育评估的"信任危机"备受教育界、知识界及社会各界的广泛关注,成为当前教育评估面临的严峻考验。施托克曼从内外部评估的不同功能及其专业性分析评估的可信赖性。他认为,[4]内部评估机构很少适用于向社会作宣传,由于它的可信度有限,很少用来证明实施项目的政府和非政府组织的合法性,它主要用于计划和项目的内部调控,有时也用于政策以及组织质量和知识管理建设的内部调控。因此,评估越独立,它对社会宣传、民主合法性证明和项目调控的贡献就越值得信赖。当前,从国际范围来看,评估面临着供给与需求之间的矛盾,一方面,对评估的需求日益增长,另一方面,能提供的专业化评估仍然很有限。面对种种质疑,斯克里文(Michael Scriven)认为[5],在实践中,"人们(特别是教师和学生)对'评价'的担忧,常常是由于评价所发挥的作用极不可靠和难以理解"所引起的。国内有观点认为,[6]这一现象的根源之一在于一些评估学者缺乏学术责任,把其他评估存在的问题及社会风气中普遍存在的陈规陋习都一并算到'首轮评估'的账上,责任在

〔1〕西广明.教育评估中"寻租"现象研究[J].中国高教研究,2009(10):26—28.

〔2〕[美]伯纳德·巴伯.信任的逻辑和局限[M].牟斌等译.福州:福建人民出版社.1989,11.

〔3〕[美]唐纳德·肯尼迪.阎凤桥等译.学术责任[M].北京:新华出版社,2002:4—5.

〔4〕[德]赖因哈德·施托克曼,沃尔夫冈·梅耶.唐以志译.评估学[M].北京:人民出版社,2012.前言,3;10.

〔5〕斯克里文.陈玉琨等译.评价方法论[A],教育学文集·教育评价[C],北京:人民教育出版社,1988:182—183.

〔6〕李延保.从首轮本科教学评估的社会效应看评估理论研究的学术文化责任[J].高教发展与评估,2009(9):38—42.

于"高教战线对待评估工作存在一定的认识误区"。

贾永堂的研究表明，[1]现代大学教师考评制度旨在引导大学教师更好地从事学术生产活动，但实际上却起着相反的作用，出现了功能异化。阎光才的研究揭示了我国高校学术评价制度中的一种矛盾或持续的内在紧张：[2]在我国高校经济学乃至众多其他社会科学领域，即使是内部同行评价，尽管学术发表质量也是构成其中的一个重要变量，但官方认可在其中所产生的影响不可小视。不同于西方相对自主的学术共同体内部认可，我国的学术评价具有共同体与官方（如政府）双重认可的特点。一方面，来自政府的资助、奖励以及参与政府决策活动本身构成学术评价内容的重要组成部分，另一方面，来自政府的学科评估和人才项目以及高校内部的如学术晋升过程中的种种学术评价，又非常强调纯学术性的发表特别是SSCI国际发表指标，在他看来，这种自相矛盾的制度设计，常常使得教师无所适从，在现实运作中带来众多混乱和无序，而这恐怕也是人们对目前学术评价制度非议颇多的原因之一。

有学者以高校自主招生所遭遇的信任危机探讨其根源及改善途径。研究发现，[3]当前我国高校各类自主招生方案在设计之初，就充分考虑到公众对其公平性的质疑。在笔试阶段，各自主招生联盟统一出题、统一阅卷，形同"小高考"，其公正性可以保障。关键是在面试环节，虽然各高校也设立专家库，随机抽取专家，力求在程序上免除"人情""关系"的干扰以取信于考生和公众。然而，凡存在权力自由裁量的空间，权力就有被滥用的可能性。自主招生权力的自由裁量缺乏相关法律和制度的规范。该研究建议，高校自主招生是高校面向社会公开招收符合特定条件的生源的法律行为，它不仅在宏观层面上关乎国家高等教育资源的公平分配，而且在微观层面上涉及特定考生受教育权的平等法律保护，理应纳入国家法律法规的调整范围之列。此外，有报道指出，[4]操作透明度不够；笔试试题的选择与面试的评判具有较大的随意性和主观性；通过自主招生考试的学生其本人和家庭的信息披露非常有限。

---

〔1〕贾永堂.大学教师考评制度对教师角色行为的影响[J].高等教育研究,2012(12):57—62.
〔2〕阎光才,岳英.高校学术评价过程中的认可机制及其合理性[J].教育研究,2012(10):75—83.
〔3〕尹晓敏.高校自主招生如何赢得公众信任——以信息公开为视角的理性分析[J].江苏高教,2012(2):47—50.
〔4〕赵翩翩.自主招生公信力遭质疑需防招生"过度自由"[N].现代教育报,2010—1—19.

4. 教育评估公信力的提升途径

首先,构建评估法治体系,通过规范评估公共权力以提升教育评估的公信力。陆续有学者发表文章呼吁加快教育评估法治体系建设。杨晓江提出,[1]当前教育评估实践中存在的诸多问题和困难,依靠市场调节、道德规范、组织自律、舆论监督等方法都难以有效地规范,唯有依靠法律规范。柳友荣等指出,[2]目前我国高教评估存在立法懈怠和立法滞后的现象。世界各国在高度重视教育评估活动的同时,在立法保障上也取得了可喜的进展,而我国教育评估的法制化进程却步履蹒跚。迄今为止,1990年由原国家教委颁布的《普通高等学校教育评估暂行规定》是唯一一部有关评估活动的专门法。该规定的很多内容与现实要求与发展存在较大差距,其中关于评估主体、评估机构等有关规定,显然不符合当前高等教育改革和发展的需要,以此来指导高等教育评估,有较为明显的局限性。

其次,通过"管办评"分离机制的构建及实施改善教育评估的公信力。1999年,杨晓江提出,[3]"教育评估中介机构只能在市场经济国家产生;各国国情不同,可能会出现不同类型的教育中介机构;我国发展教育评估中介机构是大势所趋,但目前大力发展的条件还不具备。"经过十多年的发展,国家中长期教育改革和发展规划纲要(2010—2020)明确提出,推进政校分开,促进管办评分离。尽管"管办评"分离机制的理论探讨,相关政策法规的制度保障等还有待深入,但通过"管办评"分离机制的构建及实施改善评估的公信力受到较为普遍的认可。

再次,通过增进实践活动的科学性及规范性提升评估的公信力。西方国家如美国设立了教育评估标准联合委员,在该委员会1971、1997和2011年版的"教育方案、计划及资料评价标准"中均涉及对评估项目的效用标准(Utility)、可行标准(Feasibility)、适切标准(Propriety)、精确标准(Accuracy)的检验,2011版增设问责标准(Accountability),评估标准中一级指标"效用标准"下均涉及"评价者的可信

〔1〕杨晓江.高等教育评估立法初探[J].辽宁教育研究,2007(11):28—32.
〔2〕柳友荣,龚放.理论不足与制度阙如:本科教学评估之症结[J].中国高教研究,2008(11):28—30.
〔3〕杨晓江.教育评估中介机构研究[D].华东师范大学博士学位论文,1999.

赖性(Evaluator Credibility)：[1]评价人员应当值得信赖,并且具有能力完成工作,使其研究结果能够达到最大的信赖和为人们所接受"。[2]其含义与本书所探讨的评估公信力有较大的一致性。所有的教育评估项目至少应达到上述标准,从而保障评估项目自身的质量以赢得评估利益相关者及社会公众的信任。提高评估专业水平被认为是评估活动赢得信任的首要着眼点。[3]

教育评估领域中的"信任危机"不是孤立存在的,评估发展过程中沉淀下来的不良因素及其发酵而成的负面效应,构成教育评估持续健康发展和良好走势的潜在威胁。尽管学者们对教育评估公信力的概念界定存在差异,但对良好评估公信力的积极价值有着广泛的共识,希望通过教育评估体制机制的切实改进赢得利益相关者及社会公众的普遍信任及广泛支持。

(三) 评估公信力的研究不足及本研究的关注重点

1. 教育评价学忽视评估的利益相关群体,受众的主体性被遮蔽

改革开放后,评估评价被全面引入我国的教育实践,此一时期,"教育价值的一致和统一被当成天经地义的事情,教育评价很快成为基于政府及其代理人的主体价值、判断教育活动满足主体价值需要程度的活动。"[4]此时的教育评估研究以服务政府和学校的行政管理为取向,通过为行政主体提供技术性建议,来达成行政高效管理与控制的工作目的。评估研究强调技术性与应用性,公众的信任问题几乎没有涉及,大多数学者要么忽视它的存在,要么假定它已经存在。

总体而言,时至今日,我国教育评价学著述依然呈现出较为鲜明的技术化特征和一元化格局,基本都是围绕评估主体及其评估活动的可操作性展开的,在我国,评估主体主要是政府及学校内行政主管部门,已有研究大多考虑教育评估如何影响教育变革与发展,却较少关注不同价值观念的评估相对人、利益相关者及社会公

---

[1] THE PROGRAM EVALUATION STANDARDS 2011 版在 evaluator credibility 指标中,特别强调 Evaluations should be conducted by qualified people who establish and maintain credibility in the evaluation context.

[2] 陈玉琨. 中国高等教育评价论[M]. 广州:广东高等教育出版社,1993:52—56.

[3] David Carless. Trust, distrust and their impact on assessment reform [J]. Assessment & Evaluation in Higher Education, 2009(34):79 - 89.

[4] 戚业国,杜瑛. 教育价值的多元与教育评价范式的转变[J]. 华东师范大学学报(教育科学版),2011 (2):11—18.

众如何看待评估这一公共管理活动,以及他们所参与的评估项目对教育及学术活动的影响,他们在评估过程中的参与互动,对评估行为的感知在已有研究中很少论及。教育评价学忽视评估的利益相关群体,受众的主体地位被忽视,他们无法充分表达自己的意愿,常常被动地执行和遵从既定的评估规则。评估相对人、利益相关者、社会公众的价值被弱化、被遮蔽、被湮没的状况亟待转变。

2. 对评估公信力的关注不足,学术积累薄弱,系统性不强

公信力是教育评估制度的灵魂和生命。然而,不管是教育评估的理论研究,还是教育评估的实践发展,目前,教育评估对于赢得同行的认可和社会的信任方面的研究还颇为薄弱,关注亦相当不足。国内对教育评估公信力的探讨,较多显现于大众媒体的评论[1],教育评估学术论著中对公信力的论述绝大多数是在其他主题的研究中浮光掠影地提及,近些年从不同视角探讨评估公信力的研究开始时有出现,如"公信力与人文社会科学评价"[2]、"我国大学排行榜公信力的实证研究"[3]、"论科学规范与大学科研评价"[4],等等。概而言之,教育评估理论研究和评估实践活动中已呈现出公信力低下的现象以及对这些现象的各种揭露,这些研究提示出当前教育评估公信力低下的实然状况。这些以高等教育领域中各类评估项目为主的学术论文,对教育评估特别是其功用的发挥进行了较为深入和细致的探讨,研究者大都意识到评估获得公众认同信赖的重要性以及当前信任及诚信问题的严重性,并呼吁建立和推出具有公信力的、更为科学合理的、以质量为导向的评价机制。但整体上看,这些分析论述尚停留在一般性泛论、无意识使用的层面上,表现为孤立状态中的出色碎片和零星火花。"公信力"一词没有得到充分阐释,评估公信力还像一个"黑箱",对于评估公信力的概念和内涵的分析,影响要素、作用机理,尤其是公信力的提升策略还没有得到较为系统地揭示,所能见到的多是个体的各种感

---

〔1〕王凌峰.教学评估:如何评出公信力[N].科学时报,2006—4—4.葛剑雄.教学评估弊端不除结果难有公信力[N].东方早报,2006—12—16.顾海兵.无公信力的大学排名有害无利[N].人民日报.2005—4—5.郭之纯.大学公信力下降:是"市侩化",非"世俗化"[N].解放日报,2007—11—19.孙春龙.大学排行榜亟待提高公信力[N].科技日报.2006—7—7.

〔2〕姚申.学术体制、学术评价与学术风气[J].重庆大学学报(社会科学版)2010(6):73—75.

〔3〕喻颖.我国大学排行榜公信力的实证研究——以民间三大排行榜为例[D].中国地质大学硕士论文,2008.

〔4〕史秋衡.论科学规范与大学科研评价[J].社会科学管理与评论.2002(1):47—51.

想和体会,以及一些先验性的看法和假定,理论性的探究,系统梳理和专门研究还不多见,研究视野也比较局限,有必要建立一个整合性的框架对教育评估的公信力进行系统分析。

3. 已有研究多限于评估主体的绩效及信誉,缺乏评估互动过程及程序优化

西方学者对评估公信力的研究,部分显现出对评估结果利用效率的关注。在美国,种种有关提高评估利用率的相关文献都证明了评估的后续工作的确很少进行。[1] 评估不被使用的事实令人震惊:不断有人责备,委托者不认同所推荐的评估之可信性,而非理性地一意孤行,其结果导致了评估失败,或者责备评估不善于有效地"推销"评估产品。国内有研究从元评估(meta-evaluation,也称"再评估")的角度论证优秀的教育评估的特点,并建构出包括目标适切性、方案可行性、过程精确性和结果有效性四维度的元评价指标体系。[2] 已有研究多限于评估主体的绩效及信誉,评估互动过程及程序优化的研究与实践相对缺乏,诸如信息公开、参与协商及舆情引导等还较为薄弱。与经济的发展状况类似,评估在促进教育经费投入和教育教学改革方面的成效并不必然带来满意度的增强和公信力的提升。笔者曾基于本科评估中的信息公开及参与协商,对教育评估公信力的影响要素及其改善途径进行过初步的研讨。[3] 本书将对相关的内容做进一步的探讨。

4. 已有研究对评估"不信任"关注不足,忽视其积极价值

传统公信力研究的主流立场均把信任最多、不信任最少视为最佳状态,公信力的提升即千方百计提升公共权力赢得公众信任的能力。这类研究思路对"不信任"积极潜能的关注不足,存在片面夸大"信任"功用的理想主义倾向。对"不信任"积极潜能的忽视甚至彻底否定本质上是一种乌托邦情结。以这样的信念去追求教育评估制度的进步,无法合理解释现实制度中批评质疑的大量涌现,人们也总是以质疑批评的存在为由否定评估主体的信用、成绩,或是干脆认定普遍信任永无可能而变成相对主义者。某些评估项目的公信力低,不是找出制度问题的改善方法,而是

〔1〕[美]埃贡·G.古贝,伊冯娜·S.林肯.秦霖等译.第四代评估[M].北京:中国人民大学出版社.2008,3.
〔2〕严芳.教育元评估的理论与实践研究[D].华东师范大学博士学位论文,2010,114.
〔3〕张会杰.提升公信力:本科评估中的信息公开与参与协商[J].现代大学教育,2012(6):92—97.

抛弃它——在国内,常常看到一些著名学者、大学校长主张取消高考、取消评估等。一旦忽视不信任的积极价值就很容易得出结论,其他国家和地区的先进经验与成熟做法也不值得借鉴,因在其他国家和地区,公众的批评质疑乃至否定反对更是如影相随。已有文献几乎未曾触及公信力的信任结构,事实上,就算是同样有质疑,质疑的面向及侧重亦有不同,不宜简单"中和"。因对"不信任"的关注不足,加之缺乏对公信力中信任结构的认识,在某种程度上误读了古与今、中与西普遍信任的实质区别。

除非我们了解不信任产生的根源及不信任造成破坏的不同情境,否则,作为解决方案的信任和公信力的提升只会处于初步的预备阶段。本研究基于当前信任研究的学术前沿,将对"不信任"进行较为深入的考察,并对以下观点进行着重论述:对于公共权力的行使,公众的不信任与信任常胶合共生,质疑批评与普遍信任交织变奏,每一项政策都是普遍信任与理性质疑的混合物,不存在臻于完美的公信力,理性质疑构成评估公信力提升的压力机制,这些观点用以修正和补充当前对教育评估公信力的单向度理解,希望能为评估制度设计提供参考。

第三节　分析框架及研究问题

评估对于教育活动意义重大,是教育变革成败攸关的切入点之一。正因为教育评估确实至关重要,它才会引来持久的强烈关注。当前时期,认真思考和研究公信力问题具有重要的现实意义,对教育评估的"信任危机"及评估的公信力进行全面的分析和深入研究具有现实重要性和行动紧迫性。

一　研究的分析框架

在已有研究的基础上,本研究确立了如图 1-2 所示的分析框架。该分析框架的最大特点在于提出并突显了"不信任"在教育评估制度设计及运行中的积极作用。

二　研究的主要问题

(一)首先呈现并描述转型期我国社会各领域出现的"信任危机",对反映当前

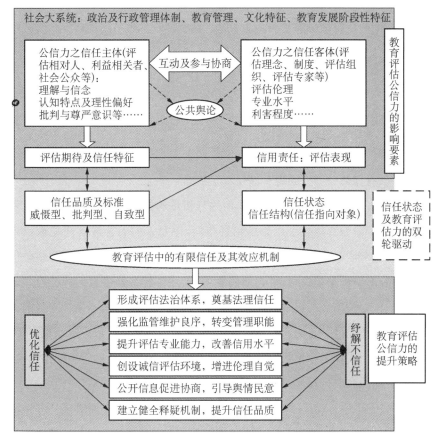

图 1-2　教育评估公信力的分析框架

教育评估公信力的现象进行梳理及评析。教育评估实践遭遇"信任难题",但国内学界对评估公信力的系统研究较为匮乏。为拓展研究思路和寻求理论资源,本研究回顾了信任研究的理论发展,对信任及公信力研究的相关文献进行细致的述评,并对国内外教育评估的公信力诉求及其理论与实践回应进行概括。这是研究的分析起点,也是研究主题得以展开的基础。

(二)对教育评估公信力的概念进行界定。教育评价学对教育评估的关注多局限于评估的教育教学属性,对评估的教育及社会管理属性关注较少。因"公信力"主题的研究指向,本研究将着重关注教育评估的教育及社会管理属性,在该重属性得以确认的基础上,展开教育评估公信力问题的研究。因"公信力"是汉语世界的新词汇,本部分将对"公信力"的概念界定,相近概念的辨析及公信力在教育评估概念地图中的位置坐标等予以较多着墨。研究还将细致分析教育评估实践的公信力诉求及其特性,特别揭示公信力概念的关系性特征。

(三)对教育评估公信力的影响要素进行解释性建构。本研究受巴伯信任研究思路的启发,将从评估公信力施信方的评估期望及其信任特征出发,对评估主体的诚信、公正与权威、评估过程中的参与协商及舆情引导,以及传统的信任文化及特点、教育规模与价值观多元等社会系统性因素对评估公信力的影响进行详细论证,为寻求教育评估公信力的提升途径奠定基础。

(四)对教育评估公信力的信任结构进行初步的探讨。研究将结合评估发展四阶段的划分,对教育评估公信力的信任指向,以及人们的普遍信任在教育评估"硬核"与"保护带"上存在的结构性差异进行分析。研究还将考察教育评估公信力的品质类型,对威慑型公信力、批判型公信力,以及自致型公信力的特征及其效应进行概括。区分公信力层级结构及品质类型是必要的,基于此,本书拟对我国教育评估的公信力状况进行历史比较及中外比较,并对当前评估公信力的双重面相,即普遍信任与广泛质疑之悖论状态进行分析解释,并探讨伴随社会转型的持续推进,公众的质疑能力和舆论环境对评估公信力的影响。

(五)信任问题与教育评估关联密切,本书将尝试从学理层面对现代评估活动的原理,即基于"办"之责任与自由的"管、评"机制进行理论探讨,在此基础上论证教育评估中的有限信任及其特征。研究还将进一步论述不信任现象之于教育评估这一公共事务的必然性及潜在的积极意义,继而分析论证有限信任的合理性及其比较优势,研究还将探讨评估公信力的驱动机制,研析普遍信任及不信任的效应发挥,特别是不信任大量郁积状态下的教育评估对教育及学术事业发展的消极阻碍。在此基础上,深入论证强化信任纾解不信任之于公信力提升的必要性。

(六)研究社会转型期教育评估公信力提升的途径及策略建议。研究将围绕范式转型与制度保障,就如何完善教育评估立法,规范评估公共权力,坚持依法评估,形成评估法治体系;转变管理职能,强化监管维护良序;全面提升评估专业能力,设定评估标准,改善评估信用水平;加强监督制衡,防范评估道德风险,创设诚信评估环境,增进伦理自觉;制定执行细则,推进信息公开,促进互动协商,引导舆情民意;建立健全释疑机制,如开放思想市场,善待批评质疑,增设风险论证,建立健全元评估机制等六大方面寻求有利于我国教育评估公信力提升的途径及策略建议。

（七）研究的总结概括,对主要研究结论和可能的创新之处进行归纳说明,并指出研究的不足和今后努力的方向。附录部分给出了访谈中的部分文字实录。

第四节　立论方法与研究意义

2009年至2013年,笔者有幸参与陈玉琨教授主持的中学优质化工程,基本上每月都走进多所项目学校,与校长、管理者、教师学生以及市县区教育局的行政管理人员有着广泛的沟通和互动,项目活动使笔者对中学的发展规划、课程体系的设计开发及实施与评价、课堂听评课、校本研修等有了较为全面的直观感受。笔者还有幸以评估秘书、评审专家、评估方案咨询专家等身份参与了一些具体的评估工作,如,独立学院综合检查与质量调研、省级精品课程的评审、高校专业评估方案的论证等,还承担了某"985工程"大学通识教育课程体系评价方案的设计与开发工作。作为亲历者与观察者,笔者对当前的教育评估有一定的感性认识和实践体会。出于对当前评估信任危机现象的隐忧,以及问题本身重要性的促动,我们确立了评估公信力的研究主题,寄希望于通过对教育评估中信任机制的分析初步回应较为严峻的教育及学术评估现实,通过对公信力提升策略的研讨,为教育评估活动的顺利开展和良性运行提供学理分析和参考建议。

一　研究思路与方法

（一）质性研究方法的选择及开放式和半结构访谈方法

作为人际互动中的一种社会现象,信任具有一定的潜隐性,常常是在日常的自然情境中体现自身。公信力还具有群体性、集合性,多少有一点虚无缥缈的感觉。布迪厄认为,"个人性即社会性"[1],笔者借鉴并拓展其中的方法论思想,对教育评

---

[1]［法］布迪厄,［美］华康德.李猛,李康,译.实践与反思——反思社会学导引[M].北京:中央编译出版社,1998,265.

估公信力的研究扎根日常的、流动的自然情境,通过了解组成"公众"的个体的思想情感、价值观念和知觉体验,对他们的个人经验和意义建构作"解释性"的理解、领会、归纳和概括。基于上述考虑,本研究总体上采用质性研究的基本思路,选用质性研究最常用的方法——开放式和半结构访谈(semi-structureddepth interview),"寻访"教育评估的"公众"并与之"对话",在实际生活情境中收集"真实"的资料。

开放式和半结构访谈基于自然主义的探究传统,这与教育评估的应答模式秉持的价值理念一致,应答模式反对用传统的"设定目标—依目标搜集资料"的预定式评价,强调使用自然主义方法获取全面、丰富的评价信息,注重通过非正式的方法收集不同人、不同团体的不同观点,重视评价实施者与评价对象之间的相互交流、沟通,倡导通过持续不断地"对话",了解他们的认知判断及信任倾向。为拓展对研究问题的理解,并识别一些未曾预料的影响因素,开放式访谈在访谈之初不做具体预设。比如,2011年10月笔者曾在列车上与一名"985工程"大学毕业生进行深度交谈,他主动询问大学的教师招聘、教师考核、教学科研的评价及收入待遇等系列问题,同时基于这些论题表达他的理解及评价。半结构式访谈的访谈问题虽部分准备,也同样具有一定的开放性和因情境变化的灵活性。研究过程中笔者并不完全拘泥于事先设计好的固定的研究方案,而是采用"即时性策略",根据访谈对象的特点及当时的具体语境,有时问一些概括性问题,有时则探询对方对具体评估项目的真实看法及内心感受。本书对访谈信息进行分析提炼时注重整体性和相关性,有意识地关注受访者所处的教育及社会情境,以及特定情境对教育评估公信力的影响,经"转译"形成理论假设和解释性理解,并通过相互检验和不断比较使能够体现"评估公信力"的访谈信息逐步充实和系统化。

(二) 文献研究方法

有意义的新认识与新解释绝大多数需要站在"巨人的肩膀"上,自然离不开对相关文献的搜集、整理、鉴别与分析。文献研究法是一种古老又富有生命力的科学研究方法,教育评估公信力主题的探讨涉及多学科领域的知识融入,在研究的过程中笔者查阅了大量的文献,包括公信力主题的著作、学术论文、调查报告,以及相关的视频等,也包含少量二次文献,如公信力主题的研究综述等。

信任研究及公信力主题的研究浩若烟海,笔者在选择文献时,外国文献多以公认的经典论著为主,在引用其中的思想资源时相对谨慎,尽量考虑其本土适用性。中文文献通常选择权威出版社的优秀著述,以及核心期刊刊发的学术论文,对《新华文摘》、国研网等全文转载或摘编的研究成果也较为关注。这些文献质量较高、影响力大,代表了当前研究的最高或较高水平,文献选择的高标准一定程度上保障了本书的研究起点及分析水平。

(三)思辨分析方法

思辨分析侧重以归纳、演绎等推理形式对概念和观点进行逻辑论证。作为关系性范畴的概念,评估公信力离不开人们的态度立场和多元的价值观念,公信力是一个综合的问题,教育评估本身的问题域也是广泛的,这自然涉及到多学科的相关理论和知识。由于教育评估公信力的独特性,虽立足于相关文献的广泛阅读,却不愿被"他者"的个别理论所束缚,本研究参照并"借用"了其他学科的理论和知识,常常是在相近意义上运用其他学科的相关概念和理论,或略做迁移。当前诸多批判者对教育及教育评估进行了不同角度的批判,然而,纷繁的学术观点多有矛盾和冲突之处。本书不囿于文字提法,而是紧密联系现实,扎根于真实的生活情景,基于常识和逻辑,对教育评估公信力问题进行思辨分析,试图做出具有解释力的分析。

"任何方法,只要导致能够合理讨论的结果,就是正当的方法。"[1]本研究基于质性研究方法,采用文献研究法、思辨分析方法,在开放式与半结构式访谈的基础上,对教育评估公信力进行多维视角的分析、反思与综合理解。作为基础性和探索性研究,我们认为上述方法的选择是适宜的。

二 研究的信度与效度

整个研究过程中,我们始终在思考如何确保本研究的信度和效度。我们认为,公信力主题的研究,研究信度效度的核心指向应在于真实性(authenticity)而非真相(truth)。这种真实性或许仅仅只是建构性真实,也就是说访谈对象讲述的事件

---

〔1〕[英]卡尔·波普尔.傅季重,等译.猜想与反驳——科学知识的增长[M].上海:上海译文出版社,1986,100.

确有发生,但话语中可能已经渗透了言说者自己的想象、感知和价值判断。当然,就存在意义而言,讲述本身确实是真实的。而这原本就是本研究应当获得的。当然,言说者讲述的真实性很大程度上依赖于研究者与之在对话过程中建立的信任关系,研究者的共情理解程度直接决定着谈话持续的时间和质量。整体上看,本研究中,言说者的表达和评论是在完全无利害的自然状态下呈现的,一些受访者还会就自己的困惑询问笔者,这不仅在某种程度上说明了笔者与访谈对象的信任关系以及访谈素材自身的真实性和可靠度,也在一定程度上保障了对访谈对象叙述内容的理解大体就是访谈对象本人想要表达的意义。

本研究的样本选取基本属于目的性抽样。2009 年 10 月至 2013 年 5 月,笔者对政府官员、评估专家、大学及中学校长、教师、学校管理者,以及在校与毕业学生等进行了一定数量的开放式和半结构式访谈,对教育评估公信力的现象表征、影响因素、信任的具体指向、以及评估公信力的提升之道等问题进行探讨,访谈对象多达上百名。我们在其中选取能提供丰富信息的样本,部分访谈文字实录见附件。出现在附录中的访谈记录皆隐去了言说者的姓名和具体身份。需要说明的是,其他的访谈对笔者也颇有启发,囿于篇幅,一些信息并没有在附录中出现。

三　研究的必要性与意义

教育部袁贵仁部长强调指出,"(评估)这件事非常非常重要,特别特别重要,是天大的事。它对任何国家来说都是重要工作,是政府监控办学的主要手段,在我国现阶段是贯彻《纲要》、提高质量最主要的抓手。"[1]教育评估越来越成为政府部门和学校组织重要的管理手段,各类评估项目大量涌现,这一局部性的管理活动因其广泛影响而具有全局性的意义。要使评估富有成效,不能只关注评估各子系统尤其是评估主体的功能发挥,还应关注教育评估因评估相对人、利益相关者及社会公众对其信任状态而产生的整体效益。建立起符合国情和文化的教育评估制度,保证教育评估健康持续的发展是十分紧要和非常必要的。"公信力"之于教育评估是

一个有效的解释概念和分析起点,积极开展教育评估公信力的研究至少具有以下三个方面的意义:

(一)评估公信力的研究关注和强化教育评估受众的地位

伴随教育管理体制改革的推进,评估在教育价值引领、教育资源配置、促进社会认同中发挥的作用越来越重要。长期以来,评估相对人、利益相关者及社会公众对评估活动的感知及评估过程中主客体之间的互动在研究中很少涉及。然而教育评估具有鲜明的公共性和显著的社会性,人们因其信任状态对评估活动的反作用是客观存在的,直接决定着教育评估功能的发挥。仅仅着眼于评估主体本身进行制度设计,这种单向度的视角很容易弱化、遮蔽甚至湮没评估相对人、利益相关者及社会公众的能动作用。"知屋漏者在宇下,知政失者在朝野,知经误者在诸子"。公信力是分析当前教育评估现实困境的一个重要概念,教育评估公信力理论与实践体系的确立,有助于强化教育评估受众的主体地位,促使评估组织及其成员有意识地改善受评群体的信任状况,亦有助于教育共同体成员公共参与意识的增强、参与能力的提高以及评估实践中良性互动关系的形成,从而推动评估主体及其政策朝着有利于公信力提升的方向发展。

(二)评估公信力的研究拓展和增进教育评估的分析领域

信任危机是当前教育评估乃至教育管理亟需正视且颇具挑战的基础性问题,具有鲜明的现实针对性。评估公信力的研究突破了以往教育评估研究的思维模式,把教育评估的研究由评估主体本身延伸到对评估相对人、利益相关者乃至社会公众,拓展和增进了教育评估的问题空间和分析领域。这一拓展具有一定的方法论意义,意味着教育评估由单纯追求性能到重视效能的范式转变,有助于增进对评估相对人、利益相关者和社会公众及其与评估主体互动协商等内容的分析。评估公信力的研究是对教育评价学学术体系的丰富和完善,是对教育评估研究的精细化,有助于增强对丰富的评估实践的理解力和解释力。有效聚合评估相对人、利益相关者和社会公众的普遍信任亦将成为教育评估制度优化的一个可行的突破点。

(三)评估公信力的研究丰富和补充信任研究的理论体系

信任主题的研究在今天呈现出多学科交叉互动的态势,然而,对于信任水平及其意义的分析建构始终存在着较为严重的认识分歧。教育评估公信力是在转型时期社会诸多领域陷入"信任危机"的背景下提出来的,是我国教育管理领域一个较为普遍且略显敏感的问题,深入研究教育评估的公信力问题,通过对评估公信力的概念内涵、影响要素、结构特征、效用发挥、不信任的合理性及潜在价值,以及评估公信力的驱动及提升机制等的分析,有助于拓展、增进和深化对信任问题的认识。本研究改变把不信任当作信任的对立面,仅仅致力于如何建立和维持信任,努力减少和控制不信任的单向度公信力观,将不信任尤其是理性质疑的积极价值纳入到公信力主题的分析中,这一双向度的公信力观丰富和补充了信任研究的理论体系。基于理性信任和质疑积极潜能的充分发挥、盲目信任和无端不信任消极作用的有效规避考虑评估的制度设计,不仅为教育评价学科提供参考,而且对其他行业和公共组织的制度优化也将有所助益,这亦是本研究的意义所在。

第二章　评估公信力的理论基础

信是所望之事的实底,是未见之事的确据。

——《圣经》

子贡问政。子曰:足食、足兵、民信之矣。

子贡曰:必不得已而去,于斯三者何先? 曰:去兵。

子贡曰:必不得已而去,于斯二者何先? 曰:去食。

自古皆有死,民无信不立。

——《论语》

　　研究离不开对研究对象内涵的把握,如果缺乏概念的清晰界定,研究者不仅自己难以把握研究对象的属性及特征,也导致研究之间难以沟通和延续。由于对教育评估及公信力概念理解和使用上的模糊与混杂,尤其是"公信力"的理论解释尚不成熟,本书将用较多篇幅对教育评估公信力的核心概念进行界定和辨析。

第一节　教育评估公信力的概念界定

一　"教育评估"及其双重属性

(一)本研究中"教育评估"的含义

　　教育评估源于教育教学及管理活动的需要,自人类的教育活动产生的那一刻起,评估活动就与之相伴而生,尽管在相当长的时间内,评估是隐秘进行的,也没有产生系统的关于评估的观念体系。在中国,自隋唐时期就开始有了制度化的以科举考试为代表的评估实践,科举对中国的政治、社会、文化发展,特别是教育产生了极大的影响,但关于科举考试的学说,也就是教育考试及评价的理论资源在当时却十分匮乏。

广义地讲,评估包含考试、考评、评定、评议、评审、评鉴(港台常用)、审核、审批、审计、认证、鉴定、督导以及排行等活动,在我国,早期教学理论著作中讨论的"教学效果的检查"[1]实际上也包含着"评估"的含义。《中国大百科全书》(教育卷)把教学评价称为成绩评定。[2] 这些活动内在联系紧密,很大程度上要依托教育评价理论和技术的支持。在中国大陆,"评估"与"评价"均对应"evaluation",两者的差异主要显现为不同场合和范围内不同的用语习惯。对于"评估",在学者们所提出的诸多定义中,每个定义都有自己的优点及独特的研究方法,弘(Hong, H. D.)和博登(Borden, M.)认为,在对评估的研究中,我们把握的重点是如何理解"评估"定义而不是再下一个让人普遍接受的新定义。[3] 与他们的看法一致,我们使用"评估"一词作为评价和评估活动的一般意义的指称,把面向学习者禀赋的发展和管理秩序的维护及优化的所有为发现和增进教育价值而对教育信息的采集、分析和利用活动都视为"教育评估",包括以教育组织作为其职业发展场域的学者和他们从事的学术工作的评估。在当前的高等教育体系中,师生既受教育教学评估制度的影响,又受学术科研评价制度的影响,而后者处于主导地位,本研究自然涉及到学术科研评估。在少数情况下,本研究中的教育评估是在特定意义上使用的,仅指教育教学的评估。

(二)"教育评估"的双重属性及特征

在笔者看来,教育评估具有双重属性,既是教学依据,又是管理手段。1967年,斯克里文(Scriven)把教育评价划分为"形成性评价"和"终结性评价"两种类型[4],这种划分一定程度上证明了评估双重属性的客观存在。

1. 教育学意义上的自然属性

教育评估的第一重属性是教育学意义上的,这重属性偏向自然属性。泰勒

〔1〕王策三.教学论稿[M].北京:人民教育出版社,1985,302.
〔2〕中国大百科全书(教育卷)[M].北京:中国大百科全书出版社,1985,31.
〔3〕Hong, H. D. & Boden, M. . R & D. Programme Evaluation—Theory and Practice [M]. Surrey: Ashgate Publishing Limited, 2003,2
〔4〕[以色列]内伏.赵永年、李培青译.教育评价概念的形成:对文献的分析评论[A].瞿葆奎主编,陈玉琨、赵中建选编.教育学文集·教育评价[C].北京:人民教育出版社,1989,345—346.

(Rlaph W. Tayler)和陈玉琨对教育评价的定义"教育评价就是衡量实际活动达到教育目标的程度"[1]、"教育评价是对教育活动满足社会与个体需要的程度作出判断的活动,是对教育活动现实的(已经取得的)或潜在的(还未取得,但有可能取得的)价值作出判断,以期达到教育价值增值的过程"[2]以及斯塔弗尔比姆(Stufflebeam)的著名观点"评价的最重要的意图不是为了证明(prove),而是为了改进(improve)",均是从增进教育性、促进教育价值增值的角度来认识教育评价的。美国联邦教育部长阿恩·邓肯(Arne Duncan)新近谈到,[3]我们不会废除考试,因为考试是检测进步与否的重要手段,我们必须知道谁靠前,谁靠后,谁取得了成绩而谁又需要帮助。人们也普遍认为考试有助于对孩子进行针对性指导并促进教师专业发展。但我们完全明白标准化测试并不能测查出成功教学的全部精妙之处,这也是为什么我们呼吁要有多样化的方式对教师进行评价。教师们正面临着更严格的学术标准和新的评价体系。这一观点所对应的即为评估在教育学意义上的自然属性。此时,评价作为教育教学过程的一个环节,用来判断、衡量、评定教学所起的作用或产生的价值,它关注教育评价的调节、激励和促进教学的功能。教育评估的教育学属性主要通过"形成性评价"加以表现。

2. 管理学意义上的社会属性

教育评估的另一重属性是管理学意义上的,教育评估以其导向、激励、调节与控制功能为教育甚至社会管理确立法则。如各种选拔或资格考试、评审鉴定、审计督导等,此类范畴的评估作为一种制度形态,发挥着人才选拔和淘汰、资源包括荣誉及身份资源配置等社会职能。克龙巴赫(Cronbach)于1963年提出的"评估是为决策提供信息的过程",很大程度上就是立足于教育评估的这重管理属性而展开的。评估适合于用来了解通过有目的的干预能够产生哪些影响,以便拟定和优化相关战略、政策、项目及措施。教育评估的社会管理属性多通过"终结性评价"加以表现。

---

〔1〕［美］拉尔夫·泰勒. 施良方译. 课程与教学的基本原理［M］. 北京:人民教育出版社,1994,37.
〔2〕陈玉琨. 教育评价学［M］. 北京:人民教育出版社,1997. 7.
〔3〕Changes is Hard. Remarks of U. S. Secretary of Education Arne Duncan at Baltimore County Teachers Convening ［R］.［EB/OL］.［2012 - 8 - 22］［2013 - 2 - 22］. http://www. ed. gov/news/speeches/change-hard.

"人生而有欲,欲而不得,则不能无求,求而无度量分界,则不能不争。争则乱,乱则穷。"(《荀子·礼论》)管理学意义上的教育评估是社会发展到一定阶段才出现的产物,也是教育发展到一定程度时的必然现象,此时,教育乃至社会管理的公共需求催生并创立了评估制度。以评估为主导的教育管理维护教育公共生活的秩序,解决教育过程中各种潜在的纷争,将各有所欲、时而冲突的教育参与者联合成一个和谐的、持久的有机整体。这类教育评估并不直接为教育体系提供价值,却为师生追求价值的实现提供管理秩序上的保障。以科举这一历史上的举国大考为例,从隋唐到晚清,中央政府通过科举考试,公开向全国各地的"士"阶层选拔人才,这些人才被纳入封建王朝的行政系统,担任从地方到中央的各级职务。科举制从来都不是单纯的考试制度,它一直发挥着无形的统合功能,从社会选拔精英,保证了精英来源的开放性和竞争性,"士"通过科举考试直接进入权力世界的大门,其仕途前程获得了制度上的保障,也维持了社会文化秩序的整合和稳定。1905年科举制度废除之后,学校的文凭、特别是海外留学获得的洋文凭,替代了科举的功名,成为通向政治、文化和社会各种精英身份的规范途径。[1]与西方大学的招生考试相比,以举国关注的高考为代表的教育评估其公共性和社会意义更加凸显,"中国人不但将大规模的高考变成了牵动亿万中国人心的大事件,变成了公共话题,而且使高考变成了文化,变成了经济,变成了政治,变成了仪式。"[2]

教育评估的两重属性常常如DNA双螺旋般地交织在一起。在评估的理论研究中,人们常常不加区别地在相同意义上使用两类属性的教育评估理念。而在评估实践中,人们常常过分强调教育评估的社会管理属性,而忽视评估对学生和教师发展的促进以及教育教学的改进。在等级性的文凭社会,评估体系中不同的评价等级符号附着着不同的教育及社会资源,功利甚至极端功利的应试教育随之出现,在竞争的喧嚣中教育教学的本然价值悄然隐退或全然被人遗忘。在基础教育领域,"考考考,教师的法宝,分分分,学生的命根",教师为评价而教,学生为评价而学,考什么就教什么,学什么。此时,学校、教师把学生学业成绩作为教育教学根本

〔1〕许纪霖.重建社会重心:现代中国知识分子与公共空间[A].许纪霖,刘擎.公共空间中的知识分子[C].南京:江苏人民出版社,2007,9—10.
〔2〕刘海峰.高考改革的理论思考[M].武汉:华中师范大学出版社,2007:总序2.

的、唯一的目的,把对学生的加压变成实现这一目的的手段,而没有把学生本身作为目的来对待。[1] 那些不以应试为目的的学习者在不合理的评价机制中备受折磨,甚至成为失败者。科学巨匠爱因斯坦曾经回忆道,[2]"人们为了考试,不论愿意与否,都得把所有这些废物统统塞进自己的脑袋。这种强制的结果使我如此畏缩不前,以致在我通过最后的考试以后有整整一年对科学问题的任何思考都感到扫兴。"他后来感慨说,"现代的教学方法,竟然还没有把研究问题的神圣好奇心完全扼杀掉,真可以说是一个奇迹;因为这株脆弱的幼苗,除了需要鼓励以外,主要需要自由;要是没有自由,它不可避免地会夭折。"同样,当前在国内的高等教育领域,各类量化指标成了高校办学的"法宝"和高校发展的"命根"。评估制度双重属性的失衡导致自身的混乱和外界的批评。

从中观和微观角度看,不同层面的教育评估项目的制度合理性及其功能差异较大,其公信力亦有着各不相同的内在本质和外在表征,需放在不同层面分别予以关照。但从宏观角度看,经高度抽象,教育体系内的各类评估项目亦有着较为鲜明的一致性,各类评估项目在公信力方面有着可以分析的共性特征。在本研究中,"教育评估"是从一般意义上加以指称的,且多以高等教育领域的评估为主。

二 "公信力"的词义解析

公信力是并列结构的合成词,"公""信""力"三位一体。公信力的定义可能比人们通常所理解的更加复杂。本研究从最基本的"公""信""力"字义出发,并通过对其他学科中"公信力"定义的再考察,探讨并澄清公信力的概念含义。

(一)"公""信""力"的字义辨析

1. "公"的字义

"公"原始的意义是指政治共同体及其首领,即国与国君,以及与之相关的人、事、物、机构、制度等,与"私"相对。"公"还有"敞开"和"分享"的含义,以及超越个

---

[1] 尹后庆.改革学业质量评价推动基础教育转型[J].教育发展研究,2012(15—16):7—10.
[2] 爱因斯坦.自述[A].爱因斯坦文集(第一卷)[C].许良英,范岱年编译.北京:商务印书馆,1976,8.

别的普遍性，即祛除私意，一视同仁的公平正义之"共"和"善"。笔者以为，公信力的"公"包含四层含义：一是公众；二是公共权力或公共组织；三是体现实体正义的公平公正；四是共同的、普遍的、公认的，即一种观念、制度被普遍接受与认同的状况。

2."信"的字义

"信"是会意字，指人的言论应当诚实，说话算数。"信"有正确或确定不怀疑，以及崇奉等含义。与"信"组合的有"信任""信誉""信用""信念""信仰"和"信心"等褒义词汇，也有"盲信""轻信""迷信"等负面涵义鲜明的贬义词汇，信任是相信并敢于托付，评判的标尺是拿在公众自己手中的。传统文化中，"公"与"信"关联紧密，"以公灭私，民其允怀。从政以公平灭私情，则民其信归之"（《尚书》）。公信力的"信"有公众的凭信，公众的信任，也有公家的信誉和信用的含义。

3."力"的字义

"力"是物体之间的相互作用，是使物体获得加速度和发生形变的力量，力有三要素：力的大小、方向和作用点。"力"含有"力量""能力""尽力""努力"等含义。将"力"的概念，如"竞争力""领导力""创造力""胜任力""执行力""凝聚力"，等等，引入教育研究领域，有利于推进学校乃至教育文化、教育制度的深层次变革[1]。马克思说过，[2]"理论只要说服人，就能掌握群众；而理论只要彻底，就能说服人。理论一经掌握群众，也会变成物质力量。"公信力的"力"蕴含着评估科学发展的社会资本及其精神力量。

(二) 汉语辞典中"公信力"的涵义解析

"公信力"在汉语体系中属于一个新词汇，商务印书馆 2000 年版《古今汉语词典》、2001 年版《新华词典》、2009 年第六版《辞海》等主要汉语工具书中均未收录这一词条。2003 年，《新词语大辞典》(1978—2002)第一次收录该词，其他主要汉语词典中的收录状况如表 2-1 所示。

---

〔1〕沈曙虹.我国学校发展"力"的研究述评[J].教育研究,2013(2):151—156.
〔2〕中共中央马克思恩格斯列宁斯大林著作编译局编.马克思恩格斯选集(第一卷)[M].北京:人民出版社,1972:9.

表 2-1　汉语工具书对"公信力"的概念定义

工具书名称	出版年	概念定义及举例
新词语大辞典（1978—2002）[1]	2003	[名]使公众信任的力量。举例:立法局的公信力会蒙损。
现代汉语词典(第5版)[2]	2005	定义同上。举例:提高政府部门的公信力。
当代汉语词典[3]	2009	[名]使公众信任的程度。举例:提高公信力。
现代汉语新词语词典[4]	2009	公信力:[名]使公众信任的能力。
		公信度:[名]公众的信任程度。

(三) 学术研究中"公信力"的概念界定

"公信力"所对应的英文一般有 credibility、accountability 和 public trust, credibility 更多指向的是可信度、公信度,accountability 多指对人或事负责,而 public trust 所包含的概念广度更富于公信度。国内学术研究中,对公信力的定义多与所属的特定社会领域紧密相连。其中,比较有影响的对"公信力"的概念界定如下表所示:

表 2-2　不同研究领域中"公信力"的定义

1	公信力是以特定的物质生产条件和思想观念为基础的反映社会群体对特定机构或个人的动机、行为所表现出来的信心、信任或信赖。[5]
2	公信力的概念源于英文词汇,原意指为某一件事进行报告、解释和辩护的责任和为自己的行为负责任,并接受质询。[6]
3	政府公信力,是指政府依据于自身的信用所获得的社会公众的信任度。[7]
4	登记公信力,是指不动产登记所具备的足以使善意第三人信赖的效力。[8]
5	公信力是政府的影响力与号召力,是政府行政能力的客观结果,体现了政府工作的权威性、民主程度、服务程度和法治建设程度;它也是人民群众对政府的评价,反映了人民群众对政府的满意度和信任度。政府公信力 = 政府行政能力×公众满意度。[9]
6	司法公信力是社会公众对司法主体、司法程序、司法运作过程和司法裁决的尊重和认同,是司法在社会心目中所建立的信服状态。[10]

[1] 亢世勇,刘海润.新词语大辞典[M].上海:上海辞书出版社,2003.
[2] 中国社会科学院语言研究所词典编辑室编.现代汉语词典(第5版)[M].北京:商务印书馆,2005:474.
[3] 《当代汉语词典》编委会编.当代汉语词典(双色版)[M].北京:中华书局,2009:512.
[4] 亢世勇,刘海润,主编.现代汉语新词语词典[M].上海辞书出版社,2009:106.
[5] 毕玉谦.司法公信力研究[M].北京:中国法制出版社,2009,序言.
[6] 匡和平.公信力:影响农民政治社会化效果的前制性因素[J].长白学刊,2010(4):32—37.
[7] 龚培兴,陈洪生.政府公信力:理念、行为与效率的研究视角——以"非典型性肺炎"防治为例[J].中共中央党校学报,2003(3):34—38.
[8] 马栩生.登记公信力:基础透视与制度建构[J].法商研究,2006(4):103—109.
[9] 唐铁汉.提高政府公信力建设信用政府[J].中国行政管理,2005(3):8—10.
[10] 四川省高级人民法院课题组.人民法院司法公信力调查报告[J].法律适用,2007(4):38—41.

以上定义揭示了:第一,"公信力"中的信任客体与某种公共职能相关,具有公共权力的属性;第二,"公信力"中的信任主体包括公共权力相对人、利益相关者(含泛利益相关者的"公众")等;第三,公信力蕴涵着信用与信任两个维度,公共权力或公共组织公信力的基础在于自身的诚信、信用及信誉方面的属性,反映了信任客体的可信性程度。公信力还表达了信任主体(公众)对信任客体(公权力或公共组织)信任、信赖、信服等方面的评价与判断。

信任是重要的,公众信任的增进是改善公共权力行使的重要基础,但是,赢得信任并非公共权力及组织存在的根本目的,公共权力及组织存在的根本目的在于公共利益的最大化,而公共利益的最大化离不开合理的适度的不信任。上述定义忽视了"不信任"之于公共权力及公共组织的意义和价值,一个更具解释力的公信力概念不能回避不信任的积极潜能。本研究采用的定义是:公信力是指公共权力在行使的过程中因公众的普遍信任状态而产生的综合效力。公信力研究主题的核心关注在于如何构建良好的信任机制,促进信任及不信任积极潜能的转化,进而产生最佳的综合效力。

三 教育评估公信力的界定

(一) 教育评估公信力的概念界定

综合前两节的分析,教育评估公信力是教育评估公共权力在行使的过程中因公众的普遍信任状态而产生的综合效力。从权力运行角度分析,教育评估公信力反映了教育评估公共权力以其主体、制度、组织、功能、程序、公正结果的承载等种种与"信用"相关的特质,如说服力、影响力和号召力等,这些特质促使受评相对人、利益相关者以及社会公众形成特定的信任状态,特定的信任状态影响着他们对评估规范的接受程度进而决定着评估综合效力的达致。良好的信任状态建立在公共权力不断接受并纾解公众质疑的基础之上。从受众心理角度分析,教育评估公信力是教育共同体内外的个人和组织,对教育评估的主体、制度、组织、功能、程序、公正结果的承载等方面的内在感受和主观判断,包括他们对评估整体形象的认知、情感、态度、情绪、期望和信念等,这一系列的心理反应构成公众某一时期特定的信任状态,直接影响并塑造着评估相对人、利益相关者和社会公众对教育评估活动的参与行为,进而决定着教育评估综合绩效的发挥。

(二) 评估公共权力的进一步解释

评估公共权力与评估组织的产生和发展是紧密联系在一起的。不同的社会形态下,评估组织拥有和运用权力的方式不同。公共权力的行使方式随着社会形态及公共组织的演进不断变化。需要说明的是,评估公共权力的拥有者是全体利益相关者,而行使者是评估主体,评估主体获得的评估权力应由全体利益相关者赋予。教育评估公共权力的最终作用对象是作为公共事务的教育及其管理活动,其目标在于促进教育价值的增值。公共权力的授权必然伴随着责任的确定,公共组织在获得社会直接或间接授权时,必然承担相应的责任。

(三) "评估相对人""利益相关者"及"社会公众"

评估相对人是本研究提出的一个概念,区别于"评估对象"。原因在于,"评估对象"是一个非常宽泛的概念,评价对象包括要评价的"事"(用斯克里文的话来说叫"评价物"[1]),以及做这些事情的"人"(师生总是教育评估的一般对象)。1960年代中期之前,在美国,几乎所有教育测量和评价的文献都是关于学生学习的评价,人们很难在文献中找到关于其他对象的评价。但此后,评价对象迅速拓展,从学生或学校转向教育方案、大纲和教材等,几乎任何东西都能成为评价的对象。"评估相对人"是指具体评估项目在评价过程中,被评一方中负责组织协调、信息收集、自我评估等评估活动的直接参与人。如高校教师职称评审的评估相对人主要指参评教师,科研项目评审的评估相对人主要指申报项目的主持人及项目组成员,高校本科教学评估的评估相对人是以迎评高校校长为领导的,以教务处等职能部门为主的行政管理者及教师群体。

利益相关者包括评估活动直接或间接的受益者;由于某项评估的实施而受到消极影响的人们,评估的不公正等使他们的权益受到损害,如,高考招生制度体系下被属地化政策系统排斥的弱势区域的考生。显然,评估相对人是教育评估最直接的利益相关者,两者在逻辑上属于包含关系,本研究之所以把"评估相对人"与利

---

〔1〕[以色列]内伏.赵永年,李培青译.教育评价概念的形成:对文献的分析评论[A].瞿葆奎主编,陈玉琨,赵中建选编.教育学文集·教育评价[C].北京:人民教育出版社,1989,347—348.

益相关者进行并列描述，是为了在分析时凸显出"评估相对人"在评估活动中的独特地位。本研究的"利益相关者"包含但不限于评估相对人，比如，教师职称评审的利益相关者即指参评者的同行、参评者所教的学生等；科研项目评审的利益相关者指项目申报者的同行，科研项目研究成果的受益或受损人；本科教学评估的利益相关者是高校教师、学生、社会用人部门等。利益相关者既包括个体的人，也包括由个体形成的组织。

谁是"社会公众"，看似简单，却颇难界定。曼海姆认为，[1]公众并不是一个客观的、固定的存在，他们是被现代传媒和公共舆论建构起来的，是一群流动的、临时的、想象性的人群。"公众"是一个多数意义的概念，反映一个抽象的集合，一种集体性意象。在本研究中，以"公众"作为分析单元强调的是一个整体性的观察方式和角度，构成教育评估公信力施信一方的"公众"用三个关键词加以描述，即评估相对人、利益相关者和社会公众，这三类群体之间没有特别明晰的界限。一般而言，评估相对人指各类评估项目中被评一方在受评活动中的组织者和直接参与者，是评估主体直接或间接面对的评估客体。利益相关者必然包含评估相对人，除此，受评估项目直接或间接影响的人构成本研究的利益相关者，如各类评估项目参评者的亲属，如学生家长等。社会公众更广泛，包括社会各界其直接利益受评估项目影响较小的人，如，有影响力的社会人士、公众人物、意见领袖、知识界、工商业界代表等，他们关心作为公共事务的教育评估活动，这些人的评论有时"应者云集"，能广泛地影响社会公众对教育、对教育价值的认知和判断。

（四）评估公信力中的信任关系

教育评估公信力的信任双方分别是施信者和受信者。施信者是信任情感的拥有者，是授予信任的主体。施信者在施予信任时的对象指向，既包括（具体评估项目的）评估制度政策，评估的功能与程序、评估组织及领导者和成员、评估专家的才德表现，也包括评估理念、公正结果的承载等内在的抽象价值。受信者是信任活动所指向的对象和信任情感的接受方。评估公信力的信任关系中，处于被信任位置

---

[1]［德］卡尔·曼海姆.张旅平，译.重建时代的人与社会：现代社会结构的研究[M].北京：生活·读书·新知三联书店，2002：80—81.

的评估主体是信任的客体,包括评估活动的代理人、评估方案的设计者、评估方法的提供者、评估工作的实施者等,他们共同行使评估的公共权力。

评估公信力的施信者——评估相对人、利益相关者和社会公众,他们对教育评估的期望与评估实际表现之间的契合程度激发着其感知冲动及信任情感。信任存在于人际间、群体内外以及组织之间,施信者与受信者参照对方的角色行动,共同建构信任关系。评估活动参与者的角色行动,如诚实诚信等决定着社会公众的信任;评估主体、评估相对人的角色行动决定着利益相关者和社会公众的信任,评估主体的角色行动决定着评估相对人、利益相关者和社会公众的信任。教育评估公信力不能简化为对评估主体的普遍信任,而是多主体统合的,各主体相互作用、相互影响,从而形成特定的评估信任状态。教育评估是抽象物,这一抽象物的对象化是包括了诸如价值、主体、制度、程序、组织与参与者行动的复杂互动结构。作为基础理论的探索性研究,本研究采用高度抽象化的处理方式,并不特指某类或某个评估项目,随着公信力研究的深入,对评估相对人、利益相关者乃至社会公众信任指向的分析会进一步具体化和精细化。

第二节　教育评估实践中的信任诉求

一　评估类型及其信任诉求

根据不同的标准,评估被划分为不同的类型,如果从评估主体是否独立于所评估的价值关系的角度进行划分,教育评估可划分为如下三种类型,不同类型的评估实践呈现出不同的公信力诉求。

(一)价值实现主体作为天然的评估主体所开展的评估活动

教育教学的价值实现是指作为价值客体的教师、教材、教学方法以及课堂、班级、学校等,在教师的设计组织及师生的互动下,共同生成的教学价值被价值主体(学习者)所享有和接受。学生是教育教学价值实现的主体,每个学生都是天然的评价主体,他们对价值客体,如教师、教材、课堂、班级、学校等直接进行评价。如图2-1所示。当这种评价进入教育管理的公共领域,影响到教育公共资源的配置时,其评价方式方法及结论的应用即体现出公信力的诉求。

图 2-1 评价实现的主客体结构

(二) 人作为价值客体的一部分对置身其中的价值关系的评价

价值的创造是价值实现的基础和准备,是主体的客体化过程。教育教学价值的实现,离不开教师等价值客体的创造。教师的工作成果被学习者所享有,教师本人及同行是天然的评价主体,教师需要对学习者的接受状况进行判断、衡量、评定。如图 2-2 所示,教师与同行对学习者的评价,教师之间的评价影响到公共教育资源的分配时,评价也蕴含着公信力的含义。

图 2-2 评价实现的主客体结构

以高等教育为例,从中世纪大学诞生到 19 世纪末教育测量运动兴起前,教育质量的评判权几乎完全在大学,在教师自己。大学主要依据自己的传统和对质量管理的自觉进行相关的评价活动。外界很少有机会了解或影响大学内部的质量管理。

(三) 评估主体独立于所评估的教育价值关系时

随着教育的发展,独立于教育价值关系的评价主体开始出现,如图 2-3 所示。这一类型的教育评估是以学校这一组织为对象,对该组织的教育质量水平进行判断的活动。来自学校外部的评估一般称为外部评估,来自学校内部的评估即内部评估。从政府公共治理的角度,20 世纪初至今,不少国家和地区纷纷采用教育认证和评估的方法,对学校及其成员进行评估。外部评估是高等教育与质量评估体系的核心组成部分。[1] 这种系统化、常态化、制度化的外部质量评估体系独立于

---

[1] 周光礼.高等教育质量评估体系的有效性:中国的问题与对策[J].复旦教育论坛,2012(10):10—14.

所评估的价值关系。当教育评估为教育价值关系之外的主体制度化地运作与实施时,必然面临教育系统内外的认同、尊重与信任问题,此时,教育评估的公信力诉求随之自然产生。公信力论域并非适用于所有类型的教育评估,本研究中的"教育评估"指那些涉及公共价值与公共利益的评估活动。

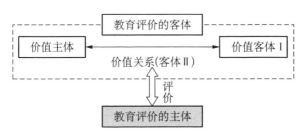

图2-3 评价活动的主客体结构

二 作为信任品的教育评估

按照质量信息获取的难易程度,商品可分为"搜寻品""经验品"和"信任品"。如果消费者通过观察在购买之前就能确定商品的质量,如衣服的款式及质地,该商品属于搜寻品;如果消费者在消费以后才能确定质量,该商品就属于经验品,比如食品的口感及味道;还有一类,倘若没有专门技术的支持,其质量在消费以后也无法准确判断,该类商品就属于信任品。现实生活中的商品大多数并不能严格按照该标准进行简单的归类,之所以提出这样的分类主要是方便于理论的分析。

教育教学活动,特别是高等教育教学及学术研究活动常常同时具备上述三个方面的特性。教育教学活动的外部条件、设施设备等具有搜索品特征,学习者及使用者的满意度投入度等具有经验品特征。然而,教育教学及学术活动是否真正促进了学习者的全面发展,是否真正促进了人类文明的进步,一般情况下,"消费者"在"消费"过后也难以进行准确的判断,即使此后出现问题也难以追责于某位教师或某所学校。以教育教学服务质量为例,"消费者"虽然大多具有质量意识,在选择教育服务时多少会关心教育的质量是否足够好,但一般而言,他们并不清楚究竟需要何种水准的教育服务。对于质量所应达到的水平也缺乏清晰的目标,而且目标通常随着"消费者"对自身发展的重视程度,对教育选择时诸多知识信息掌握程度的变化而变化。在判断教育教学质量方面,"消费者"不具备相应的专业知识,他们并不清楚要达到所需的教育教学水平,需要在哪些环节采取何种形式的质量保障。

人们常常基于对品牌和声誉的信任,在学校组织、教师学者的地位身份标签与质量水准之间建立起因果关联,以此作为质量判断、选择和决策的重要参数。人们已经习惯用评价结论甚至评价符号为依据评价教师、评价学校。在基础教育领域,往往用"考进重点学校人数""上线比例数""均分排列位次"等标识教育教学质量,在高等教育领域,部分高校以获得多少省部级以上教学成果奖、质量工程项目数甚至大学排行榜的位次等作为衡量教育质量的主要依据。然而,这种评判有时是脆弱的、有风险的。随着教育特别是高等教育及专业分工的日益细化,如果不借助专门机构和专业人员的评议和价值推断,人们难以对教育质量给出准确的评价,也很难在事先进行有效甄别辨识。正因为如此,由第三方机构提供质量信息以及实施外部监督的必要性和重要性也越来越受到广泛的关注,并日益成为一种国际趋势。教育评估的职能主要体现在:协调预期,提供激励,传递信息,确立秩序。在美国高等教育界,认证机构授予大学的认证被看做"好管家的认可章"(Good Housekeeping Seal of Approval),[1]是大学间交流的"硬通货",是大学学术资源和学术能力的象征。认证担当大学间学分、学生、教师、思想观念、办学模式等交流的中介。无论是评估信息的采集整理,还是评估判断的价值推理,都关涉行业内部的"专业性信息",教育评估越来越具备"信任品"的特征。

教育教学及学术的质量认可及声誉形成离不开专门评估主体的评估评审,对教育评估服务的需求源于对教育教学质量达成状况做出专业判断的社会需求。评估组织作为现代教育评估体系中主要的生产者和供给者,是影响公众对教育认知与选择以及公共教育资源配置的构成性力量,其作用深度和广度远非个体可比。然而,通常情况下,评估信息的提供者并非教育教学活动的关键参与者与负责人,也就是说,教育评估主体常常是独立于所评估的教育价值关系的,评估运作的组织化使之与评估相对人、利益相关者以及社会公众之间的信息不对称更为突出,评估

---

[1] Dennis P. Jones. Different Perspectives on Information about Educational Quality: Implications for the Role of Accreditation [EB/OL]. [2012 - 6 - 30]. http://www.chea.org/pdf/CHEA_OP_Apr02.pdf.

58　教育评估公信力研究

机构是否值得信任,教育评估自身的公信力诉求也伴随教育行业与社会公众之间的信息鸿沟的扩大而日趋凸显。

第三节　概念辨析及评估公信力的特性

评价作为"一定价值关系主体对这一价值关系的现实结果或可能后果的意识",它是"以一定的价值事实为对象的反映"[1]。这是价值哲学的一个重要的观点,价值事实是评估的主要认识对象,价值事实具有主体客观性。[2] 同科学的理论可以用实验结果来验证一样,评估结论同价值事实的符合程度也可以通过观察、测量等方式加以验证。了解教育活动的全部价值事实是相当困难的,这通常意味着我们当下的观察和验证的手段还不够充分,而不能否认这种检验在原则上的可能性。随着评估理论与实践的发展,反映评估质量的特征指标也在不断地拓展,由最初的信度、效度、可信度、满意度与影响力等拓展到"公信力"。探讨教育评估的"公信力",有必要在概念层面厘清这些相近概念之间的异同、区别及联系,进而标定公信力在当代教育评估概念地图中的位置。

一　相近概念及其辨析

(一) 公信力与信度效度的异同

教育评估致力于在所评估的价值关系中,评估结论尽可能地逼近价值事实,尽可能的"精准"。信度效度是衡量评估结论与评估对象价值事实符合程度的重要指标,也是教育测量中的基础概念。信度指几次测量结果之间的一致程度。效度指所测量到的与所要测量的二者之间的符合程度,信度效度常常使用统计学上的相关系数来表明。[3] 公信力反映评估的效果反馈,涉及评估主体的被信任程度(trustworthy),以及公众的期望与评估行为及其功能实现之间的契合程度,这也是

〔1〕李德顺.价值论(第二版)[M].北京:中国人民大学出版社,2007:233.
〔2〕周廷勇.高等教育评价的价值问题探究[J].国家教育行政学院学报,2011(2):41—46.
〔3〕张述祖.论教育测量的重要性和教育测量中的一些基本概念[A].瞿葆奎主编,陈玉琨,赵中建选编.教育学文集·教育评价[C].北京:人民教育出版社,1989.110.

反映评估质量的重要方面。公信力与信度效度都是反映程度的概念,信度效度是单向度的,更具基础性。公信力建立在信度效度基础之上,是一个拓展了的反映社会性的较为高级的维度。

(二)公信力与可信度的异同

教育评估的"公信力"与"可信度"之间的区别与联系非常微妙,有些类似于物理学中"重力"和"质量"两个概念。"可信度"对应于物体的"质量",质量是指物体所含物质的多少,是物体本身所具有的一种本质属性,不会因为外界环境的改变而发生变化。而"公信力"类似于物体的"重力",重力是由天体吸引力而使物体受到的作用力。重力的大小会因为物体所处环境而发生改变,比如,同一物体在地球和月球上的重力不同,甚至在地球的不同位置也会有所不同。质量与重力成正比关系,在其他因素相同的情况下,质量越大的物体,所受重力也越大。"可信度"主要强调真实性,而"公信力"还表征权威性、信誉度及影响力等多重特征,公信力的内涵与外延都比可信度丰富。可信度是公信力的重要影响因素,但并非唯一的决定因素。目前,关于教育评估"公信力"的研究还未广泛展开,关于教育评估的可信度的研究主要还是以教育评估的信度、效度等为主。

(三)公信力与影响力的异同

公信力与影响力都是面向作用发挥的,影响力包括权力性影响力和非权力性影响力,前者因权力、职级等因素而对他人产生的影响力量,是组织赋予的,是外在的。后者是因学识、品行等而对他人产生的影响力量,是自身达致的,是内在的。这两种影响力有助于公信力的建立,容易激发相关群体产生信任情感,但影响力与公信力并没有必然的因果关联。"以力服人者,非心服也,力不赡也。以德服人者,中心悦而诚服也。"(《孟子·公孙丑上》)与影响力相比,公信力还关注评估的公平公正、诚实守信等价值准则,带有较为明显的伦理取向,评估主体可以适时、适度地利用各方面的影响力,但要长久赢得公众的信任,还必须更加关注公平公正及诚实守信等道德伦理准则。

一般而言,信度、效度与可信度,用以衡量评估的一致性、稳定性、可靠性、准确性,以及真实性等,这些指标基于评估质量的自然维度,反映的是教育评估的性能状态。公信力、影响力与满意度则是评估主体行使评估公共权力效果的社会反馈,维系着评估主体、评估相对人、利益相关者乃至社会公众之间的评估关系,这些指标基于评估质量的社会维度,反映的是教育评估的效能状态。自从出现了独立于教育价值关系的评估活动,公信力即内蕴于评估的整个过程之中。

二　公信力的位置坐标

针对教育评估正在遭受的信任危机,有学者很困惑,以高等学校教育教学评估为例,有学者觉得社会舆论仅仅把"关注点落在专家组进校前后的学校的'行为表现'上",以某些参评学校在接受专家组评估中的一些不当做法来否定整个评估,而对评估客观上发挥到的以评促建、以评促管、以评促改等功能视而不见。笔者认为,这一评析思路只关注评估的专业权威性及评估功能的显性发挥这些自然属性上,而缺乏对评估与社会进步状况的契合程度(简称社会契合度)等社会属性的关注。其价值立场是基于科学主义的,强调评估行为的科学性,基本假设是当评估的一致性、稳定性、有效性、准确性得到保障时,评估行为自然而然、顺理成章就可让人口服心服。然而,我国的教育评估实践清晰地表明,即便教育评估取得了一定的成就,也会面临教育界同行乃至公众的"信任危机"。上述质疑恰恰说明当代社会对教育评估在"公正、平等、尊重、节俭"等方面的普遍期望与专家组进校前后学校的"行为表现"之间存在较大差距,这一差距在某种程度上动摇了受众的信心,瓦解了他们的信任。因此,抱怨公众关注点的"局限"是没有意义的,应当看到,评估相对人、利益相关者以及社会公众不是评估主体提供评估活动的消极参与者,而是富有积极能动精神的公众,他们正在成为表达自己价值立场、影响评估政策舆论的有生力量。如德国评估专家施托克曼所言,[1]评估方式和评估标准的透明、对参与者的顾虑和期望的开诚布公、冲突情境中的妥协、对情感上表现出来的指控采取容忍和不"粗暴"的态度,在同时考虑到合理歧义情况下的执行力等,都属于评估者的社会能力。多数情况下,公众的期望也正是教育评估的追求,是推动评估进步的力量,当然,对民意的尊重并不意味着简

---

〔1〕[德]赖因哈德·施托克曼、沃尔夫冈·梅耶. 唐以志,译. 评估学[M]. 北京:人民出版社,2012.
329.

单的依附,而是强调有效交流和真诚沟通、逐步进行价值的协商共构从而实现价值的引领,而不是简单地寻求加大"媒体、网络的正面宣传。"

公信力是综合反映基于教育评估的专业权威性和社会契合度双重属性而得到的评估相对人、利益相关者以及社会公众心悦诚服、自觉尊重的力量。其中,专业权威性是基础性的自然维度,社会契合度是拓展了的社会性维度,公信力在教育评估概念体系中的位置坐标如表2-3所示。毫无疑问,教育评估应致力于追求专业权威性,然而,专业权威性是单向度的,并不关注教育诸多价值关系中价值主客体(当"人"也成为价值客体的一部分时)对评估的普遍期望、认同状态及信服与信任水平。而评估的社会契合度是双向度的,纳入了评估所处时代的实际诉求,当然这一诉求是在与受众的交互作用中逐步明晰和合理化的。

表2-3 专业权威与社会契合的教育评估

类别	侧重	立场	测度	职能	特点	方法技术
基于专业权威性的评估视角	评估的性能自然属性	科学主义专业精英立场	硬评价,客观数据,重技术	基础性	单向度,关注评估主体及其评估行为	信度效度等检验
基于社会契合度的评估视角	评估的效用社会属性	人文主义公众民意立场	软评价,主观感受,重价值	拓展性	双向度,强调评估主客体的相互作用	民意测评与调查等

对教育评估公信力的关注更多基于人文主义,基本假设是只有在赢得同行的广泛认可和公众的普遍信任,即评估相对人对评估"口服心服""心悦诚服"之时,评估活动才是有效的。评估的专业权威性可以通过信度效度检验等科学方法进行证实,而评估的社会契合度则需要通过民意测评与调查加以确认。公信力之于教育评估是重要的,良好的公信力是教育评估效能实现和效用得以发挥的前提状态和群众基础,意味着评估能被广泛接受。公信力作为体现科学发展理念的重要指标有必要纳入到教育评估的理论与实践体系中来。

三　评估公信力的特性

(一) 教育评估公信力的公共性

评估公信力所面向的是作为公共管理实务的教育评估活动,公共性是教育评估公信力的本质属性之一。公共性指的是"一个行为并不仅仅指向自我立场和利益,还将其他利益群体纳入行为框架,并以此为基础构建起一种为所有个体所共同认可的行为意义系统及其相应行为准则。"[1]从利益诉求来看,它体现为公共利益的共享;从价值取向来看,它体现为公共资源分配的公正与平等;从公共权力运用来看,它体现为公共部门行动的合法性;从运行来看,它体现为公共事务的公开与公众的参与。[2]公共性要求评估须以公共福祉为指向,公平地对待每个成员,"给每一个人他所应得的",这个过程必然要贯彻运用"公平公正"这一价值原则,从而使得教育机会、资源、条件、利益等分配能够符合"应得"原则并在不同的群体之间实现某种"相称"关系。

(二) 教育评估公信力的关系性

一方面,一切价值都是以一定的主体尺度为根据的现象。价值是事物与一定主体发生关系时所产生的作用、效果的特定质态,而不是任何对象的存在及属性本身。[3]另一方面,信任是相互的,是社会关系的一种形式,评估公信力不是自在的、孤立的,它的最简单形式也必须发生在两个以上的行动者(或社会组织)之间。教育评估公信力是评估主体与受评群体及公众之间的动态、均衡的信任交往与相互评价。公信力不仅仅是一种属性存在,还是一种与受众之间的认可关系,教育评估公信属于关系性范畴,只有当评估主体不断接受并纾解了评估相对人、利益相关者及社会公众的质疑,不断满足他们的价值期待及实际需求,才能达到良好的信任状态,进而使评估活动产生最佳的综合效力。

(三) 教育评估公信力的整合性

评估公信力反映评估主体、评估相对人、利益相关者和社会公众之间的动态的

---

[1] 罗燕.大学排名:一种高等教育市场指引制度的构建——新制度主义社会学的分析[J].江苏高教, 2006(2):14—17.

[2] 张敏,杜时忠.学校教育的公共性危机与学校公民教育困境[J].江汉论坛,2012(5):126—131.

[3] 王玉樑.当代中国价值哲学[M].北京:人民出版社,2004,216.

信任关系,公信力是一个综合性概念,有三重面向:第一是客观面向,评估主体要符合评估专业和道德规范,这是客观的标准;二是主观面向:反映受评相对人、利益相关者及社会公众的主观意志及情感表达;三是关系面向,公信力是关系性范畴的概念。"公信力"指教育评估主体以其信用品质赢得评估相对人、利益相关者及社会公众信服信赖的能力,是教育评估内在说服力和外在影响力整合后的作用力。教育评估公信力包括对评估活动的认同、信心、信赖以及托付等理性认知及情感依托,是理性认知与非理性情感的综合。

(四) 教育评估公信力提升的艰巨性

"评估是一件非常困难的事情,甚至可以说是管理学的世界性难题。毕竟评估是一种基于价值的判断,具有较强的主观性。因此没有绝对客观、公正与科学的评估。"[1]价值实现的独特性使教育评估的难度更进一步提升,成为最具难度的管理活动之一。质量问题并非教育和大学所独有,但质量标准的认定与评价却唯独教育最难。直到今天,如果问起什么是高等教育质量标准,在国内外学者中都有着极大的争议。[2]教育的独特性在于教育价值的实现表现出一定的迟滞性,需要在一个迂回的生产体系的总体框架内得到确认,而不像一般行业那样能得到市场的即时响应。知识的传承及创新还有着较大的不确定性,创新并不按照政府计划甚至学者个人的规划来进行。对教育的评价不管是基于外显行为还是内隐品质,本质上都是对人的思维、能力、精神状态的评价,而不是泰罗式的对流水线旁的员工进行计时计件的简单测量,教育评价常面临"测不准"的困扰。作为嵌入复杂系统中的、与教育管理诸多要素相互作用的教育评估,其公信力的提升是艰巨的,尽管艰巨,但公信力的提升值得作为发展中的永恒追求。

教育是一项深深渗透着价值伦理的事业,教育是社会的文化高地与首善之区,这一角色定位与价值期待赋予教育特有的行业和组织魅力。现代意义的教育评估为教育管理确立法则,是教育系统中教育价值与教育意义确证的核心载体。评估

---

[1] 邓国胜,肖明超等.群众评议政府绩效:理论、方法与实践[M].北京:北京大学出版社,2006,《公共管理评估丛书》总序.

[2] 邬大光.高等教育质量意识的涵义与价值——基于《质量报告》的视角[J].高等教育研究,2012(2):42—35.

公信力是判断教育及学术进步状况的试金石,对社会整体信用体系的建立和完善而言,教育评估在理想状态下应是当之无愧的倡导者、示范者和推动者。教育评估公信力提升的意义,除了推进教育评估健康发展外,亦显现出它的教育价值和社会效应,对于构建诚信社会更具基础性意义。

第三章　教育评估信任状态的影响要素

　　哀公问曰:何为民服? 子曰:

举直错诸枉,则民服;举枉错诸直,则民不服。

　　　　　　　　　　　　　　　　——《论语》

上焉者,虽善无征,无征不信,不信民弗从。

下焉者,虽善不尊,不尊不信,不信民弗从。

　　　　　　　　　　　　　　　　——《中庸》

　　教育评估公信力的影响要素,即"因什么而信"或"基于什么而信",也就是公众的信任状态何以形成的根据问题。信任是自愿把自己的利益托付给他人或置于他人的控制之下,是一种甘愿冒险的行为,必须具有一定依据——用西美尔的话说,[1]出于有益的原因,它足以为一个信任行为提供立足点。人们的信任受多种因素的共同影响,包括施信者的期望及自身的信任特征、受信方的专业能力及伦理道德等信用表现,以及信息的公开与互动协商等。信任具有"社会嵌入性"特征,伴随社会的转型,政治与行政的进步,人们受教育水平及批判意识日益提高,文化及价值观念的更新均构成对教育评估公信力的实质影响。

第一节　施信者的评估期望及信任特征

　　信任与信用能力直接相关,这是信任的基本意义之一,但信任并不完全建立在对受信方客观的观察和理性认知基础之上,信任的起点在于施信者的期望及其信任特征,信任的产生和强化与期望的落实及信任特征的吻合状况密切相关。教育

---

〔1〕［德］西美尔.陈戎女,等译.货币哲学[M].北京:华夏出版社,2002,111.

评估的公信力同样如此,评估主体的信用能力固然重要,但公众的信赖和认同同样离不开评估相对人、利益相关者及公众对教育评估的期望及其信任特征。

一　施信者的评估期望

借用巴伯对作为信任起点的期望的定义[1],本研究认为,评估期望是评估相对人、利益相关者以及社会公众选择在理性上有效,在情感和道德上适宜的评估活动和反应时归宿于他们自己和其他人的那些意义。这些期望有认识性的、有情感性的、有道德性的。这些期望构成了各种过程和结构,教育系统内外成员复杂的期望模式可以由行动者自己及外部观察者所觉察。

为了实现公共治理,公众通过让渡自身的一部分权利组成公共权力,用以控制社会,维持秩序。我们也可以把教育评估的权力看做是教育系统内外成员为了实现教育治理,让渡自身的一部分权利组成公共的评估权力,用以维持教育管理的秩序。评估相对人、利益相关者和社会公众对教育评估的期望大体分三类,第一类是对维持和实现管理秩序和合乎道德的评估行为的期望,涉及教育价值观、发展观、评估思想理念、评估公共权力的属性等。第二类是对评估制度政策、实践模型及技术框架的期望。第三类则是评估的专业能力、程序方法、实施操作等的期望。这些期望的形成与自身的理解与信念、评估主体的评估承诺及表现,国际教育及评估的对比参照等密切相关,对评估的期望构成教育评估公信力生成与发展的重要基础。

(一)施信者的理解与信念

人们在决定信任时并不是"一张白纸",实际上已有信任的倾向乃至信任或不信任的情感已存在于头脑之中。信任介于理性与情感之间,既有工具性的理性算计,又常常和传统文化、风俗习惯、伦理道德等交织在一起,这个过程并不是一个顺应服从的被动过程,而是一种以自身已有的思想需求和期望为参照标准的选择过程。教育评估的公信力是对专家系统及其运行正确性的信任,是公众出于评估给自己(或子女)提供学习和个人发展所带来的预期收益而持续保持依赖的信念。这一信念建立在对评估主体可能行动的"自我感觉"和"判断的想象"基础之上,靠着

---

[1]［美］伯纳德·巴伯.牟斌等译.信任的逻辑和局限[M].福州:福建人民出版社.1989,11.

超越专业信息而概括出的对他人符合制度规范的行为的一种期待,这是一个直觉与理解的过程。

当前,人们对教育的期望日益多元化。戚业国先生认为,[1]无论什么样的评价结论,由于不同主体的期望不同,总会遭到质疑,当这样的结论用于资源配置的时候,矛盾与争议更是难以解决。以往强势价值主体价值下的评价理论体系与当代社会多元需要形成冲突,如何协调不同主体的价值,怎样组织基于多元价值的评价活动,给教育评价的发展带来新的挑战。这也是教育评估实践中的矛盾和冲突之所以越来越突出的根本原因之一。总结性评价往往与资源配置联系在一起,每个利益相关者都希望评价结论合乎自己的价值观,进而获得更多的社会资源,对于不利的评估结论总会找到反对的理由。形成性评价面向发展,致力于教育教学活动的改进,但对于什么是好的教育,又将如何实现等常常处于争议之中,不同个体秉持不同的评价准则,自然易于引发各种各样的矛盾。人们对教育评估参与者按照某种规范或准则采取行动存在预期。斯塔克也发现,[2]教育者眼中的评估与评估专家眼中的是不一样的。评估专家视他们自己为对能力倾向、环境和成就的"描述者"。而学校的老师和管理人员却希望评估者能根据绩效来划分人或事务的等级。教育评估的受众面很广,与其说评估主体赢得公众的信任,不如说是评估主体的思想方法与公众产生了共鸣,是"英雄所见略同",或者说是评估佐证了,拓展了乃至深化了公众的期望及需求。

(二)评估主体的评估承诺

评估承诺在评估主体与评估相对人、利益相关者和社会公众之间建立的一种潜隐的"心理契约",这一契约是施信者形成教育评估期望的重要来源,契约的履行状况决定了公众对教育评估的信任水平及信服程度。笔者发现,为了确保评估项目的出台及顺利推进,为获得更多的正当性并赢得广泛的支持,评估主体往往倾向于放大评估的积极价值。赵婷婷指出,[3]无论在高等教育质量评价研究还是实

---

〔1〕戚业国,杜瑛.教育价值的多元与教育评价范式的转变[J].华东师范大学学报(教育科学版),2011(2):11—18.

〔2〕Worthen, Blaine R., & Sanders, James R. Educational evaluation: Theory and practice. Worthington, OH: Charles A. Jones. 1973,109.

〔3〕赵婷婷.高等教育质量在中国的涵义及质量评价研究的趋势[J].大学教育科学,2012(5):37—40.

践中都存在着一个误区,那就是过分夸大质量评价的作用,赋予质量评价以过多的目的和任务。比如,既希望评价达到监督检查的目的,更希望能通过评价加强管理、促进改革、分类指导、推进创新等,存在着将"提高质量"等同于"质量评价和保障"的现象。但是,在我们赋予质量评价的诸多任务当中,有些是相互矛盾的,有些不在同一层面,这些都需要认真加以研究,哪些问题是通过质量评价能够直接解决的,哪些问题是质量评价无法直接解决,还需要其他的政策手段来推进等。

以本科教学评估为例,2003 年首轮评估主要针对高等教育进入大众化后,高校教育教学基础条件薄弱,教学管理参差不齐,"四个投入不足"现象远未解决,亟需加强教育教学工作的基础建设而启动的,教学工作水平评估对于高校初步构建符合国家要求的本科教学质量保障与监控体系意义重大,但评估主体、组织方有意或无意拔高了该项评估的客观价值,做出了较难充分兑现的评估承诺,在某种程度上影响着公众的普遍信任。评估是"管理公器",却不是"万能药",不同的评估理论和评估模式往往针对不同的对象从不同的角度切入,有着不同的价值取向和方法论基础,任何一个评估项目都是特定时期针对教育发展的实际状况,实现某些目标的一种选择,不必期望它解决教育教学中的一切问题。评估的适用范围及作用发挥也是有限的,应放弃创设完美评估体系的意图和举动。评估主体应充分考虑评估承诺的适当性,通过践行承诺赢得认同与信任。

(三) 国际教育及教育评估的对比参照

中国的现代教育是从模仿和学习别国的教育起步的,起初学习日本和德国,1920 年代之后转学美国,50 年代学苏联,改革开放后又回过头来学习美国。近些年,教育国际化的进程加速,西方尤其是美国教育及评估的理念与方法正在全方位地影响着国内的理论研究与实践探索。现代意义上的教育评估制度肇始于美国,美国的各级各类教育评估历经上百年的发展,在理论与实践方面均取得过近乎公认的成就。对美国教育评估制度、规则,尤其是程序、方法、技术的认识是我们思考、设计、实施以及对评估项目进行再评估的参考依据。中西教育及教育评估存在较大差异,如表 3 - 1 所示,在对西方教育评估理念的理解和接受的过程中,尽管常常出现冲突和矛盾,但这一对比参照影响并改变着教育系统内师生及社会公众对教育及对教育评估的期望、认知与信念。

表 3-1　中西教育体制及评估的对比参照

	中国	西方
科教发展观	以赶超、应用为主导,重短期效应	以问题、创意为主导,重长期效应
科教管理理念	单位主导制,官本位	学者主导制,学术本位
科学中心的形成	挂牌圈地,就地选拔	因人设岗,全球选聘
人事经费管理	行政多头多层管理	首长制
经费使用优先顺序	硬件、软件、薪金、交流	薪金、交流、软件、硬件
学术评价的文化	单位内外平衡,特殊主义、"关系""人情"规则	专业内外自由竞争,普遍主义、能力至上
评价标准	实际问题的解决,博学	基本问题的提出,创新
学科间交流	问题导向、以学派为中心	条块分割、以学术组织中心
教学方式	注解证明式,重知识传授和积累	提问研讨式,重批判思维和发散
考试风格	重知识记忆的分科单项考试	重推理分析的综合通识考试
科研经费配置	基于部门和单位等级配置	以卓越科学家为主
对卓有成就者	提拔到行政岗位	创设更自由的科研条件

二　施信者的信任特征

(一) 施信者的认知相对充分,理性偏好较强

吉登斯提出,[1]现代性制度的特性与抽象体系中的信任机制(特别是专家系统中的信任)紧密相关。信任意味着事先已经意识到了风险的存在,"他们(施信者)要求获得双重的保证:既有特定的专业人士在品行方面的可靠性,又有非专业人士所无法有效地知晓的知识和技能的准确性。"职业道德的准则——其中有些是以法律认可方式为支撑的——构成了内在地驾驭同事或同道间的可信任性的手段。他还发现,大多数人,在大多数时候,会信任那些(以他们的技术知识而论)自己知之甚少或一无所知的实践和社会机制。也就是说,非专业人士对在其中维系信赖存在的知识之运作常常是无知的。

安德鲁(Andrew Leigh)等人的研究结论表明,[2]受教育程度的提高有助于提

〔1〕[英]安东尼·吉登斯. 田禾译. 现代性的后果[M]. 南京:译林出版社,2000:74—75、77.
〔2〕Andrew Leigh. Trust, Inequality and Ethnic Heterogeneity [J]. Economic Record. 2006(82):268-280.

高信任者的认知水平、判断能力和道德修养,高教育水平的受访者普遍比低教育水平受访者的公共信任水平要高。教育行业的从业者特别是高等学校的教师,学历层次之高、专业水平及职称之高,是我国知识密集型行业的突出代表。评估相对人和利益相关者作为教育评估公信力之施信一方,他们对教育评估制度的认知是相对充分的。在教育特别是高等教育系统内,专业分工日益精细,基于专业建制形成的各类教学或学术组织,组织内成员存在一定的"专业壁垒",一般情况下,学者、教师包括精英学生们对特定评估项目的评估对象是熟悉的,对自己所处的教育情境甚至比外部的评估专家更加熟悉。

与其他行业的评估相比,教育评估系统的参与者有着相比其他群体更强的理性偏好,除人类所共有的一般理性,他们还具有"理性共同体"的特殊理性,如认识、批判、创造、沉思与想象等。他们在参与和评价教育评估制度时普遍表现出高水平的理性认知能力,对评估主体责任、对权力权利、对权威与规则等会有更进一步的思考,在对评估主体施予信任时信任标准更高,有时还会出于理论上和逻辑上的理想状态,期望评估主体做出最精准的价值判断和最优的价值选择。

(二)施信者的权威顺从意识较低,批判与尊严意识较高

西蒙认为,[1]我们可将一个社会的"制度"视为确定角色的法则。确定角色就是使某一类人认定其在一定条件下同另一类人的关系。不同类型的社会角色从其地位出发对权威关系的预期存在着广泛的差别,而且随不同的社会情境而变化。波普(Pope)认为[2],信任是建立和谐关系的元素,是共同治理的基础,评议会与管理者之间应该以合作互惠的态度行事,因为只有在信任的前提下,才能实现共享和共治。管理者与教师之间的信任关系对于提高教师的参与质量非常重要。但是他发现,"大学由于其组织文化的特点,相互之间的信任程度非常低","文人相轻,自古而然"。教育行业知识人云集,从希腊智者学派晚期开始,知识分子就习惯对那些被认为天经地义的说法和价值提出异议和挑战,他们常常对人们熟悉而接受的

---

〔1〕赫伯特·西蒙.杨砾等译.管理行为——管理组织决策过程的研究[M].北京:北京经济学院出版社,1988:127—128.

〔2〕Pope M L. A Conceptual Framework of Faculty Trust and participation in Governance [J]. New Directions for Higher Education,2004(127):75-84.

规则和制度提出质疑、一次次地重新审视被视为不证自明的预设、观念及思维方式。"知识分子的职责是时时维持着警觉状态,永远不让似是而非的事物或约定俗成的观念带着走"。[1]詹姆士曾经说过,[2]任何一个问题的最大敌人就是这一问题的教授们。在我国,虽然有着较为明显的"喜信恶疑"的文化传统,但改革开放三十多年来,批判精神、批判性思维在国内教育系统中也日益显现。施信者批判精神的增强在某种程度上削弱了教育评估的普遍信任,教育评估特别是高等教育评估在获得普遍信任方面,有着其他行业难以比拟的艰巨性。

人天然有被认可和被尊重的本能。知识人群体有着更为强烈的赢得认可的价值追求,尊严意识普遍较强。中国社会讲究名正言顺,"名不正则言不顺,言不顺则事不成","名"常常表现为一种等级性的身份性标示,如"职称"和"级别",人们的权利、荣誉和地位与之紧密关联,如工资、住房、课题申报资格、甚至差旅待遇等等。殷海光发现,[3]中国文化分子的社会观是垂直式的,他们把上下等级差别看得特别重。身份对于个人发展意义重大,甚至本身就构成发展的最高意义。成王败寇的功利哲学使整个社会对失败者失意者缺乏应有的认同和同情。在教育领域,评估是对等级身份等进行配置的机制,评估的文化土壤,催生出评估相对人想尽一切方法,也要评出一个好的结果的参与逻辑。要做到这一点,学术批判、学术独立,以及独立人格尊严就要随时配送出去。[4]

(三)转型期教育行业从业生态及其影响

信任特征并不纯粹是个体的人格特质和心理反应,而是社会关系相互关联的结果,并随着社会结构的变化,交互关系的增强而呈现出不同的特征。教育评估公信力施信者的信任特征与教育行业从业者的生存发展及精神状态有着极大的关联。面向国内高水平大学的调查显示,[5]目前高校教师对学术职业环境的整体满

〔1〕[美]爱德华·W.萨义德.单德兴译.知识分子论[M].北京:生活·读书·新知三联书店,2002, 26.
〔2〕[美]罗·庞德,沈宗灵译.通过法律的社会控制·法律的任务[M].北京:商务印书馆,1984,1.
〔3〕殷海光.中国文化的展望[M].上海:上海三联书店,2002,102.
〔4〕王洪才.转型中的中国高等教育质量危机与治理对策[J].清华大学教育研究,2005(3):60—66.
〔5〕阎光才.我国学术职业环境的现状与问题分析[J].高等教育研究,2011(11):1—9.反映被调查者的主观判断,根据符合程度分为七级,非常符合赋值为7分,非常不符为1分。调查对象为代表中国高等教育最高水平的50所研究生院高校,文件发放12609份,回收有效问卷6334份。

意度一般。如表3-2所示。影响满意度的主要因素来自宏观层面的学术政策取向和制度框架,其次是高校内部与学术业绩考核有关的制度、基本的经济待遇保障等。目前的学术体制如科研资助制度和学术奖励制度的运行状态并没有得到广泛认可。

表3-2 工作满意度指标排序(按降序排列)

	非常不满意(%)	非常满意(%)
工作喜欢程度	0.4	27.0
成就感	0.5	20.5
周围学术研究氛围	1.6	11.8
工作设备条件	1.6	10.9
工作精神回报	2.3	8.7
目前的整体学术环境	5.4	6.5
研究课题指南设计	4.7	4.6
国家研究资助制度	6.3	4.7
工资津贴	9.6	6.6
政府学术奖励制度	8.3	4.3
福利待遇	11.9	4.9
学术晋升制度	10.0	4.0

(数据来源:阎光才.我国学术职业环境的现状与问题分析[J].高等教育研究,2011(11):1—9.)

上述调查显示"我喜欢目前的学术工作"题项的均值为5.8,处于较高水平;另外,对于自身职业的认同感和成就感较高,均值都为5.6。也就是说,至少在50所研究生院高校中,教师对自己所在高校的地位和所从事的学术工作有较高认同,这也大致符合西方学术界学者关于自身职业的判断,表明至少就群体内部评价而言,学术职业依然拥有相对于其他职业较高的声誉和地位。教师们对目前的工资收入和待遇等满意度一般甚至略低,生活的压力感超出了一般水平。尤其是新入职的青年教师,收入非常低,需要投入大量的精力面对生活的压力,贫家子弟的生活压力更迫切、更实际,他们不大可能做出好学问,做出来对自己伤害也很大。[1] 对家境贫寒的普通教师而言无生存之虞,从从容容地醉心于学术研究,在当前还几近于

[1] 杨早,施爱东,于一爽.青年学者张晖之死.凤凰网文化.[2013—4—11][2013—4—16].http://culture.ifeng.com/whrd/detail_2013_04/11/24115718_0.shtml.

一种奢望。

　　与其他知识密集型行业相比,高校教师的整体收入处于中等偏低的水平,远远低于证券、软件、银行、法律等行业的收入水平,教师的工资水平低挫伤了教师的工作积极性与创造性。[1] 高校教师的收入结构存在竞争性收入过高与保障性收入过低的矛盾。部分教师为着职位的升迁、薪资的提升等主动或被迫投入大量的时间和精力去参与各种项目竞争,个别评估评审项目异化成为利益追求机制。

(四) 对评估制度的依赖及矛盾心理

　　诺贝尔文学奖获得者莫言曾撰文《虚伪的教育》,在该文中,他指出,[2]"明明我们知道教材里许多文章是假话空话,连文章的作者自己也不相信,但我们还是逼着孩子们当成真理来学习。""我读过我女儿的从小学到高中的应试作文,几乎看不出什么变化。倒是她遵照她的中学老师的嘱咐写的那些对她的考试毫无用处的随笔和日记,才多少显示出了一些文学的才华与作为一个青春少女的真实感情。可见孩子们也知道,写给党和国家看的文章,必须说假话,抒假情,否则你就别想上大学。"当时,莫言正在读中学的女儿经常向他请教语文方面的问题,但是,"我从来没给过她一个肯定的回答。我总是含含糊糊地谈谈我的看法,然后要她去问老师并且一定要以老师的说法为准。"

　　笔者曾对一名小学语文教师进行访谈(详见附录,编号X),她谈到,"现在的语文教学,我们有时很矛盾,必须要考虑学生们如何应对考试。比如,很多时候,学生们对文本的理解是很多元的,分析也有一些道理,如果是我们自己组织的考试,通常就会算为对,可是,在正式考试中,答题点是一定的,其他理解都算为错,这明明是对学生思维的一种限制。你说我们做老师的该怎么办。"教育的评估机制在制度严重缺乏信任的状态下依然能够得以维持,尽管维系的力量不是对这一制度内涵的认同,而是认定无法改变体制的无奈服从,并逐渐演化为一种文化锁定。受评相

〔1〕陈乐一,周金城,刘碧玉.我国高校教师工资低的危害及政策建议[J].当代教育论坛,2012(2):24—28.
〔2〕莫言.虚伪的教育[EB/OL].http://www.21ccom.net/articles/lsjd/jwxd/article_2012120772486.html.

对人、利益相关者对于教育评估制度的运作有一种宿命般的依赖,只能维持与评估组织的合作关系以实现个人的目标。之所以依赖,主要在于评估项目的高利害和替代项目的不可获得性。评估项目的高利害反映了评估结论对受评相对人及利益相关者的重要性。替代项目的不可获得性是指难以找到国家承认及社会认可的评估方案的其他供给者。一般地,从评估中得到的结果越重要、价值越高,人们越依赖。当可替代的候选方案很少时,依赖程度就会进一步增加。然而,依赖并不意味着认同与信任,更多源于别无选择。比如中小学和高等教育评估框架中有的评估项目实质上就是"上面规定"的"例行演练",这些评估项目被看作是一种烦人的义务。如果评估结果在后来没有得到反馈,就会强化参与者的非意愿性及不信任感。

第二节　评估主体的诚信、公正与权威

一　诚实与诚信:公信力的伦理认同

韦伯曾经说过,"在课堂里,唯有理智的正直诚实,才是最有价值的美德。"[1]不仅在课堂里,对于整个教育及教育评估系统而言,实事求是、诚实诚信都是起码要求和首要品质,是必须承担的道德责任和必不可少的行业伦理,也是评估公信力伦理认同的根本基础。正如健康的重要性适宜于通过疾病进行反向证明一样,可通过诚实诚信缺失对教育评估的消极阻碍来反向证明诚实诚信之于公信力的重要性及其积极影响。诚信缺失成为中国教育评估无法回避的一大难题,杜克大学艾瑞里(Dan Ariely)教授通过大量实验证实,[2]人的不诚实行为与诚信的环境及社会风气、监督的有效性、个人的道德能力直接相关。

(一)诚信的环境及社会风气

如果把教育评估看作是对稀缺资源(含荣誉资源)的分配,分配的机制主要有

---

〔1〕[德]马克斯·韦伯.冯克利译.学术与政治:韦伯的两篇演讲[M],北京:生活·读书·新知三联书店.1998:49.

〔2〕[美]丹·艾瑞里.胡晓姣等译.不诚实的诚实真相[M].北京:中信出版社,2012.

三大类,第一,基于教育价值;第二,基于行政力量;第三,基于"人情""关系"。"人情""关系"在中国社会较为普遍。以博士研究生的质量保障为例,某"985工程"大学研究生院原负责人在接受访谈时谈到,[1]"中国最大的问题,就是中国是个人情社会,很讲人情。在研究生培养上,所有制度设计最根本的一个着眼点,就是怎样切断、不走这个人情。"当前,以评估项目为载体的教育资源配置,都宣称以公平为原则,但是具体到操作分配时很容易形成以个人或团体为核心的资源配置格局。基于"生活世界"的交往和儒家伦理形成的特殊交往规则的"关系",决定了资源分配时的本土特征,引起教育资源分配的反公平现象。[2]"关系"常含贬义,反映利益群体封闭式的社会资本,"内外有别",对"外人"有一定的隔阂,费孝通的"差序格局"可解释教育评估在配置稀缺资源时"关系"现象的存在,评估主体与评估相对人和利益相关者关系的"远近亲疏"及其作用的发挥。基于"关系"的利益群体的社会资本对整个社会资本而言是个负值。如在科研评价领域,[3](学者)很多精力不是用来搞科研,而是用来拉关系、找熟人、跑项目,行贿受贿司空见惯。当成果发表和科研立项变成了一种权钱交易时,学术质量的评价必然有失客观公正性,中国社科思想创造性必然萎缩,必然有损中国文化软实力的增强。

　　大学领导者及行政主管部门在追求公共利益的同时也会夹杂着自身效用最大化的意愿。教育评估是显示政绩的主要渠道,"在上一轮评估中发现,有些高校不是把主要经历放在'自评自建'和'自查自纠',而是'弄虚作假'和'等查待整',甚至有的学校费尽心机到处'游说'和'公关'"。[4]人们听闻各级各类评估项目中的种种腐败,不仅个人为职称或课题、评奖评优,甚至校方为申报"硕士点""博士点"或者"重点学科""学科基地",甚至于院士的评选,都会开展各种形式的公关活动,四处探听哪些人当评委、哪些人有可能当评委,接着便是本人出马或托人代劳,校方则派遣大员向所有评委或重点评委"打招呼""送薄礼"。尽管对这一文化的伦理认同程度不高,但以"关

〔1〕郭建如.我国高校博士生教育质量保障:制度与文化分析[J].高等教育研究,2012(6):41—51.访谈信息来自北京大学教育学院。"加强我国研究生教育质量保障的制度与文化建设"课题组访谈资料。
〔2〕柴江."关系":教育公平难以破解的困局[J].教育学报,2011(4):89—93.
〔3〕张国祚.提升我国文化软实力的战略思考[J].新华文摘,2011(16):33—36.
〔4〕季平.加强质量保障体系建设扎实搞好合格评估工作——季平主任在研讨会上的讲话[EB/OL].[2012—04—27].http://www.pgzx.edu.cn/modules/news_detail.jsp? id = 1501.[2012—06—16]

系""圈子"为表征的特殊主义取向还比较普遍。对这种现象,一些人习以为常,不少人讲,[1]"我(们)为的是求个公正""怕别人行动我(们)不动,会蒙受不公"。

当前社会,价值的多元、道德的相对使教育评估实践表现出复杂的特质。笔者在访谈时发现,评估相对人与利益相关者的价值认同正遭遇着传统的人情关系与现代普遍主义的公平公正价值观念的碰撞与冲突。"关系"意识与公正的竞争意识共存,"拉关系"常常源于困境之中的无奈,以"圈子"为表现形式的社会网络似乎为个体提供了更多的信任保障,但同时也加剧了知德与行德的割裂,人们在心灵深处经受着来自价值秩序失序的道德困扰。一方面呈现出倍增了的维护诚信,反对学术腐败的共识和紧迫感,另一方面似乎又强化了对以公关活动为表现形式的学术腐败的麻木和容忍度。教育评估是现代教育制度的产物,现代性的重要标志之一就是普遍主义,一旦"关系""人情"等在教育评估价值判断和配置资源时成为一个现实的重要变量,自然削弱甚至瓦解了对教育评估公平公正的期望,这是影响我国教育评估公信力的一个重要的方面。

(二) 监督的有效性

教育评估包括学术评审等所依凭的权力,本质上是一种公共权力。促成普遍信任的制度恰恰是对不信任条件下的恰当防范。相对而言,国内教育评估尚未建立起有效的权力制衡机制,评估活动存在权力寻租的空间。2012年初曝出的某省高校职称评审中个别评审专家明码标价开房收钱的丑闻,就是评审权力寻租、评估腐败的极端表现。各级各类教育评估项目均强调加强评估工作管理,切实推进"阳光评估",但相应的具体程序和制度安排缺乏,执行过程中容易出现对评估倡导的抽象价值原则的偏离。事实上,因教育评估权力监督机制的阙如,"劳民伤财""弄虚作假"被看作教学评估存在问题的主要表征。[2]

"一个被授予权力的人,总是面临着滥用权力的诱惑,面临着超越正义与道德界限的诱惑。"[3]评估的公共权力需要监督制衡,然而,国内教育评估制度设计中

---

〔1〕浦兴祖.请将学术腐败纳入反腐视野之中[N].东方早报,2012—5—22.
〔2〕丰捷.专家:高校评估劳民伤财易出现弄虚作假应当改革[N].光明日报,2008—04—23.
〔3〕[美]E·博登海默.邓正来译.法理学:法律哲学与法律方法[M].北京:中国政法大学出版社,1999:361.

独立性和专业性还多有不足。葛大汇先生曾对义务教育绿色指标综合评价提出质疑,[1]"各级教育行政部门是公家、各类学校是公家,中小学是公家,即在公共领域所有机构都是隶属于行政的国家'营造物',下级'单位人'有权力、有习惯检查评价上级的行政行为及其效用吗?"集"管办评"于一身的教育管理模式必然导致"内部人控制",弱化对评估系统的监督力量。这是监督制衡效力不高,诸多乱象的根源之一。目前来看,舆论监督主要是针对专业的教学与艰深的学术之外的程序规范性而言的。如,首轮评估中的公共舆论基本处于评估参与者的"诚实诚信"层面,公共舆论的监督较少涉及评估自身的专业性科学性。在实质规范性,即对评估的专业性监督方面,比如对评估信息的可信性尚且缺乏诸如运用数据的交互检验和三角测量方法的验证。监督机制的阙如与文化中的实用主义理性有关,这种理性着重效率和实际效果,忽视程序正义和权力制衡。我国至今尚无诚信立法,也没有系统的信用法律法规和信用评估体系。西方国家如美国专门针对诚信立法,对试图背叛公众信任的行为进行预防,并为背信行为安排了追惩和矫正机制,相关的监督机制值得借鉴。

(三) 个人的道德能力

与苏格拉底信奉的"美德即知识""作恶是对善的无知"不同,评估参与者未必缺乏道德知识和善恶的鉴别能力,而是缺乏把责任的"应该"转变成"现实"行动的内在动力。备受诟病的道德失范与诚信缺失,弄虚造假等行为既有来自制度的隐性胁迫,也有基于个人私利主动自发的顺应和配合,多数情况下,是由评估自身的局限与参与者本性之复杂及幽暗共同触发的。评估活动的参与者基于琐屑功利动机,漠视公共社会的教育责任,轻忽本应秉持的公正准则,选择基于利益计算和索求的权益性策略。种种违反道德伦理的评估现象,背离和僭越了评估的基本原则,颠覆了教育管理的价值体系,侵蚀着教育系统内成员的道德理想和他们对评估制度正义性的信心,束缚组织成员诚实守信的行为和摆脱心灵困扰的能力,为达成目的,选择使用制度以外的手段成为一些评估参与者的重要选择。

道德失范导致的信任缺失是当前教育评估面临的最为严峻的挑战。"诚信淡

---

〔1〕葛大汇."绿色指标"评价改革的行政基础[J].教育发展研究,2012(15—16):11—13.

漠"的文化氛围对诚信的滑坡起到了推波助澜作用,评估在道德伦理层面上陷入困境,甚至有陷入失信恶性循环的可能。教育评估中道德困境的突破、道德规范的重建需要不懈地努力。呼吁评估机构、参评学校人员和评估专家自觉遵守评估工作规则规程,规范评估行为。制度建设的起点在于评估信息的适度公开,增强评估过程的透明度,适度公开评估相对人的参评材料,让利益相关者和社会公众了解评估的相关信息,既有助于"证伪"评估信息及结论,促进评估信息的来源更加可靠准确,对教育事实的描述与测量更加精准,又避免了评委权力寻租和暗箱操作的可能。此外,当前教育评估系统运行经费的来源及开支不够明晰,客观上助长了某些潜规则的盛行,进而削弱了人们对评估的制度信任。

二 公正与准确:公信力的专业信服

(一)教育评估的公正程度

公正或正义是人类孜孜追求的崇高理想,相比于其他制度,教育对公平公正有着更深切的吁求。陈玉琨先生指出,[1]"教育的不公平不仅会导致社会的不公平,更严重的是它有极大的可能造就以不公正的眼光看待社会,以及以更不公平的手段来处理未来社会问题的下一代。"作为同等条件下平等待人的抽象规则,公平公正是教育评估制度的基本理念,是公信力得以形成和改善的内在要求。

20世纪60年代,亚当斯(Adams)提出以"分配公正"为核心的公平理论。分配公正是个体对组织或系统中资源与利益分配的公正知觉,是依据一定标准对分配结果的判断与评价。70年代,蒂保特(Thilbaut)和沃克(Walker)在法律公正问题中提出"程序公正"。程序公正是对组织分配规则和分配程序的公正认知,是分配公正的延伸和拓展。80年代,比斯(Bies)和莫格(Moag)提出"互动公正",互动公正反映了组织成员在制度互动中所感受到的尊重,平等的人际对待就是一种公正认知。[2]管理领域的相关研究表明,[3]公正决策与可信度之间有着显著的相关

---

〔1〕陈玉琨.一流学校的建设——陈玉琨教育讲演录[M].上海:华东师范大学出版社,2008,108.
〔2〕张松等.组织公正研究:回顾与展望[J].心理科学进展,2010(7):1189—1192.
〔3〕汤姆·R.泰勒,彼得·迪高伊.陈晨等译.对组织权威的信任[A].[美]罗德里克·M.克雷默,汤姆·R.泰勒编.管兵等译.组织中的信任[C].北京:中国城市出版社,2003,464.

性（β＝.31，p＜001vs）。信任度基本上由中立的和无偏见的决定和制定决策时个人感到被尊敬的程度（地位认同）所决定。

组织公正理论有助于揭示教育评估公信力中"公正"的来源及发展状况。评估公信力的"公正"首先源于评估附着的资源在配置时是否公平和公正，尽管近些年公正性在不断提高，但国内教育评估还较为普遍地存在着基于"身份"的差别对待，很多评估项目都对参评资格进行了明确的"身份"限定，通过身份排斥保障一方享有而另一方不能享有的"特权"。如举国关注的高考制度，据"大学招生与宪法平等"的调查，[1]广东、安徽考生考进北大的概率只有北京孩子的1‰。而上海考生进复旦的机会是全国平均的53倍，是山东考生的274倍，是内蒙古考生的288倍。不同户籍身份的考生权利差异显著。与户籍捆绑在一起的中国高校招生名额分配制，经过多年演变，形成了固化的利益格局，并成为高等教育公平改革路上最难啃的硬骨头。

科研项目的申报也存在较为明显的"身份排斥"。如，某些科学基金项目的申报明确规定项目申请人须具有副高级（或相当于副高级）以上职称并要求申请人所在单位务必严格审核申报人资格。各类奖学金的评审也同样显现出对学习者身份信息的差别化对待，如，2012年度首次启动的研究生国家奖学金的评选，不少高校明确限定计划内定向和单位委托培养的研究生不得参评。在选聘新任教师时，国内不少大学要求"国内博士的各学历学位教育阶段均为'985工程'高校毕业"。基于"身份"的权利差异其核心关注不在于学术成就，而往往取决于各类"身份"。上述学术权利的不平等常常是制度保障或制度认可的，如若制度性不公问题长期得不到改善，必然会引发社会成员的普遍冷漠。普遍的道德冷漠反过来又容忍，甚至助长已经恶化的制度性不公。[2]当大多数人对公共事务袖手旁观时，评估过程中"平庸的恶"就容易发生。评估公信力的提升亟需消解和破除各类评估项目中制度性的差别对待和身份排斥。

教育评估公信力的"公正"离不开评估程序安排是否公正，程序公正过滤和隔

〔1〕刘金松.高考招生的名利场[N].经济观察报，2012—6—5.http://www.21ccom.net/articles/dlpl/shpl/2012/0605/61189.html
〔2〕闫旭蕾."说理"教育：建构公民文化之维[J].华东师范大学学报（教育科学版），2012(1):22—28.

绝程序外因素对结果的影响。对程序公正的信任源于评估参与者、利益相关者对制度或规则所达成的认同与接受,这在很大程度上依赖于评估制度生成和执行中的规范,透明、稳定,权责均衡的程序规则,以及对评估参与者的平等竞争提供保障。2004 年英国发布题为《高等教育的公平入学:成功实践的推荐》的咨询报告(又称舒瓦茨报告),[1]该报告提出了高校公平入学选拔的基本原则:透明化:入学选拔程序必须公开且透明;选拔合理性:大学必须基于学术潜质和学业能力,选拔那些能够完成高校学业的学生;选拔专业化:必须在各方面要求专业化,充分保障院校选拔评价方式的信效度,且辅以适当的流程给予支持;障碍的最低化:尽量降低因申请程序过于繁琐而对弱势群体学生造成的障碍。

教育评估公信力的"公正"离不开评估参与者在互动沟通时对自身尊严是否得以维护的直觉感受。信任包含着期望、相信、信念等内容,评估主体有必要了解、确认并满足相关群体对尊严的实际需求,尊重评估相对人与利益相关者。公信力含有自愿的含义,信任总是从已有的根据出发,信任的理由被归结为信任者获得的关于被信任者的一定的知识和信息,没有这种知识,信任就是盲目的。"公正不仅要实现,还要被看见实现","互动公正"通过相关群体的积极互动,促进信任情感的激发、形成和巩固。当前,对教育评估的诸多质疑与评估程序中信息的公开及互动不足有很大关系。

评估公信力是评估主体、评估相对人、利益相关者之间存在的相对稳定的关联纽带,这种关联存在于和谐环境中,也存在于冲突场景内。在评估活动中,只有评估附着资源的配置结果、评估过程的程序和方法都处于公正的状态,评估主体注重公平与合理,协调与均衡,评估相对人、利益相关者产生个体权益受到保护的确定性和安全感,良好的信任状态才可能更好地建立和维系。

(二)价值判断力的准确程度

教育评估活动的本质属性在于"衡量"与"判断",评估公共权力所行使的主要是对教育与学术价值的判断权。理性判断和合理推断的专业能力直接决定着教育

---

[1] Admissions to Higher Education Steering Group. Fair Admissions to Higher Education: Recommendations for Good Practice (Schwartz Report). London: Department for Education and Skills, 2004.

评估令人信服的程度,既成就着自身的专业化水平,也是评估公正的专业基础。如果评估公共权力行使者在教育价值事实测定和价值判断推理上做出一些经不起推敲的评估结论,就难以赢得公众的认同和信任。教育与学术价值的判断力有很多分析的角度,本书着重对评估理论资源及评估的价值推理能力进行分析。

1. 教育评估理论资源的专业化水平

教育评估的专业化离不开逻辑严密的理论体系,包括评估理念、评估目的、功能,方法程序的合理化诠释。20世纪80年代中期开始,在实践的直接推动下,我国教育评估的理论研究取得了长足的进步,大量著作、学术论文不断涌现。但总体而言,国内教育评估理论资源特别是理论的彻底性还颇为不足,教育评估的理论水平尚且处于初级阶段。

以职称评审与学术评审为例。当前阶段,一些地方特别是历史较长的单位,评职称的关键要素变成了资历和年龄,这是学术共同体缺失情况下一个迫不得已的方法,无法建立公正评价学术水平的标准,只有论资排辈才能平衡各方面的矛盾。比论资排辈更"合理"的评审方法,则是目前愈演愈烈的量化评价。然而对于人文社会学科学者学术成就的评价,因价值观的多元,到底哪个更有价值很难说清楚。加之现在学科细化,学者们其实不大懂"隔壁的学问",此时的学术评价几乎完全依托衡量学术成果的外在指标——著作、论文的数量,出版机构、刊物级别,引用率、影响因子等。毋庸置疑,依托上述指标进行评估具有一定的合理性,比如论文著作的出版本身就代表了一种学术评价体系。期刊对所刊发的文章的遴选标准本身就是对一项研究成果的鉴别和评价,它综合了对学术成果内涵的鉴定、学术反响的预测、现实性、热点性等因素综合考量后的一个选择。在国内,由于"关系""人情"的强大力量,上述量化评价办法的严格执行在一定程度上规避了"关系""人情"对学术评价的干扰。但是,真理往前迈进一步即为谬误,假如所有的衡量与判断仅聚焦于此,显然是抽离了"价值"这一核心要素。对量化数据指标的过度依赖严重消解了教育评估的根本属性——判断力,比如,不少高校职称评审要求必须有纵向课题,并对课题经费数额进行明确的规定,很多人都卡在上面。按照现有的评估评审办法,一个真正意义上的外行甚至是小学生都是完全可以胜任评审工作的,而这对于专业性极强的学术评价,显然是不合理的。

面对教育评估领域中这一日益普遍,程度似乎也越来越严重的评估困境,评估理论资源的供给并不充分,评估对教育自身的丰富性和特殊性还缺乏充分的把握,而且,评估理论与实践的需求之间存在一定的脱节,评估主体所采用的评估办法在准确体现"教育价值"方面的效度还不能令人满意,评估测量工具的精准程度更是有待改进,"不是为了证明,而是为了改进"的评估理念尚未得到有效落实。

2. 教育评估实践中的价值推理能力

从技术操作层面上看,教育评估是评估主体适用特定的价值标准和评估办法对被评对象进行评判的活动,价值标准和评估办法是普遍的、抽象的、概括的。评估中教育事实的认定及其基础之上的价值判断有两种呈现形式,即评估说理和评估不说理。评估不说理是评估主体根据被评对象对评估标准的符合程度,直接做出是否适用以及适用等级的评判结论。至于价值标准的含义,为什么适于此等级而非彼等级,评估办法自身的适切性,以及如何依据评估标准展开逻辑推理得出评估结论,评估主体并不直接回答。

从评估的专业属性上看,教育评估应具有无懈可击的准确性、简明扼要的概括性、消除歧义的确定性、章法严谨的规范性。亚里士多德曾经说过,[1]说服论证是一种证明,我们认定事物得到了证明之时就是我们达到最大限度的信服之时。教育评估的公信力端赖于"以理服人",评估说理在很大程度上反映出评估专家的专业能力及专业精神,评估权威的确立无论在个案中还是在整体意义上都离不开评估说理。从这个意义上,评估专家具备对评估标准、评估办法进行解释的义务。在评估过程中,评估主体(专家)需要寻求准确反映教育事实的数据,应对评估相对人单方面提交的迎评材料进行核实与论证,给予其他利益相关群体的合理要求以同等的注意,通过对评估相对人所适用的评估条款的语法及文义、意义及价值、历史与功能等诸多方面,进行多角度的、鞭辟入里、丝丝入扣的严密论证,清楚明确地告知评估相对人所适用的评估条文的含义,对评估结论的理由和依据作出充分说明,"辨法析理、胜败皆服",充分说理的教育评估有助于深层沟通,能对评估相对人的改进提供帮助。

---

〔1〕苗力田主编.颜一译.亚里士多德全集(第九卷)[C].北京:中国人民大学出版社,1990,336.

说理不足是影响教育评估专业水准的一个重要方面。不说理或者说理不充分的教育评估在水平性评估和选拔性评估中大量存在。以本科教学工作水平评估为例,评估报告书在体例上以三段式为主,简单罗列评估目的、教育事实,最后匆匆给出一个评估结论,评估说理寥寥数语甚至干脆略而不论。以《教育部专家组对某大学本科教学工作水平评估实地考察的意见》为例,在详细介绍了考察过程之后,从大学的主要成绩、办学特色与改进工作的建议三方面给出了评估意见。第三部分"改进工作的建议"部分共 35 个字,即"进一步总结、提升所取得的教育教学改革成果。探索多校区协调运行模式,优化教师资源配置"。评估专家组一行 18 人,评估建议人均不足两个字。笔者和一些教授学者探讨"教育评估公信力"这一论题时,时常听到一些非常情绪性的意见表达,"国内的教育评估,就是瞎评"。这一情绪表达反映出当前国内教育评估尚未形成解释说服文化,轻说理、轻推导、机械适用评估指标、价值与逻辑推理能力不强。评估报告是教育评估活动最重要的产品之一,每一篇评估报告都应切中肯綮,成为事实判断与价值推理的典范。可相当一部分评估报告几乎没有分析与诠释,谈不上缜密清晰的逻辑推理,个别评估报告停留在大而无当的表述上,简单化贴标签,缺乏合理的归纳演绎推理,评估专家们在进行价值判断时说理不足,价值推理及专业表达缺乏敏锐的洞察力和深刻的剖析力,有的竟然还有错别字等低级的文字错误,在说理论证方面的不充分必然影响评估专业能力的可信任度及社会声誉。

在当下教育及教育评估的舆论场域,评估组织和领导者、评估专家对公众质疑缺乏积极回应,个别回应也存在说理不足的现象:一是往往囿于个别结论的重申,而缺乏对这一结论成为可能的逻辑前提的澄清。批评者所质疑的并不仅仅只是个别结论或具体观点,有时是结论或观点赖以成立的那个根本的逻辑前提和预设本身,评估理论的彻底性还需在各种对其逻辑前提的批判中得以验证和提升。二是局限于简单地宣布质疑者的"错误",认定他们在"误解",而缺乏对何以"错误"和"误解"的认真论证和有针对性地回应,个别时候会通过道德强加以说明自己观点的正确性,各种观念失去了在自由交锋中改造渐进的机会。说理不足同样体现在评估的批评者身上。不少批评者们在价值认知与推理、判断及选择等方面的分歧,有时不通过摆事实讲道理的论辩方式加以澄述,而往往诉诸于情绪化的道德判断,观点的争辩常常会跳转到道德水准的高下上,"是非之辨"转化为"意气之争",通过宣泄不满情绪抢占道德高地。成为现行制度的反对者或许很容易,可怎样的反对才能促进局面的改善和积极影响的发挥,却是一个必须深入思考的问题。

三 权威与利害:公信力的利益依赖

(一)评估制度与法理性权威

制度本身孕育着信任,制度使得他人的行为变得更可预见,他们为社会交往提供一种确定的结构。制度促进着可预见性,并防止着混乱和任意的行为,协调着人们的各种行为,建立起信任。[1] 制度保障了信任关系的良性运行,并且塑造信任关系的广度、范围、结构以及程度,制度的变迁同样带来社会信任模式与结构的转型。现代社会的信任关系建立在一系列正式的规则制度约束体系基础之上,人们基于规则体系约束的有效性,对他人的行为产生理性预期。评估涉及到利益相关者的利益博弈与价值建构,评估过程中各种主张、焦虑和争议要得到平等展示、理解、批判,必然需要纳入到规范与规则体系之中,如一系列的法律条例、评估政策、规章制度等,通过确定评估参与者权利与义务的边界,约束评估参与者的行为,降低彼此行为的随意性,以确立稳定的信任关系。

古贝和林肯认为,[2]"每个评估行为都将成为一个政治行为,调查的每一个行动,无论是评估、研究或是分析,都将成为一个政治行为。"从社会属性上看,作为公共管理活动,评估具有一定的政治性。当把评估视为一种政治现象时,可从权力—服从的角度来理解评估关系,韦伯认为,[3]"支配或者权威可能会基于非常不同的服从动机:由最单纯的习惯性服从,到最纯粹理性的利益计算。因此每一种真正的支配形式都包含着最起码的自愿服从之成分。也就是对服从的利害关系的考虑,而这种考虑可能是因为别有用心,也可能是基于真心的诚服。"在集权体制下,无论

〔1〕[德]柯武刚,史漫飞.韩朝华译.制度经济学:社会秩序与公共政策[M].北京:商务印书馆,2000:112—113.
〔2〕[美]埃贡·G.古贝,伊冯娜·S.林肯.秦霖等译.第四代评估[M].北京:中国人民大学出版社.2008,12.
〔3〕马克斯·韦伯.康乐等译.经济与历史;支配的类型[M].桂林:广西师范大学出版社,2004,297—298.

认可与否,权力相对方常常需要接受甚至忍受权力主体的意志。不过,虽然强迫或者影响可以达到使他人服从的目的,但出于社会稳定或者统治效率等因素的考虑,统治者会尽力寻找道德理由去说服被统治者,让后者认为或相信统治秩序是非强制的乃至在道德上是有根据的,惟其如此统治秩序才能名正言顺、长治久安。[1]单纯凭借强制力量,如行政权力所引起的普遍服从,是被动或被迫的,以这种服从为基础所建立的评估秩序是低效益的。惟有以公众的普遍信任为基础,才是主动和自愿的服从,才能形成有效和持久的评估秩序。

对制度正当性和具体制度安排的认同,是评估信任与评估稳定的根基所在。制度认同构成了评估公信力生成的制度合法性基础。从根源上看,这涉及到评估权力来源的合法性问题。在现代教育制度中,教育评估制度的合法性是评估活动得以展开的基本条件。目前教育评估可以参照的成文法律依据有《教育法》《高等教育法》《义务教育法》等,这些法律赋予了行政部门实施评估的权力以及行政权力作为评估主体的权威性。评估的合法性还表现为教育共同体行使评估权力的组织及其评估活动的认同和接受。从评估主体的角度讲,常常表现为权威性,即一种因自身威信而引发的人们自愿接受和自觉服从的能力,权威不同于强迫性控制,因为后者借助其赏罚能力而使人们遵从其规则。教育评估权力作为一种公共权力,具有以显性或隐性强制手段引起服从的能力。硬实力使人怕,软实力让人服。评估的权威性来自评估相对人、利益相关者的广泛接受和普遍承认,是评估活动能够有效运作,并发挥其作用的基础和前提。如果评估主体的权威性缺乏,它在适用评估办法时所做出的评估结论便得不到普遍的服从和尊重。

(二) 评估的利益强度及相关程度

德国法学家耶林认为,[2]"法不只是单纯的思想,而是有生命的力量。因此,正义之神一手提着天平,用它衡量法;另一只手握着剑,用它维护法。剑如果不带着天平,就是赤裸裸的暴力;天平如果不带剑,就意味着软弱无力。两者是相辅相成的,只有在正义之神操剑的力量和掌秤的技巧并驾齐驱的时候,一种完满的法

---

〔1〕周濂.政治正当性的四重根[J].学海,2007(2):66—72.
〔2〕[德]耶林.为权利而斗争[A].民商法论丛[C].北京:法律出版社,1994(2):39.

治状态才能占统治地位。"法律事务中的法官,评判的是价值主客体之间价值的破坏关系及其程度,为惩罚提供公正标准。教育评估中的评判者,评判的是价值主客体之间的价值创造关系及其程度,为荣誉及物质资源配置提供公正标准。教育评估不只是单纯的思想,也是有生命的力量。不同的是,完满法治状态需要正义之神手中提着的利剑,而完满的教育评估状态中的正义之神手中握着的却是各种"利益",这些"利益"直接指向人的需求,人的需求关乎人之生存本能与发展意义,是整个教育评估体系最根本的、最基础的问题。当然,"利益"是广义的,包括各种资源、机会、荣誉等。

从"利益"角度探究社会现象内在动力和根源的思维方法是中西方思想史上的古老传统。《管子·牧民》中谈到,"国多财则远者来,地辟举则民留处,仓廪实则知礼节,衣食足而知荣辱"。英国政治哲学家边沁提出"最大幸福原则",认为求乐避苦是人的本性和个人利益所在,并决定着人的行为动机。人们服从是出于自身利益的考量,是因为"服从的损害小于反抗可能造成的损害"[1],利益对于人们思想和行为的形成具有一定的支配性作用。信任常常被看作是信任者和被信任者之间基于个体利益的博弈,人是否诚实和相互信任取决于他/她选择诚实或信任是否能获取更大的收益。通过对被信任者自利行为的理性预期,对可得信息的理性计算,力图使效用最大化。教育体系内的公众对教育评估的理解,常常根据自身的利益实现状况来建构,在"利益"资源有限的情况下如何进行优化配置,这其中公平公正的实现程度成为关键的参照。

评估的核心功能之一在于为教育系统中的成员提供激励,即使用物质的或精神上的报酬来促使成员采取与教育目标一致的行为。评估活动可看作是评估主体根据公共的价值标准对稀缺教育资源的配置,包括荣誉资源以及与荣誉资源等级对应的软硬件实体资源。对学生而言,包括优质教育资源获得的机会,如被重点学校录取;也包括荣誉性资源,如优秀学生称号等。甚至包括社会性资源,如落户指标及人事档案管理的归属资格等。对教师而言,既包括物质性资源(如经费、收入、福利等),也包括权威性身份资源(教授、博导、学术委员等)。儒家文化有着强烈的

---

〔1〕[英]边沁. 沈舒平译. 政府片论[M]. 北京:商务印书馆,1995:155.

舍利取向,"君子喻于义,小人喻于利",受之影响,学术殿堂内的"知识分子""文人雅士"对利益的追求常常带有一定的隐蔽性。人们对于教育评估体系的认同与尊重与否,与其所能带来的利益内容及其实现程度密切相关,利益的实现和满足程度构成维系信任关系存续的重要方面。在大学的绩效考核中,不少教师只关注科学研究,关注各类科研项目的申报,也与当前教学评价区分度低,教学效果的弱利益相关性有关。

利益的强度和关联度构成教育评估公信力的利益认同基础,某种程度上,公信力的高低是评估系统与教育系统内成员之间利益张力的晴雨表,利益关系的演变决定着信任关系的广度、范围及程度。评估主体对公众利益的维护与增进能激发评估相对人、利益相关者产生积极的认知评价,指向对教育评估的认同与接纳;若公众利益的实现与评估的关联度低甚至不存在关联,自然难有公信力。在美国,教育评估中介机构的作用十分突出,较强的公信力得益于中介机构在配置教育资源时的独特作用。20世纪末开始,我国教育评价学术界积极倡导独立的第三方评估组织至今并未得到蓬勃的发展,除了观念等因素的制约,与其附着的利益强度和利益关联度相对不高有一定关系。

(三) 权威与利害失当将导致评估的异化

评估制度塑造着评估参与者的行动逻辑与责任意识。1994年"分税制"改革后,中央财政转向转移支付的增加以及支付能力的增强使项目制形式脱颖而出,项目制成为20世纪90年代以来高等教育发展的重要制度背景。近些年,各类项目的资源配置功能不断增强,受评组织和师生对评估的依赖日益增强。然而,当前的教育评估体系,多是出于行政部门的管理方便而设计的,资源分配成为有关部门控制和管理教育者和研究者的有效手段。相关研究指出,[1]上级单位出于对下级自我约束能力的不信任,在其掌握着相当多的公共资源的情况下,倾向于利用公共政策资源推动发展,并控制发展的进程及结果,过程中针对下级单位在执行过程中可能出现的问题收紧权力和不断制造出各种规章制度加以约束,对相关活动加以规范和具体化,以缩小下级利用不确定性与上级进行谈判的空间。在这种体制下,利

---

[1] 郭建如.我国高校博士生教育质量保障:制度与文化分析[J].高等教育研究,2012(6):41—51.

益成为上下级单位互动的润滑剂。上级机构掌握着资源,一般来说,顺应上级意图,模范地执行或创造性地完善上级的规定,就能够得到更多资源且需要的成本较低;而企图从下而上改变一整套制度框架,或逆着行政化控制的逻辑进行制度创新,则会遇到层层阻力,往往费时费力却难有成效。教育系统成员利益实现及最大化的方式,高度依赖多重评估权力的综合配置,下级单位有着难以遏制的争取资源的冲动,难以形成自我约束的有效机制。为了尽可能多地获取掌握在教育行政及其他政府部门的各种本该按规则自然下拨给学校和教师使用的公共资源,利益相关者不得不使用一些潜规则,开展各类公关,这一制度逻辑有较大的导致管理及评估异化为获利工具的风险,各种变通与解构不仅对教育管理的整体氛围产生了负面的导向,还在很大程度上压制了底层创新的动力。中国历史上,一旦行政力量管制不严常常会出现学术繁荣和科技进步的高峰,春秋时期、民国时期是典型代表。

诸多评估尤其是政府主导的评估以其导向性及由此获得的丰厚回报,使评估指标本身成为很多教师和学校管理者教育教学和科研的出发点。对此,布里奇斯(David Bridges)提醒道,[1]"当某个东西从测量工具转变为目标时,它就不再是测量工具。其所引发的问题为,原本或许是建立在实证基础之上的(外在的)质量指标会迅速成为人们竭力追求的目标,并且由此导致行为扭曲,使得原有的二者关联性证据或外部指标具有反映内涵质量可能性的信任基础丧失功效。"不恰当的激励必然导致新的问题,由于资源强有力的吸引,各类教育组织不但没有增强在质量提高中的责任意识和主观能动性,反倒积极追求短期效应的最大化,"项目化生存"与"课题型学术"导致评估合法性的快速流失,专业的自主发展空间亦受到限制。即便是在民办高校,亦有主管教学的校长谈到[2],我现在每天都在思考要不要去申请教育部的精品课程、特色专业这些东西,教育部制定的这样一套体系,行政主管部门会认为你这些东西多了,你就是好的,你要是没有这些东西,在很多方面比如硕士教学点就不会批给你。但是对学生的培养,不能只靠这些虚的东西,我们真正要看的是学生到社会以后,

---

〔1〕David Bridges. Research Quality Assessment in Education: Impossible Science, Possible Art? [J]. British Educational Research Journal, 2009(35):513.

〔2〕杨保成. 民办高等教育的责任与困境[EB/OL].[2012—7—11][2013—2—28]. http://www.21ccom. net/articles/zgyj/ggzhc/article_2012071163526. html.

社会怎样去评价我们的毕业生,这才是最终的导向。怎么在其中做一个平衡？社会大环境是这样的,大家都一窝蜂起来做一样的事情,现在很多人讲创新,但实际上很多本质上的东西,你会受到限制,没法去做。这时候,是坚持理想还是随波逐流？这个选择,不仅仅对我们的学生,对于学校,甚至于我们整个国家和民族都很关键。

教育系统尤其是高等教育系统创造力的焕发需要自由与自治,需要合理的发展环境。正向激励彰显人性美德和个体创造力,反向激励则纵容贪婪私欲和恶性竞争。相关研究显示,[1]为避免不恰当激励的负面影响,美国大学中教师总是固定工资,且有严格的制度限制其额外的收入。山东大学原校长徐显明先生曾经呼吁,[2]"改革大学拨款方式,大幅度提高生均定额,将生均定额占拨款的比例提高到80％左右,将各种'专项'取消或合并。大学内部的预算体制与拨款方式亦随之作相应改革,将资源重心从学校移至院所。"教育评估本质在于学术成就的认可,如若附着过度的或不当的利益,评估必然异化为利益驱动机制。马丁·特罗发现,[3]外部问责对大学的发展弊大于利,当这些向上的信息强大到影响了从中心向下流动的荣誉和资源时,这些报告越来越不能发现或说出真正的现实,说真话越来越少。一个国家最好的大学管理者们只是为了大学的经费和排名把大量的时间和精力用在编造和操作那些向大学拨款委员会提交的报告或信息中,设计许许多多小诡计其目的都是为了钱。他们是有经验的大学管理者,却没有将宝贵的时间和智慧用在解决大学中具有挑战性的管理和财政问题上。问责依赖于说真话,因此核心问题就是怎样创造一个问责的系统,这个系统不会去惩罚说真话。

西方诸多著名的评估项目极少提供巨额奖金,如英国皇家学会于1731年设立的科普利奖章(Copley Medal),每年颁奖一次,授予一位取得巨大成就的科学家,奖金仅5000英镑,象征意义非凡,爱因斯坦曾获该奖章,霍金2006年获得该奖章。作为一种荣誉,这类学术奖励是学术成就的至高认可,但很少有大学会因此而把奖项与个人物质回报挂钩。在我国当下的体制中,作为主导力量的政府掌握着大量的

〔1〕周雪光.组织社会学十讲[M].北京:社会科学文献出版社,2003,10.
〔2〕徐显明.大学理念论纲[J].中国社会科学,2010(6):36—43.
〔3〕马丁·特罗.高等教育中的信任、市场和问责:一个比较的视野[A].马万华主编.多样性与领导力——马丁·特罗论美国高等教育和研究型大学[C].北京:教育科学出版社,2011,192.

资源与利益,与此同时,参与者"除了数量极为稀少的'绝对的理想主义者'之外,绝大多数教育工作者都不可能完全抛开自身利益来考虑对教育事业的投入"。[1] 学者阎光才认为,[2]一旦奖项成为物质刺激的手段甚至学术追求本身,好奇心的满足、学术求索精神所需要的沉静心境都将不复存在,在不断催化和膨胀的物质欲望引导下的学术界,就有可能成为名利场,形成权力至上和赢者通吃等宰制性的规则。为避免评估的异化,有必要提倡精神性奖励,适当弱化量化评估与经济利益挂钩的奖惩机制。

第三节　评估中的参与协商及舆情引导

一　评估的公共参与及价值协商

从真理与价值的区别来看,真理求真,追求对"物"的认识,要符合"物"的客观,真理追求"客体尺度"。价值求善求美,善和美注重目的与手段,价值判断是对"人"的认识,遵循"主体尺度",以价值主体需要为出发点。真理辨识真假,即客体的真假;价值判断寻求意义,意义是对人而言的。人们的信任状态不是漫无目的的"流浪"与无所依归的"猎游",而是一种目的性"搜寻"与精神性"建居",人们的期望和欲求构成了信任或者不信任的认识基础。教育评估是一个合作的过程,必须做一些公平而谨慎的努力来帮助所有的利益相关团体至少在能达成一致(原本有可能存在分歧)的地方取得共识。

以引起社会广泛关注和强烈质疑的首轮本科教学评估为例,李延保在谈及该项评估的意义和成效时提出三个"从来没有"[3],即(1)中国的现代大学不论是追溯到近50年还是近100年,从来没有在这样开放的环境下,用几年的时间,集中学校领导和教师的精力与智慧关注本科教育;(2)从来没有这样认真深刻地思考学校的办学特色、办学传统和挖掘学校的个性特征,这个过程是对学校文化传统的一次升华;(3)从来没有这样全面地按照评估指标体系的要求构建教育教学质量保障和

〔1〕吴康宁. 赞同? 中立? 反对? ——再论教育改革的社会基础[J]. 教育学报,2011(4):4—10.
〔2〕阎光才. "杰出人才"不是计划出来的[N]. 北京:社会科学报,2010—10—14(005).
〔3〕李延保. 正确认识高校教学评估目的意义和成效[J]. 中国高等教育,2008(13—14):4—7.

监控体系,包括建立较为完善的教学管理制度体系。这项涉及全局性的工作虽有不同意见,但成效是客观的,不能否定的。虽然"成效是客观的,不能否定的",但评估相对人、利益相关者及社会公众对教育评估的尖锐批评提醒我们教育评估的普遍信任不仅仅在于评估活动之于教育教学条件改善等方面的表面成就。教育评估仅仅具备技术合理性是不够的。教育评估共识的达成离不开评估相对人、利益相关者乃至社会公众的参与协商,他们需要参与到评估的过程中来。

(一) 教育评估的参与协商:价值及意义

教育的复杂性决定了没有任何一个评估主体具备独立解释问题本质并找到最佳解决方案的能力,也没有独立主体拥有解决问题的全部资源,因此需要充分调动教育共同体的潜能,需要集体智慧的发挥。教育评估中的参与协商是评估相对人、利益相关者、社会公众为维护和实现自身的生存、发展与价值追求,按照评估系统固有或认可的程序及规范,以个人或组织身份采用一定的方式和手段参与评估政策制定、评估事务议决、评估方案设计、评估组织实施以及评估行为监督等。建立在公众参与协商基础之上所形成的评估愿景、所开发的评估项目,有助于凝聚共识,在价值标准选择及价值判断方面产生认同,有助于增进对评估制度中价值原则的理解及坚守。

斯塔克在1973年提出教育评估的应答模式,也称为"反应模式"或"当事者中心模式"。应答模式认为,教育价值在形式上有时是扩散的、潜伏的,在评价期限内不一定能感觉到,而且许多教育现象除了表现出为特定教育目的服务的价值外,自身也具有内在价值。由于教育价值的多样性、复杂性,应答评价模式充分体现了民主性,注重各类人员在评价中的需要和愿望,综合考虑各方的意见和建议,对教育方案做出修改,对大多数人的愿望做出回应,以便满足尽可能多的人的需要。

有研究指出,[1]当前,我国大学治理中亟待解决的问题是增进教师的参与。协商所具有的理性、共识和公开性特征有助于消解教师和行政人员之间的文化冲突。参与协商是公众通过直接或间接与评估主体互动的方式影响评估决策与运行规则的过程,主要体现在两大环节:各种价值及利益的有效表达和富有意义的交流

---

[1] 郭卉.如何增进教师参与大学治理——基于协商民主理论的探索[J].高等教育研究,2012(12):26—32.

与协商。公众的有效参与意味着通过参与能够影响评估决策和实施过程,使其需求在最终的决策结果中得以体现,或者被告知利益没有得到体现的原因。评估相对人、利益相关者及社会公众的主张或异议各个层次上相互竞争的价值或利益诉求有机会得到充分表达。理想主义和现实主义、完美论和务实论、理性主义和经验主义在争论协商中得到权衡、妥协、改造及综合。

教育评估公信力中的"公众"概念强调公众的公民性和独立性,即身份平等、具有公共精神、公共理性、参与公共事务,追求公共利益和公共善,对教育评估有着独立的思考。公众的参与和价值协商并非意味着评估主体领导力的削弱,反倒为评估的科学决策提供保障,因为任何公权力的高度集中,都容易导致矛盾的聚焦和风险的累积。任何单一的评估主体都无法独立承担解决公共问题的全部责任。评估主体、评估相对人、利益相关者共同参与评估制度生成,既限制评估权力的随意和武断,又扩张和延展了教育评估的责任,参与协商程序的设定减小了事后怀疑和抗议的余地,当事人对评估结果的不满被他经历和参与的过程吸收了,不仅如此,参与协商还有助于我们对评估体系服务与公共利益的确认和认同,有助于增强评估体系保障每个人权益的信心,及遵循这一制度的内在动力,易于形成良性的制度信任关系和稳定有效的合作。

(二)教育评估参与协商的现状分析

可以从广度、深度和效应方面加以分析。广度是公众参与的数量和渠道的多少,深度是参与的作用范围和自主性程度的高低,效应涉及整体效应和个体效应。在我国,公众参与及价值协商在教育评估政策制定及评估推进过程中日益得到重视,参与途径主要有座谈会、专家咨询会、意见征求、民意调查,以及公示,异议受理等。如国家中长期发展规划纲要的网络意见征集,网络拓展了评估的公众参与渠道和程度。随着通讯技术的广泛普及与深度应用,微信、微博、论坛跟帖等"新媒体形式"更进一步拓展了公众参与和协商的渠道。但是总体而言,我国教育评估的公众参与及价值协商尚且处于较为初步的阶段,缺乏制度化的利益表达渠道,不能及时、准确反映公众的价值诉求,不能根据公众的主张及价值诉求进行评估政策的改进。按照阿恩斯坦的"公众参与阶梯理论"的参与程度划分,[1]我国教育评估的公

---

〔1〕蔡定剑.公众参与:欧洲的制度和经验[M].北京:法律出版社,2009,13.

众参与尚且处于"表面参与"阶段。

当前阶段,多数评估项目的设计及启动是在教育行政精英主导、学术精英参与下完成的,教育界、知识界与政府缺乏更为广泛的深度沟通、辩论和对话。公众参与及价值协商对于教育评估有着显见的必要性和重要性,"第四代评估"更是把利益相关者作为评估主体提供评估服务的合作伙伴,公众参与及价值协商是今后教育评估活动不应或缺的一部分。然而,问题的关键在于如何将公众积极参与的热情与有效的评估过程有机结合起来,即如何将有序的公众参与纳入到评估公共治理过程中来,在评估政策制定与执行中融入积极、有效的公民参与。[1] 西方学者把教授的参与分为两类,一类是学术性的参与,包括课程设置、专业设置、评定教授标准的参与等等,另一类是资金分配等行政性事务的参与。研究发现[2],教授参与学术性事务的管理,参与度越高学校的学术业绩表现越好,而教授对于行政性管理的参与则相反,参与越多,学校的学术业绩表现越差。这一研究结论值得重视。总体上看,利益相关者们缺乏真实的参与评估的公共经验。在教育评估的公众参与及价值协商的相关研究中,缺乏参与程度及有效性的衡量标准及具体做法,对某些具体的评估项目,何时、以何种形式、在多大程度上推进公众参与缺乏实用和可操作的指南,当前的研究对参与及协商的领域、时机、形式、参与范围、程度及效果等也较少关注,相关实践的进展颇为缓慢。探寻评估政策制定、执行中公众参与及价值协商的模式选择,不同的评估项目及其政策情境下,可供操作的方法、技术和工具,真正实现有效参与及价值协商,是有待进一步思考和研究的重大课题,也是教育评估公信力得以提升的重要基础。

二 评估舆论的形成及舆情引导

(一) 公共舆论及其与评估公信力的关联

公众舆论是一群公众或数群公众的散乱思想(意见)状态同有关公共事务状况

---

〔1〕[美]约翰·克莱顿·托马斯.孙柏瑛等译.公共政策中的公民参与:公共管理者的新技能与新策略[M].北京:中国人民大学出版社,2005,3.为了保持行文的连贯,没有刻意引用原文。
〔2〕William O.,Brown Jr. Faculty participation in university governance and the effects on university performance [J]. Journal of Economic Behavior & Organization,2001(2):129–143.

94 教育评估公信力研究

的信息流的相互作用。思想或意见状态包含着许多成分：各种要求、欲望、爱好、态度以及整个信仰系统等等我们所能想到的一切。[1] 在萨托利看来，"公共舆论"这个概念的提出，除了突出可分析性，更在于这个概念揭示了舆论的主体性及其性质和范围。之所以成为公众舆论，不仅因为它在一定程度上是由公众自己形成的，并流行于公众之中，还因为它同"公共事务"（respubica）有关，由关于公共事务的信息所形成并反作用于这些信息的舆论。个人在社会中遇到一些社会现象，会产生不同的主观反应。这些反应未必统一，但经过彼此间相互作用之后，逐渐加以汇集，个人原先的主观反应经过群众无形的压力而改变，最后形成一致看法，这是一种群众性的社会心理现象。在现代社会，报刊、书籍、影视，特别是网络等现代传媒控制着知识的传播与消费，生产与再生产着公共舆论。美国学者李普曼在《公共舆论》一书中论证了"公共舆论"的脆弱、摇摆和不可信任。他指出，现代社会的复杂和规模使一般人难以对它有清楚的把握。现代人一般从事某种单一的工作，整天忙于生计，既没有时间也没有心思去深度关切他们身处其中的公共的生活世界。他们很少认真严肃地进行公共事务讨论。他们遇事往往凭印象、凭成见、凭常识来形成意见。在一个没有丰富精神生活的物质时代，财富成为核心的生存追逐，很少有人去关注那些宏大的公共议题。也正因此，社会需要一些精英知识分子来梳理时政，来抵抗各种非理性力量对公众盲从的利用。[2] 评估公信力问题中，对评估评价不是个别或少数人作出的，而是社会公众的集合性判断与评估。大众媒介对教育活动与评估事件的报道和呈现，为公众对教育及评估的认知、感受和情绪等提供知识、想象、话语，进而影响或塑造着公众的评估认同和情感倾向。教育事业关系着千家万户，公众根据自己的经验，对教育及教育评估作出或赞同或批判的意见，并通过传播媒介反映出来，公众对教育与教育评估的普遍信任、系统尊重等情感隐于社会舆论之中。评估公信力与公共舆论的关联非常密切，有必要通过舆情引导对公众的认知及情感进行调节。

---

〔1〕［美］乔·萨托利.冯克利,阎克文译.民主新论[M].北京:东方出版社,1998,98—99.
〔2〕［美］沃尔特·李普曼.阎克文,江红译.公共舆论[M].上海:上海人民出版社,2002,9

(二) 信息公开及舆情引导之于公信力提升的必要性

1. 信息公开及舆情引导影响师生及公众的知情、参与和协商

面对当前评估中的消极民意，相关机构应有所作为。应积极创设信息公开及舆情引导机制，引领师生及公众的参与和协商。评估个案与公众朴素的正义观之间有特殊的关系，公众即使对专业领域不了解，也可依据常识、情理对一般的评估活动进行最基本的评判。在这种情况下，人们对评估公平、公正与否的判断不仅取决于公众的参与，评估信息的公开或程序的公正，还取决于评估结果体现的实质正义。扩大公众有效参与的目的，不仅是以形式上的改进增强评估公信力，更是有必要让评估主体认识到社会一般公正观的状况，在评估时审慎地对待公众的意见和评论，在不违背教育规律的情况下缩小评估与社会的差距。另一方面，有创见的评估结论不仅可以限制公共表达中的过度激情、偏见与非理性，还具有引导健康的社会舆论的衍生价值。

以当前本科教学工作评估的组织机制为例，从迎评高校的角度看，通常成立由校领导、教务处长等组成的评估领导小组，这是高校迎评工作的权力机构。通常由教务处(部)抽调人员组建迎评工作小组，一些高校也有专门的评估办公室，他们在评估领导小组的直接领导下负责处理评估的日常事务，联络、协调校内各院部系所的评估事宜，以及协助评估专家组进校的实地考察等。[1] 评估工作小组或评估办公室是迎评工作的办事机构，是评估信息的集散中心，诸多评估信息如自评报告通常由该机构起草，并由评估领导小组组长审核或小组会议审议，评估过程中产生的评估信息，如正式的评估报告文本等也反馈给评估工作小组。笔者曾在 2012 年 6 月作为某省独立学院综合检查与质量调研活动的专家组秘书，这次活动参照教育部《普通高等学校本科教学工作合格评估实施办法》和《普通高等学校本科教学工作合格评估指标体系》，在进入该独立学院实地考察的前一天，笔者曾电话联系受评学校的联络人，希望能通过 Email 获取该校的自评报告，这名联络人，即该校的教务部长十分热情，但还是婉拒了这一请求。他提出自评报告还没有定稿，只能领导确认后才能发过来。最终，评估专家组成员是在报告厅听取学院院长报告时，

---

〔1〕陈广桐等编著.高等学校教育教学评估[M].济南：山东大学出版社,2005,53—57.

才初次见到该校的自评报告,专家组进校考察时间有限,却需要拿出专门时间研读学校的自评报告并对一些关键数据进行核查。整个评估过程中的信息公开,仅仅是在评估结束的时候,迎评高校以"校内新闻"的方式对评估活动进行的宣传报道,报道仅涉及评估过程的大略轮廓,没有对评估反馈信息的详细介绍,专家组的评估报告亦没有公开。

从评估政策初衷上看,高校的自我评估是学校内部质量保障体系建设的基础,具有战略长期性和广泛群众性,尤其是强调发挥高校师生员工在自我评估中的主体性、自觉性和创造性。自我评估实际上是高校全方位的自我反思,是建立学习型、反思型和创新型学校的内在需要。[1] 但是,从实际的运行程序上看,学校的评估工作还是采用面向上级主管部门、面向专家的迎评思路,评估工作小组与师生的合作关系是不对等的,师生是被动的配合者或旁观者,整个迎评体系尚处于封闭或半封闭状态,这种单向度的评估工作机制无法为师生和公众的广泛参与、对话与协商提供必要基础,难以发挥师生员工在自我评估中的主体性、自觉性和创造性,"以评促建、以评促管、以评促改、评建结合,重在建设"的前景是模糊和不确定的。从评估赢得公共信任的角度来看,这些抽象的、宽泛的评估信息难以使师生与社会公众心悦诚服地认可并接受评估结论,难以增进他们对评估权威性、合理性与公正性的普遍尊重和系统信任。

教育评估是关涉众多学校及亿万教育工作者、学生和家长的制度规范,对他们有着直接或间接的影响。教育评估公信力的提升离不开广大教育工作者和学生及家长全面系统地了解和掌握评估的相关信息。评估信息公开不足易于导致评估与社会、与公众的隔离及自我封闭。有关调查表明,[2]家长及公众对当前教育信息公开程度普遍感到不满意。"69%的家长认为信息公开程度不够,该公开的信息没有公开,尤其是负面信息;52%的家长认为信息公开的时间不及时;51%的家长认为公开的渠道过于单一,无法便捷地获取信息。"

〔1〕刘振天.我国新一轮高校本科教学评估总体设计与制度创新[J].高等教育研究,2012(3):23—28.
〔2〕朱科蓉.教育信息公开研究[M].重庆:重庆大学出版社.2008,68—69.

2. 信息公开及舆情引导影响着参与者的价值认同和情感共鸣

公众从来就不是同质的,由于各阶层公众的生活体验、教育水平、价值观念、文化偏好千差万别,对某一评估项目的心态和反应也不同,即便是在同一社会阶层,对相同评估项目的理解和信任水平也会由于个人的思维认知、个性特征等出现差异。某些信任的形成显然与公众知情程度相关,而另一些似乎来自思维习惯、情感偏好、文化趣味等。尽管受众自主意识有强有弱、水平有高有底,但大多数受众并不愿意盲目相信或排斥,而是希望对评估信息进行辨别、筛选、评价,从而获得同感、认同、内化或选择否定与抵制。信息公开及舆情引导涉及对评估信息的全面收集与整理,对事实及数据的分析,对决策方案的讨论,对不同意见的评议和对评估政策的解读等,基于事实数据、价值认知、推理判断与价值选择的舆论互动及舆情引导日益成为一种理念和情感交流的通道,影响着参与者的价值认同和情感共鸣。

现代职业活动的集约化和分工程度大大增加,当信息负荷过量时,人们的信息接收往往具有强烈的路径依赖特点,倾向于接收自己熟知的、本职业/专业的信息渠道,或者选择最常用、最习惯的接收模式。如果信息仅仅只是完成了向外发送,却未能引起受众的关注,不能进入受众的认知结构,受众仍然处于"不知情"的状态。信息必须能够与接收者的行为选择具有实质关联,否则"那就只是信息发布者的独白"。1988年,美国评估协会主席迈克尔·帕顿曾鼓励协会成员将自己想象成是推销员,并使用那些成功的销售技巧来获得人们对他们的产品,也就是评估结果的认可。[1] 评估是一项资源耗费密集型的活动,信息的生产成本为数不菲,信息独白无异于信息闲置和资源浪费。以有效传播为目标,通过反映相关主体的价值主张与利益诉求,生产教育评估的普及型知识,最大限度提升信息的使用效率,对于教育评估公信力的全面提升具有积极意义。

3. 信息公开及舆情引导制约着对评估的监督效力,影响评估的形象与声誉

从评估组织方来看,因缺乏有效的制约机制,政府主导的评估评比有时会成为"权力寻租"的载体。近几年,仅在政府部门,全国共撤销评比达标表彰项目73726

---

〔1〕[美]埃贡·G.古贝,伊冯娜·S.林肯.秦霖等译.第四代评估[M].北京:中国人民大学出版社.2008,27.

个[1]，这一数字表明各类评估评比活动的泛滥。在实践场域，评估失范及诚信缺失现象也比较严重，评估组织、评估专家和迎评高校的形象和声誉令人堪忧，"生怕沾上了'评估的腥气'"，"谈评色变"现象说明教育评估公信力的低下程度。评估失范与诚信缺失源于监督不力，而监督不力又与信息公开不足直接相关。第四代评估对此有专门论述，[2]"如果拥有信息本身是权力，那么隐瞒信息是对这种权力的削弱，如果委托者可以决定公开哪些信息，对谁公开，何时公开及用何种方式公开，那么，这一规则明显地有利于那些早已掌握这些信息的人，甚至有助于扩大他们的权力，从而剥夺那些处于信息劣势的人的权力，甚至是知道得越少越无权。"控制评估信息使得评估主体通过对特定领域知识的排他性占有，成为满足自身效用最大化的重要手段之一。

罗素·哈丁认为，[3]"由于典型的公民与政府或绝大多数的政府官员之间可能没有适当的联系使我们能信任政府这样一个简单的原因，我们不应该一般地信任政府。"因此，他主张在缺乏充分信息的情况下，公民对政府的态度应是不信任而不是信任。信任一定依赖信息，信息公开是赢得公众信任的第一要素。美国前教育部长斯佩林斯指出，为应对21世纪的挑战，高等教育系统必须创建一种强劲的问责制和透明文化。[4]公开原则一直被视为程序公正的基本标准和要求。信息公开与程序透明是治理评估失范的必要条件，尽管公开与透明本身并不会自动形成制约，然而，通过提升评估工作的透明度，公众对评估行为的理性认知与道德评价构成舆论压力，以约束评估参与者的评估行为，此时才真正形成对评估的有效监督，防范评估权力的恣意和滥用，防治评估过程中的不规范和腐败行为的滋生。应把信息公开作为评估的基本原则，要求评估工作都以公开为原则，不公开为例外，除涉及学校及个人隐私的，一律向社会公开。信息公开属于教育评估活动的社会性要求，只有公众更方便、准确和全面地了解和监督评估工作，评估才能真正做到厉行节

〔1〕温家宝.让权力在阳光下运行[J].求是,2012(8):3—8.
〔2〕[美]埃贡·G.古贝,伊冯娜·S.林肯.秦霖等译.第四代评估[M].北京:中国人民大学出版社.2008,前言,3.
〔3〕罗素·哈丁.我们要信任政府吗？[A].马克·E.沃伦.民主与信任[C].吴辉译.北京:华夏出版社,2004,22.
〔4〕Spellings, Margaret. A Test of Leadship: Charting the Future of U. S. Higher Education [R]. Washtington D. C. : US Department of Education, 2006:24.

约,有效遏制奢侈浪费和形式主义,评估的形象与声誉才能得到较好的维护和改善。

(三) 信息时代舆情引导面临的挑战

随着三网(电信网、广播电视网和互联网)融合进程的加速,传统互联网和手机等开始出现融合,报刊、广播电视以及传统媒体运用新技术以及和新媒体融合而产生或发展起来的新媒体形式,如电子书、电子纸、数字报等出现了被互联网"整合收编"的现象,在广义上,所有的新媒体都已"融"为网络媒体。[1] 以手机等移动通讯工具为终端,微博时代的互联网促进人类社会深度融合以及社会的全面变革。与文字、印刷术、电报的发明为标志的前三代传播革命相比,互联网的影响更为深广,它催生了一个全新的传播环境,将人类文明推向一个更高级的阶段。[2] 互联网成为全球化传播的自主性媒体,极大地突出了公众在公共舆论中的主体地位,对舆情产生广泛而深刻的影响。

网络有助于知情权的实现,网络促进信息公开,增进人们对公共事务的了解;网络有助于表达权的实现,一致意见的人们形成意见群体,是有组织地行使表达权的便捷途径;网络有助于实现结社权,网络形成的虚拟世界存在潜在的组织形式,能够产生新型的社会联合和社会组织形式,是松散社会结合的重要载体。网络技术把传播成本降到极致,可随时随地发布信息,公众的话语空间得到"无限"的扩展,媒体越来越成为公众维护自己利益的公共工具。网络及以网络为依托的新媒体在信息传播、意识形态构建、舆论引导、参与及组织动员等领域引发了诸多"革命性"变革,同时也造成新的混沌,思想整合性明显降低。总之,信任的内涵和功能,形成、维系和强化信任的外部环境正在发生变革。大致而言,评估主体还不适应这种变革,还在用一些传统的管理方式来应对日益增加的沟通及合作诉求,评估涉及诸多专业判断,仅依靠传统的管理手段而维系的信任可能是脆弱的,为促进公众价值认知与推理体系的合理性,亦有必要增强舆情引导。

---

〔1〕刘瑞生,王有涛.传媒转型中的互联网新特征与治理之道[J].新华文摘,2012(14):136—138.
〔2〕李良荣,郑雯.论新传播革命——"新传播革命"研究之二[J].现代传媒(中国传媒大学学报),2012(4):

第四节　社会系统性因素对评估的影响

一　传统的信任与评估文化

中国传统文化具备并表现出来的诸多美德，每一种都理应获得由衷的赞誉。不过，如明恩溥（Athur H. Smith）所言，[1]"先入为主地高估传统历史中的道德水准，盲目的赞美与不分青红皂白的责难同样有害。"信任的建立机制因文化而异，随时代的发展而变迁。伯顿·克拉克认为，[2]"在当代的结构和信念中我们可以感到历史的沉重之手。现实制约着未来。"在倡导发扬传统优秀文化的同时，也应看到传统文化中的消极因素，在此基础上对自身传统进行更新与发展。

（一）信任与不信任共存："性本善"的乐观与"小人君子皆谬"的冲突

"信"在东西方文化传统中均占据重要的地位，分别构成道德观念的基础。中国古代有性善与性恶的争论，最终以孟子为代表的性善论占据主流。"人性本善""人皆可为尧舜"，就道德实践的目标而言，"成圣"是孟子及历代儒家所追求的目标，儒家文化认为通过自我努力和教化，人性可以得到完善。孟子的道德修养实践的方法给人规划出一条反求诸己、进而推己及人的伦理路径，由内向外，"内圣外王"。然而，即便有着美好的愿望，假若没有对自我的道德努力所能达到的目标持一种清醒、谨慎的态度，亦会自欺欺人。明朝李贽就此曾评论道：[3]

> 公但知小人之能误国，不知君子之尤能误国也。小人误国犹可解救，若君子而误国，则末之何矣，何也？彼盖自以为君子而本心无愧也。估其胆益壮而志益决，孰能止之？如朱夫子亦犹是矣。故余每云贪官之害小，而清官之害大，贪官之害但及于百姓，清官之害病及于儿孙。余每每细查之，百不失一也。

---

〔1〕[美]明恩溥.刘文飞,刘晓旸译.中国人的气质[M].上海:上海三联书店,2007,前言第3页.
〔2〕[美]伯顿·克拉克.王承绪等.高等教育系统——学术组织的跨国研究[M].杭州:杭州大学出版社,1994:263.
〔3〕[明]李贽《焚书》卷五《党籍碑》条.赵瑞广."史华慈问题"——中国思想史上的那块天花板[J].读书,2009(7):66—72.

这一论断是深刻的。没有对权力的制约,不管是小人还是君子,掌权之后都会做出贻害无穷的举动。如果自以为是君子,认识不到自身的缺陷,有一种道德优越感,如清末一些顽固的守旧派官僚,个人修身自律,以清流自居,盲目仇外仇变,思想的僵化、认识的狭隘,导致的是不顾后果的意气用事。曾国藩曾发出感慨,[1]"不晓事则挟私固谬,秉公亦谬,小人固谬,君子亦谬。"对"人性本善"的乐观态度使人们信任,然而,不管人怎么努力,"小人君子皆谬"的现实又使人们不信任。1890年,美国传教士明恩溥经过长期观察,以西方人的视角归纳出中国人的 20 种特性[2],其中涉及到"缺乏诚信"与"相互猜疑"等,他通过大量社会现象来描述"中国人普通社会生活中充满猜疑""中国人把不信任别人看成很自然的事"。值得注意的是,他在描述这种普遍存在的不信任状况的同时,也指出中国人本性中无节制的轻信。"无节制的轻信和相互猜疑是恐怖的谣言产生、弥漫的沃土。⋯中国是个谣言泛滥的国家,它们经常使人心中充满恐惧。"

传统的人性善主张是基于"君子""小人"二分法的,"刑不上大夫,礼不下庶人"。君子为天地立心,为生民请命,为往圣继绝学,为万世开太平。君子是道德楷模,圣人更是为天下人谋福祉。而对"小人","民可使由之,不可使知之"。有观点认为,[3]反求诸己、推己及人的道德修养方法,使人可能会忽视对他人的独立意志和自我判断的尊重,推己及人的一个后果,很可能以自己的价值判断去统摄他人的自由和独立,混淆和模糊了尽管对方和自己意见不同却同样应被尊重的空间。陈洪捷在论述"兼容并包"思想当初的困境时指出,[4]"中国历来缺乏独立的学术传统,学术的内容与意识形态又没有明确的界限,因此,从总体上难以产生学术自由的观念"。加拿大学者许美德在研究中国高等教育时亦发现,[5]"在悠久的文明发展历程中,中国呈现出一种与欧洲国家截然不同的学术价值体系。⋯⋯对于有着数千年发展历史的中国传统学术机构来说,我们确实很难用两三个特征来全面地

〔1〕《曾文正公书札》卷二十四《复郭筠仙中丞》.赵瑞广."史华慈问题"——中国思想史上的那块天花板[J].读书,2009(7):66—72.
〔2〕[美]明恩溥.刘文飞,刘晓旸译.中国人的气质[M].上海:上海三联书店,2007.
〔3〕贺璋瑢.孟子与基督教人性/道德论之比较[J].哲学研究,2003(5):25—30.
〔4〕陈洪捷.德国古典大学观及其对中国大学的影响[M].北京大学出版社,2002:177.
〔5〕[加]许美德.许洁英译.中国大学 1895—1995:一个文化冲突的世纪[M].北京:教育科学出版社,2000,26、291.

概括它。但是,无论如何,我们可以肯定地说:在中国的传统中既没有自治权之说,也不存在学术自由的思想。"她通过比较研究和历史反思描绘了一个可能出现的前景:"中国文化传统中的消极方面极有可能使高等教育朝着更为严重的精英主义、等级制和改头换面了的父权统治发展"。

(二) 人际信任:对"诚信"的倡导与"差序格局"的中庸权变

在儒家经典著作《论语》中,"信"出现38次,其他关键词出现的频次依次为,知(116)、仁(109)、礼(74)、善(36)、义(24)、敬(21)、勇(16)、耻(16)、诚(2)。[1] 孔子倡导并反复谈论"信",将之看作是一人之可否、一君子之成败(信以成之)、一政府与社会存亡之所系。朱子说:"信犹五行之土,无定位,无成名,而水火金木无不待是以生者。"然而,儒家经典对"信"的价值追求似乎也有矛盾之处,强调"人而无信,不知其可也。"同时又说"言必信,行必果,硁硁然小人哉"(《论语·子路》)、"大人者,言不必信,行不必果,惟义所在"(《孟子·离娄下》)、"为政不难,不得罪于巨室"(《孟子·离娄上》)、"可与言而不与言,失人;不可与言而与之言,失言,知者不失人,亦不失言"(《论语·卫灵公》)[2]。这导致了对"信"的追求出现较为鲜明的政治权威导向、一定的特殊主义取向以及较大的权变空间,有时必然屈从于"尊尊、亲亲"的规范。在教育评估制度运行过程中,公众习惯于对"官方"的依赖,认为只有政府确认和许可的才是权威的、有价值和有效的。不合理的变通现象也较为常见,只要能达到为"自我或本部门"牟利的目的,不惜钻制度空子、曲解并改变既定的规则或假制度之名施行有悖于制度初衷的行为。通过改变制度的边界把不属于制度范围的对象纳入其中,使不合规定的行为获得行动的"合法"地位等。[3] 在中庸文化的氛围中,除了合理的"躬自厚而薄责于人",出于投桃报李的情谊回馈,对院校利益关系的考量,往往使有些评估专家对问题避重就轻甚至视而不见。

中国传统社会是一个"乡土社会""熟人社会",人与人之间信任的产生和维系以血缘或比附血缘亲情的情感为纽带,就像一个以自我为中心的"差序格局"一样,以特殊关系为基础的信任,也以关系的远近、亲疏程度呈现出一个差序格局。按照

---

〔1〕郑也夫.信任论[M].中国广播电视出版社,2001:9.
〔2〕《孟子·离娄上》,朱熹的注带有权威性,其意"不要招惹贤卿大夫致使他们不高兴"。
〔3〕李兴洲.教育制度的习得性实效及其矫治[J].北京师范大学学报(社会科学版),2012(2):12—19.

韦伯的观点，[1]"中国的法官就是典型的世袭制法官，完全是家长式地判案，就是说，在神圣的传统允许的范围内明确地不按照'一视同仁'的形式规则判案。在很大程度上倒是恰恰相反：按照当事人的具体资质和具体状况，即按照具体的礼仪的衡量适度来作断案。"费孝通讲，[2]"中国的道德和法律，都因之得看所施的对象和'自己'的关系而加以程度上的伸缩。……因为在这种社会中，一切普遍的标准并不发生作用，一定要问清了，对象是谁，和自己是什么关系之后，才能决定拿出什么标准来"。明恩溥所总结出的国人的性格特点，如"缺乏公共精神""保全面子""缺乏诚信"与相互猜疑等，都与"无所坚执""权变中庸"的文化传承有关，评估中"关系""人情"均与之互为因果。"无所坚执、权变中庸"照顾特殊利益或具体情况，通过"正当"的理由消解既定原则的绝对价值和普遍意义，放弃对原则的严格遵守。熟人之间是重复博弈，人们不会轻易背叛，因为欺骗遭致惩罚的确定性很强。"乡土社会里从熟悉得到信任。乡土社会的信用并不是对契约的重视，而是发生于对一种行为的规矩熟悉到不假思索时的可靠性。"[3]概而言之，传统文化中的"信"是一种对农业社会、乡土社会、宗法社会的道德形态，这种信用与诚信没有被普遍化为一种基本的道德义务。

（三）公共精神缺乏：教育评估难以摆脱"关系""人情"的影响

自20世纪初，人们开始检讨中国社会和文化的公共意识淡薄，发现一般国人只顾个人利益与方便，不懂参与公共生活，不擅过问公共事务。梁启超在1916年出版的《国民浅训》中指出，[4]"我国人所以至今不振者，一言蔽之，曰公共心缺乏而已。私家之事，成绩可观者往往而有；一涉公字，其事立败"。现代教育及现代教育评估理念源于西方。西方一些国家教育评估中行之有效的各种推荐制度，进入中国常常备受争议，根本原因就在于作为舶来品的教育评估在本国的实践深受儒家文化、价值伦理、传统习俗的影响，中国人历来重视亲缘、人情和面子，"关系""人情"是理解中国社会结构和中国人心理与行为的核心概念之一。教育评估是学术

---

〔1〕[德]马克斯·韦伯.王容芬译.儒教与道教[M].北京：商务印书馆,1999,199.
〔2〕费孝通.乡土中国[M].北京：生活·读书·新知三联书店,1985,34—35.
〔3〕费孝通.乡土中国[M].北京：生活·读书·新知三联书店,1985,5—6.
〔4〕梁启超.国民浅训[A].梁启超全集[C].北京：北京出版社,1999,2843.

共同体的评估,评估主客体构成学术意义上的"熟人社会","熟人社会"把人与人之间的私人关系连接构成一张张关系网。关系运作包括请客送礼等工具性方法,还有尊重、顺从、赞赏等情感性方法。在长期合作关系中,加深情感的关系运作方法较受重视,在单次交往中,利用关系网或利益给予的关系运作方法较受重视。

学术共同体变异为利益共同体,彼此"不得罪""抱团取利"成为某些人基本的发展原则和重要的实践智慧。除此之外,伴随经济与科技的迅猛发展与政治及文化的缓慢进步,个体的人的道德意义感弱化、精气神稀薄、利益至上成为社会转型期的普遍特色。"无所坚执""权变中庸"的文化传承难以形成强烈的规则和制度意识,基于现实的"权力""利益"和"人情"的现实考量,"找关系、开后门、通融、关照"成为评估公平公正难以破解的实践困局之一。对此,学界一直尝试纳入评估参与者通用的专业道德规范加以规避,但由于道德规范抽象构造的理念远离经验传统,评估过程中行为失范的现象仍时有发生。难以摆脱的"差序格局",缺乏普适性的评价标准,推荐意见等受制于"关系"的远近亲疏,"独立性"与"公共性"意识相对缺失。

公共性作为教育评估这一公共事务的一种存在性规定,国内学术界的研究并不深入,个别观点甚至多有偏颇。如,有研究者在回答"评估主体代表谁"时提出,"国家评估,代表投资者;社会中介评估,政府委托,代表消费者;社会评估,代表消费者;学校评估,代表办学者"[1]。评估自身的公共性困境以及评估文化中的"公共精神阙如",导致目标的迷茫和价值标准的含混。教育评估特别是行政部门主导的评估项目,评估组织作为评估管理方、评估委托方,一般会选聘具有一定影响力的教师代表、系主任、院长、处长以及校长等组成临时性的评估专家组,被选中做评估专家是一种学术荣誉,一种来自行政权力的认可。一些评估专家还把参与教育评估当作积极结交私情、增进人脉、扩大社会资本、构建关系网络的重要机会。评估专家通常都能敏锐判断出委托方的意图,在妥协、迁就中尽量不使言行溢出"既定"的评估框架。这种行为可能是普遍的,并且常常是成功的自我保护和获得高升

---

〔1〕秦桂芳.我国高等教育质量评估存在的问题、对策与思考[J].国家教育行政学院学报,2009(9):24—27.

的策略。中国人公正观念、公共意识的特点之一在于公私是相对概念,人人都有理由把公中的那一份加入私中,反之亦然,故两者相互都具有扩张和动态的含义。公德是公民社会才具有的道德观,是人们走出了血缘和地缘社会后在公共领域、志愿者和社团组织中产生的道德。这种道德观的形成首先在于公私分立与确定,当公不侵犯私和私不侵吞公;私不能转为公或公不能转为私,并知道公德不来自私德,而来自公共意识和公共法则的时候,才是公德建立的时候。[1] 中国的公共组织缺乏将私人与公共领域加以区别的观念,也缺乏公共领域内的行为应当公开并接受大众监督的理念。此外,"天下有道,则众人不议"等观念削弱了对公共事务建言献策等参与活动的价值认同。

(四) 超验因素及契约理性:中西文化中"信任"的重要差异

在信任研究中许多学者常常会提到信任中存在着的"另外的元素",介于知和无知之外,无法用知识的范畴去把握它。西方文化中的"信"与宗教信仰有着不解之缘,费孝通认为,[2]要了解西方社会的道德体系,"决不能离开他们的宗教观念。宗教的虔诚和信赖不但是他们道德观念的来源,而且还是支持行为规范的力量,是团体的象征。"《圣经》中明确提出,"叫你们的信不在乎人的智慧,只在乎神的大能"。浸润于宗教文化中的西方近代学者认为信任不是纯理性行为,信任的一大特征是"无条件",它只能产生于人与上帝的关系中。正是宗教信仰将可信赖性嵌入到事件与环境的过程之中,并且构筑起解释这些事件与环境(并对它作出反应)的框架。[3]

宗教信仰表现为人们对其认定的、体现着最高人生价值的某种对象始终不渝的信赖和追求,体现着主体的高度虔敬和终身信靠。基督教文化中的信任源头是上帝,人通过信仰上帝达成一种独特的信任模式。基督教人性观的起点在于:人是上帝有限的受造物,人与上帝不可跨越。上帝是全善的,人永远无法摆脱自然本性的限制,也不可能通过自我的修身最终成为上帝。这一"原罪"精神使人们对人类本性有着深刻的怀疑,人性是软弱的,有着自私的天性和经常表现出来的卑下情

---

〔1〕翟学伟.中国人的"大公平观"及其社会运行模式[J].开放时代,2010(5):84—102.
〔2〕费孝通.乡土中国[M].北京:生活·读书·新知三联书店,1985,30.
〔3〕[英]安东尼·吉登斯.田禾译.现代性的后果[M].南京:译林出版社,2000:91.

操,因此不应轻易信任,尤其是对于公共权力。但一切制度最终又要依靠人来设计和运作,基督教人性观起点的另一面:人虽是上帝有限的受造物,却是所有受造物中最崇高最尊贵的,只有人是上帝按自己的"形象"和"样式"来造的,人可以"效法"上帝,这一"救赎"精神使人相信又是可以被救赎的,有其善良的一面和超越自身积极行善的可能性。韦伯发现,[1]"有些从事经济活动的人其实是为了以务实的方式实现上帝的恩泽,为人类创造财富与幸福,由此'经济'变成了'天职',直到今天,这种经济文化精神仍体现在一些著名企业家的工作伦理之中"。"宗教的力量还给他们提供了有节制的、态度认真、工作异常勤奋的劳动者,他们对待自己的工作如同对待上帝赐予的毕生目标一般。"如洛克所言,[2]保证诺言和契约的完成要靠约定双方之外的第三方的力量,人们是因为惧怕作为第三方的上帝的愤怒或者出于获得永恒他者上帝的应许,才履行诺言。值得注意的是,[3]新近的基于浙、粤两省的企业家和公众的问卷调查发现,企业家中,宗教信仰显著影响被信任度,信奉宗教信仰的人更容易被周围人信任。

基督教以其自成体系的对人性的本身、对人与世界关系的看法,以及对人的终极关怀的阐释等,既影响了社会共享的价值观念体系,又影响了人们之间的信任关系以及对信用诚实守信的履行。基督教宗教文化传统在很大程度上衍生出了契约精神。卢梭指出,"要寻找出一种结合的形式,使它能以共同的力量来卫护和保障每个结合者的人身和财富,并且由于这一结合而使每一个与全体相联合的个人又只不过是在服从其本人,并且仍然像以往一样地自由。这就是社会契约所要解决的根本问题。"[4]契约精神是西方宪政、民主和法治的前提和基础,是理解西方社会、政治、法律的钥匙。《圣经》中《新约》《旧约》的"约"就是上帝与人类订立的契约,这也确立了"约"的神圣性、履约的义务性和内在强制性。《圣经》中"你们的话,是,就说是;不是,就说不是,若再多说,就是出于那恶者",这与儒家实用变通的处世哲学

---

[1] [德]马克斯·韦伯.于晓,陈维纲译.新教伦理与资本主义精神[M].西安:陕西师范大学出版社,2006,102、15—16.
[2] 郑也夫.信任论[M].北京:中国广播电视出版社2001,13.
[3] 高波,胡卫兵.企业家的信任观及其影响因素:基于浙粤两省问卷调查数据的实证分析[J].江苏社会科学,2012(1):61—68.
[4] [法]卢梭.何兆武译.社会契约论[M].北京:商务印书馆,2003:19.

如"可与言而不与言,失人;不可与言而与言,失言"有很大不同。契约精神完成了信任从特殊主义到普遍主义,从作为一种德性到作为一种客观化的制度文化的转变。

根本上说,基督教的价值观念、伦理观念、审美观念所具有的丰富文化内涵与西方教育水乳交融。美国内战前182所大学和院校中的92%由基督教的各个派别所创建。[1]古贝和林肯以为,"人们普遍宣称我们的道德体系是建立在'犹太教——基督教伦理观'上的。我们开始认识到社会本质上是价值多元的才仅仅20年。"[2]在崇尚多元和文化融合的西方世界,从文艺复兴时代起,对基督教的质疑和反思从未停止,尽管思想家和文学家们对于宗教的态度和立场可以迥异,人们对于基督教的神圣性可以"祛魅"也可以"复魅",但这一切却无不以或正或反、或明或暗、或直接或间接的方式和理路与基督教文化发生着千丝万缕的联系。[3]

契约精神的普遍化为现代形式的信任奠定了基础。正是这种制度性承诺及其可信任性,与个人承诺及其可信性的交互作用,构成现代性社会的信任关系。严复在比较中西文化中两种"信"的不同时指出,[4]"西之教平等,故以公治众而贵自由。自由,故贵信果。东之教立纲,故以孝治天下而首尊亲。尊亲,故薄信果。然其流弊之极,至于怀诈相欺,上下相遁,则忠孝之所存,转不若贵新国者指多也。"评估文化是在长期的发展中所形成的基本理念、价值标准、职业道德和精神风貌等核心要素。以博士教育的质量保障体系为例,在美国,博士生完成学业后能否申请答辩或通过答辩,作为论文委员会和答辩委员会主席的导师拥有很大决定权。相关制度设计对导师和答辩委员会非常信任,答辩委员会组成简单,通常由四五位教授构成,斯坦福大学有不少包括导师在内的三人答辩委员会。答辩程序简单,没有国内的预答辩、同行评议、论文发表书目审查等繁杂程序。教授主要受职业文化和职业精神影响,依据专业逻辑对博士生的学位论文做出判断,很少考虑人情面子等因素。美国大学博士生的培养与质量保障是建立在职业化和信任的基础上,这与我

---

〔1〕[美]施密特.汪晓丹,赵巍译.基督教对文明的影响[M].北京:北京大学出版社,2004,173.
〔2〕[美]埃贡·G.古贝,伊冯娜·S.林肯.秦霖等译.第四代评估[M].北京:中国人民大学出版社.2008,11.
〔3〕王立新.基督教与西方文学[J].南开学报(哲学社会科学版),2011(1):1.
〔4〕严复.严复集:第一册[M].北京:中华书局,1986,1395.

国博士生教育质量保障的逻辑明显不同。[1]

　　转型期的道德失范使中国的信用资源匮乏,在教育评估领域因诚实诚信缺失导致的不规范行为比比皆是。中国传统文化中的"信",侧重于信念与诚信,着眼于私人品德的修养,宗族乡里风俗的醇化和以德治国的礼治要求,在培育社会信任方面留下的丰富的思想遗产,诸如诚信、仁爱以及它们的整体主义前提等,值得我们认真对待,但需要进行具体的分析和批判性的改造,包括引入契约精神,以逐步形成一种与现代制度彼此支持和相互促进的信任文化。

二　教育规模与价值观多元

(一) 教育规模与变化速度影响普遍信任

　　若其他条件相同,一个社会越大,信任越难建立;变化越快,信任越易流失。[2]在教育尚未普及的时候,办学规模小,有机会接受学校教育特别是高等教育的人数少,社会关注度不高。随着教育的普及和高等教育的大众化,甚至伴随高等教育行业双重"产能过剩"时代的到来[3],教育与社会关系全面革新,人们对教育的本质、目的及价值的理解正在发生深刻的变化。教育关系到人民群众最广泛的根本利益,许多家庭和用人单位成了教育直接的利益相关者。尤其是高等教育,高等教育质量不仅仅是高等学校教育教学条件、过程和结果的品质的体现,而且包含了数以千万计的家庭及其成员的未来期望和教育投资回报,包含了数以百万计的各行各业的用人单位对经营效益和发展前景的预期。[4]社会对教育的关注变为普遍关注和持续关注,且有增无减。

　　教育评估的信任状态是动态变化的。国内教育评估的实践自 20 世纪 80 年代中期开始启动,至 90 年代末,此一时期,教育评估并未显现出较大范围的争议和质疑。步入新世纪,中国教育特别是高等教育的规模急剧扩大,如此大规模的教育体系在世界上是绝无仅有的,短短十多年来,教育的大发展、大变化、大转型之于国人的体验也许是前所未有的,在世界上也不多见。伴随教育现代化及国际化进程的

〔1〕郭建如.我国高校博士生教育质量保障:制度与文化分析[J].高等教育研究,2012(6):41—51.
〔2〕郑也夫.信任论[M].北京:中国广播电视出版社2001,封底,丁学良语.
〔3〕张会杰.高等教育行业双重"产能过剩"时代的到来?[J].教育科学,2012(2):70—76.
〔4〕别敦荣.社会问责与《质量报告》[J].高等教育研究,2012(2):45—48.

加速,教育结构也在迅速变化,由一个相对封闭单一、规模短缺的精英教育形态变为开放多元、相对过剩的大众化教育形态,国民长期被抑制的高教需求得到充分释放,曾经狂热的学历文凭情结有所淡化。2009年开始,全国18—19岁的青年人口总数开始大幅度减少,适龄生源的高等教育需求日趋多元。[1] 人们的教育观念特别是教育价值观念、评估评价教育的思维和标准正悄然发生深刻的变化,并支配着对教育管理及评估行为的态度、信念和理解。这直接冲击着教育评估普遍信任状况的稳定性格局。对制度的认同及对组织权威的信任感,都是建立在历史进程之中形成的。在较短时段和转型时期,信任的建立是较为困难的。

(二) 价值多元对教育评估公信力的影响

如同世界上没有两片完全相同的树叶,这个世界也没有两个价值观念完全相同的人,人各有志,不同的人看重和追求的东西是有差别的。不过,不同的价值观念可以归类,即"物以类聚,人以群分"。陈玉琨先生经过"合并同类项",提出了"内适、外适与个适"三维度的教育质量理论[2],在质量保障与教育评估领域逐步成为共识。[3] 其中内适质量是以知识为本位的教育质量观,强调高等学校作为学术机构存在的特性,强调大学的学术价值,重视学校系统的内在逻辑和对真理的追求精神,主张大学要从事高深学问研究,要培养和造就学术精英,要追求学术上的卓越;外适质量是以社会为本位的教育质量观,强调高等教育满足社会需求的重要性,遵循市场逻辑,并以满足外部社会需求的程度作为衡量高等教育质量高低的标准;个适质量是以学生为本位的教育质量观,主张以学生为中心,强调学生个体自由发展与理智的训练、心智的发展和完善,高等教育要满足受教育者个体的发展需要。内适质量与知识本位的教育质量观联系紧密,它起源于知识传递过程中教育工作者对知识间内在逻辑的认识,"知识是理性之源,是为善之本,知识引导着人的整个生活。"[4] 这种质量观是学术中心主义的反映,"为知识而知识,为学术而学术"。在相当长的一段时间里,教育在很大程度上是一个相对封闭的系统,它与社会几乎没有直接的

---

〔1〕张会杰. 生源数量减少与需求多元化:高等教育深度变革的强劲动力[J]. 现代大学教育,2010(3). 43—47.
〔2〕陈玉琨等. 高等教育质量保障体系概论[M]. 北京:北京师范大学出版社,2004,64—65.
〔3〕胡建华. 高等教育价值观视野下的高等教育质量[J]. 高等教育研究,2005(11):5—9.
〔4〕陈玉琨. 发展性教育质量保障的理论与操作[M]. 北京:商务印书馆,2006,25.

联系。教师在教育教学活动中独特的地位又使他们很乐意接受这种内适质量观。在他们看来,学校、尤其是高等学校作为学术性机构而存在,唯一的使命就是学术。

即便在传统社会,人们的价值追求也不曾完全统一到一种观念上。比如,"大学之道,在明明德,在亲民,在止于至善"(《大学》)、"学也,禄在其中矣"(《论语》)、"书中自有颜如玉、书中自有黄金屋",就代表两种迥异的教育价值观念。之所以专门提出现在是价值多元的社会,原因或许在于,人们不仅将价值多元看做是正常的,持久存在的常态,而且视其为正当,多元的价值在道德上是平等的,不能强迫他人追求非他自己所选定的价值和他自己所理解的幸福,法律制度以及道德舆论有责任保护这种状况。以往的评估方法,如古贝和林肯所言,没有一种方法考虑价值观上存在的差异。人们普遍认为,社会应当共享价值观,同时也存在以社会成员同化和赞同为特征的价值体系。他们发现,[1]只要价值差异问题没有被提出来,那么甚至是涉及价值判断的"客观"工具的发展或者是蕴含价值认同的客体描述的问题,都很容易被忽略。一旦这个问题被提出来,那么哪种价值观将会在评估中占据主导地位,或者如何协调价值分歧等类似问题现在都将成为主要问题。因为存在价值差异,持不同价值观的人对评估的结果是否完全可信将会一直争论不休,除非评估期间使用的方法论是科学的以及被证实是价值中立的,而排除价值观的直接与间接影响,如果不是不可能,那也绝非易事。

在社会转型期,价值观念多元化、动态流变与冲突交融特征日趋显现,冲击了原有教育评价的实践和理论基础,教育评价面临着的诸多矛盾与争议已超出了单纯技术与方法的层次,并成为当代教育评价发展中的现实问题。与教育价值观日趋多元相伴而生的,还有舆论的逐步开放及信息呈现的相对多元。近些年来,公共舆论逐步开放,自由度日趋扩大,尤其是互联网等媒体使获取信息及意见表达的渠道日趋增多,信息相对多元,尽管相对而言,思想市场依旧受一定的限制,思想解放尚未充分实现,但不得不承认社会在进步,也正在形成思想上的初步繁荣。作为民主制度特征要素的各种质疑、异议和反对意见愈发显现,客观上形成了日益强大的舆论压力。

---

〔1〕[美]埃贡·G·古贝,伊冯娜·S·林肯.秦霖等译.第四代评估[M].北京:中国人民大学出版社.2008,11.

第四章　教育评估的信任结构及比较评析

尺有所短　寸有所长　物有所不足　智有所不明
　　　　　　　　　　　　　　　——（战国）屈原《卜居》

在美国的传统中,高等教育既是令人羡慕的,又是令人怀
疑的,这有助于解释这样的当代悖论,即高等教育一方面比从
前任何时候都更为成功,与此同时,它也经常受到前所未有的
激烈批评与审查。美国的大学吸引了世界各地的学生来从事
研究生学习和专业学习;美国的父母正以惊人的热诚为他们
子女的大学入学竞赛做准备。但批评也是复杂而多方面的,
要理解这种学术责任的明显失败,就需要彻底地考察批评的
性质与苛刻程度。[1]
　　　　　　　　　　　　——［美］唐纳德·肯尼迪《学术责任》

第一节　教育评估的信任结构及其指向

从公信力的观察视角看,教育评估的历史是一部不断回应发展中出现的质疑
与不满,达成共识,新的质疑不满又出现,继续认真回应,以谋求新的共识的无止境
的循环发展史。质疑不满与共识达成循环出现,质疑不满的超越与共识的达成标
志着评估专业化进程的推进,聚焦于新主题的质疑与不满的出现意味着评估又步
入一个新的发展阶段。

质疑与不满的主题影响或者说决定着教育评估发展时的问题关注及任务面

---

[1]［美］唐纳德·肯尼迪.闫凤桥等译.学术责任[M].北京:新华出版社,2002:8.

向,常常表现出一定的阶段性。评估公信力的信任指向与评估的发展阶段存在某种对应。古贝和林肯把评估划分为四个阶段,测量与测验;基于测量与测验描述教育教学目标的达成状况;对评估的技术性与描述性功能进行拓展,对教育教学目标是否合理进行判断;以及纳入利益相关者主张的建构主义评估,如图 4-1 所示。本研究参照这种划分,描述并分析教育评估公信力中的信任指向及其特征。

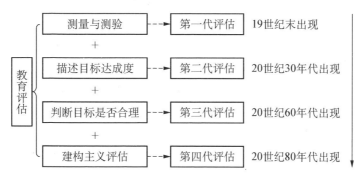

图 4-1 教育评估发展的四个阶段

一 基于四阶段论的教育评估之信任层级

(一) 测量与测验

数百年来,考试一直用来考查学生对各门课程或学科的"掌握"状况,以判断学生是否达到"规范",这些规范构成了毕业及升学的重要预备与主要标准。以测量与测验为主导的第一代教育评估关注测评量表、试卷的设计开发以及统计方法的应用。1908 年,《数学测试推断瑰宝》(Stone Reasoning Test in Arithmetic)的出版开创了教育测验的先河,而这种测试现在正以多种形式进行。1912 年,根据考察对象的实际智力年龄来划分其心理年龄,即比奈的智商测试已经很普遍了。1916 年,这一测试整理修改后应用于美国儿童,并成为美国教育体系中的永久部分。[1] 19 世纪末至 20 世纪 30 年代,对测量与测验的关注构成此一时期教育评估的核心主题。

虽然伴随着理论与实践发展,教育评估在 20 世纪 80 年代已步入到第四代。但测量与测验有助于克服评价过程中各种主观判断的偏差,成为各级各类评估项

〔1〕[美]埃贡·G.古贝,伊冯娜·S.林肯.秦霖等译.第四代评估[M].北京:中国人民大学出版社,2008,3.

目专业性、科学性及说服力的基本保证,始终是教育评估不容忽视的重要基础。在西方,尤其是在美国,虽然测量与测验发展与增长的顶峰时期是在评估的"第一代",但教育测量与测验的技术发展及应用一直都在不断进步。以对高校学生学习成效的测评为例,2007 年,基于学生学习成果(student learning outcomes)的美国大学自愿问责系统(Voluntary System of Accountability,简称 VSA)建立。VSA 系统从众多测试量表中选出三种用于高校教学成效的评估:一是美国教育援助委员会(Council for Aid to Education)提供的 CLS,二是美国教育考试服务中心(ETS)开发的测评产品 EPP,三是美国教育考试机构(ACT)推出的 CAAP 测试。[1] 如表 4 - 1 所示。

表 4 - 1 美国高校教学成效的三大测评量表

测评量表	测评内容、题目类型及测试时间
CLS (Collegiate Learning Assessment)	测评内容由表现性任务和分析性写作组成。表现性任务*:用于考察学生的批判性思维(Critical Thinking)、分析原因、解决问题以及写作沟通的技能。题目描述一个在真实世界中可能发生的场景,并提供与场景相关的文档,包括新闻、技术资料、地图、统计结果、访谈资料等多种材料,然后要求学生根据材料回答一组问答题。测评由多道问答题组成,时间 90 分钟;分析性写作*:要求学生分别撰写立论型和驳论型两篇文章。前者针对某一问题发表支持或反对的主张;后者则要评估其他人论证的有效性,寻找其中不足并反驳其观点。测试时间分别为 45 和 30 分钟;
EPP (ETS Proficiency Profile)	测评内容由批判性思维*、阅读、写作*、数学四大模块组成,每个模块包括 27 道选择题。阅读和批判性思维模块围绕人文、社会科学和自然科学三项内容展开;写作技能的考察,主要通过改写句子和选择正确语法两种题型完成,提供了使用客观题评估写作技能的新思路。测试共需 4 小时(分两次完成)
CAAP (Collegiate Assessment of Academic Proficiency)	由阅读(36 道选择题)、写作技巧(72 道选择题)、短文撰写*(2 篇短文写作)、数学(35 道选择题)、科学(45 道选择题)、批判性思维*(32 道选择题)组成。短文撰写模块为主观题、要求考生针对某一话题选择自己的观点,并陈述选择该观点的原因以及优于其他观点的理由。批判性思维模块为客观题,主要测试学生识别、分析、评估、拓展争论的技能,要求学生根据阅读文章的内容分析原因或进行推断。每个模块测试 40 分钟。

注:表中标 * 号的内容为 VSA 系统要求必须测量的模块。资料来源:http://www.voluntarysystem. org/index. cfm。

---

〔1〕吴瑞林、王建中.基于核心教育成果的美国大学教学评估[J].国家教育行政学院学报,2012(7):83—90.

VSA 系统以教育机构作为评估单元,CLS、EPP 和 CAAP 直接测量本科学生的学习成果(通识能力),而不是外在的学习条件或学习过程,并对在四年高等教育过程中各校学生进步的水平(增值)进行分析和比较,对教育质量的定性描述使用常模参照的方法。如表 4-2 所示。经过近 30 年的发展,这三大量表已经同其他一些测评工具一起被很多大学广泛应用。[1]

表 4-2 增值的范围与等级

增值明显高于预期	增值≥2×标准差
增值高于预期	增值≥标准差
增值在预期范围内	增值<标准差
增值低于预期	增值≤-标准差
增值明显低于预期	增值≤-2×标准差

在理论及应用层面,国内教育评估中对测试量表的设计与开发的关注还不够充分,因测试量表,或者量化测评方法的科学性不强,常常会出现对测量与量化办法的质疑与否定,以至于时常会有消解测量与量化必要性的倾向。之所以出现过于强调测量与量化的弊端往往在于人们有着一定程度的误解,即混淆了导致评估失败的因素不全在于测量与测验在原则上的不可行,更在于设计上的不科学和实施中的不充分。测量与测验的发展水平是影响教育评估公信力的重要基础,评估测量与测验使用的问卷等测评工具的科学性还亟待加强。

(二) 描述目标达成度

20 世纪三四十年代,美国芝加哥大学教育系的年轻教授泰勒和他领导的团队对课程与教学进行了长达八年的实证研究,随后,泰勒提出了课程与教学的基本原理,该原理以确定四个基本问题为起点。它们是:

1. 学校应该达到哪些教育目标?

2. 提供哪些教育经验才能实现这些目标?

3. 怎样才能有效地组织这些教育经验?

---

[1] Shavelson R. J. Assessing Student learning responsibly: From history to an audacious proposal [J]. Change, 2007, (1): 26-33.

4. 怎样才能确定这些目标正在得到实现?

1949 年出版的《课程与教学的基本原理》提出了研究这些问题的一些方法,但并不直接回答这些问题,因为对这些问题的回答,在一定程度上因教育阶段和学校的不同而不同。[1] 在目标确定方面,泰勒认为,学校领导和教师与其说是制定目标,还不如说是选择目标。教育目标的选择需要三个方面的信息:(1)对学生的研究;(2)对当代社会生活的研究;(3)学科专家的建议。如图 4-2 所示。任何单一的信息都不足以为明智地选择教育目标提供基础。由于学校教育的时间有限,因此要把精力集中在少量非常重要的目标上,这就要对选择出来的大量目标进行筛选或过滤。泰勒建议,[2]用教育哲学和学习理论作为两把筛子,对已选择出来的目标进行筛选。整个过程需要充分的发散与有效的收敛,概括起来可称作"博观而约取"。

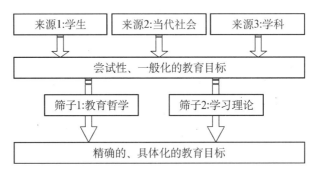

图 4-2　课程与教学基本目标的来源及确立程序

泰勒原理将课程—教学—评价作为一个整体,全面考虑。评价方法由笔试,扩展到观察记录、问卷、访谈、作品收集等。测试的范围也不再局限于智力方面,开始关注内隐的情感和思想,如态度、兴趣、信仰、社会适应等。评价预先确定目标,使行为有了目的性和计划性,工作流程相对简单,提高了评价的可操作性和功效。描述目标达成的教育评估有着极大的合理性,泰勒也因之被誉为"教育评价之父"。泰勒的最大贡献在于他揭示出了评价活动所依据的基本标准,即目标的达成度。

---

[1] [美]拉尔夫·泰勒. 施良方译. 课程与教学的基本原理[M]. 人民教育出版社,1994,导言.
[2] 同上书,18.

事实上,早在这一评价原理提出之前,诸多评估项目中测量与测验等评价工具的应用多数也是基于目标的,只不过这些"目标"是习以为常日用而不知的。泰勒原理则引导大家对这些处于直觉状态的"目标"进行系统化的分析和研究,从而为教育教学的持续改进提供科学依据。

"教育目标是指导课程编制者所有活动的最为关键的准则"[1]。与测量与测验的发展水平不高一样,国内教育尤其是高等教育评估中基于目标达成的评估实践与理论同样处于较为初级的发展阶段。笔者曾接受某"985 工程"大学通识教育课程体系评价方案的研究与设计工作,在与相关负责人合作的过程中,笔者发现,对于这所通识教育在全国有着一定影响力的大学,通识教育的课程体系及教师的教学设计竟然是在通识教育目标被悬置的状态下推进的。因目标的模糊不定,通识教育科学有效的评价工作几乎无从下手。事实上,该校近几年使用的基于教学态度、教学方法、教学效果的学生评教体系曾一度陷入困局,评教数据严重失真。与之相比,西方大学关于教育目标的选择和基于目标的课程设计及其评价相对扎实许多。以哈佛大学的通识教育为例,该大学每隔大约 30 年都会修订教学目标,重新设计并推出通识教育新方案。如,1943 年春,校长科南特任命了来自文理学院和教育学院的 12 位专家教授,组织专门委员会来研究"自由社会中通识教育的目标",委员会用了两年的时间,每周聚一次,频繁地定期召开持续几天的封闭会议。最后,他们就通识教育的哲学基础和内容达成了共识[2],并形成 1945 年哈佛通识教育方案。从理论研究的角度上看,在描述目标达成层面,我国教育评估研究者对泰勒原理的理解、阐释和运用亦有诸多误读,比较典型的误读有"这一评价模式基于一种消极的、被动的人性观和教育观,视"学校为工厂"(school as factory),学生根据预定的目标来学习,未考虑个人的意愿与兴趣,故其隐含着的人生观是消极、被动的。其次,回避了教育的价值问题,一味地把教育评价局限在预定目标的实现方面,阻碍了人们对目标本身的评价。只重视对'结果'的评价,而忽视了对教学过程的评价。对非预期结果的处理未涉及,也未重视人的个性发展的特殊

〔1〕[美]拉尔夫·泰勒. 施良方. 课程与教学的基本原理[M]. 北京:人民教育出版社,1994,48.
〔2〕[美]哈佛委员会. 李曼丽译. 哈佛通识教育红皮书[M]. 北京:北京大学出版社,2010,报告呈送函.

性。"[1]台湾学者黄嘉雄曾详细梳理了学界对泰勒原理批评意见中的谬误,并撰文《釐清泰勒的课程评鑑观》予以回应和指正[2]。需要特别说明的是,教育评估发展到这一层级,保留并持续发展着早期评估的技术性,测量不再等同于评估,而是作为评估工具的一种被重新定义。

(三) 判断目标是否合理

古贝和林肯把判断目标是否合理这个评价环节的出现作为一个评估时代,以凸显其在教育评价中的重要性。1967年,斯克里文在《评价方法论》一书中提出了许多早期评估中未充分解决的问题,他认为目标本身应被看成是问题性的,目标达成度的评价与目标是否值得达成的评价一样,都要接受评估。这与当时管理学界的理念高度一致,西蒙对目标是否合理也给予充分的关注,他指出,[3]关于构成判断的过程,以往的研究工作是很不完善的。对管理实践来说,令人担忧的是,对判断正确性的自以为是的做法,有时取代了用随后的结果对判断进行严肃、系统的评价。斯克里文还针对"基于目标的评价"提出了"目标游离模式",强调评价要贯穿教育活动的整个过程,关注评价过程中产生的非预期结果。如果把评估的演化看作是"测评的技术与方法""价值推理与判断""教育观念与哲理"叠合递进层层深入的话,判断目标的合理性实际上已经触及"观念与哲理"这一形而上的本源层面,这一抽象的本质范畴由基本价值观、发展观、思想信念、评估哲理等构成,如教育的本质、评估秩序的规则、评估权力的学术属性与行政属性,评估权力配置与行使的原则等,这是一切教育及评估活动的起点。公众此一层级的信任指向集中反映了对教育评估本质的理解与认同状态。

总体上看,当前以评估评审为工具载体的教育管理对教育目标是否合理的关注是不足的。宏观层面上,以对21世纪初期我国高等教育的历史走向产生了极其深远影响的"世界一流大学"之建设目标为例。该目标基于真诚且美好的科教兴国与民族振兴的国家发展战略,对于我国高等教育,尤其是研究型大学选择并确定发

---

〔1〕温雪梅,孙俊三.论教育评价范式的历史演变及趋势[J].现代大学教育,2012(1):51—55.

〔2〕黄嘉雄.釐清泰勒的课程评鑑观[J].國立臺北师範學院學报,第十七卷第一期(九十三年):27—50.

〔3〕[美]赫伯特·西蒙.杨砾等译.管理行为——管理组织决策过程的研究[M].北京:北京经济学院出版社,1988,50.

展层次地位有其积极意义,但是,亦应清晰认识到,"世界一流大学"的建设目标更多属于一个参照性目标。对于大学的发展而言,排行榜中的排名与评价,是"外在的""从属的"。民国时期,燕京大学的校务长司徒雷登明确提出,"不要变成世界有名的学校,也不要成为有史以来最有名的学校,而是要成为'现在中国'最有用的学校"。燕京大学的教育目的是旨在养成一种合作、建设、服务人群的精神以服务社会、国家。(《燕京新闻》,1934 年 12 月 18 日)燕京大学办学仅 33 年,注册学生9988 名,却人才辈出,其盛名不在北大和清华之下。

对"世界一流"的追求可追溯到教育的基本发展信念。近现代以来,中国教育与学术活动中"赶超"思维似乎一以贯之,这种意向和努力在理论研究与实践发展中普遍存在。"赶超"情结固然可以理解,但也反映了一种不成熟的民族心态,不利于学术制度的正常发展,尤其不利于学术人的成长。[1]试图使本国实现现代化同时超越西方,这几乎是发展中国家精英群体的共同误区。[2]古今中外所有的一流大学,都是因其办学理念、教育教学的先进,研究成果对文明进程的巨大促进,以及毕业生对社会的卓著贡献,因这些"产出"的高水平自然而然地成就其"一流"地位的,"一流"作为结果是水到渠成的,反其道而行越刻意于一流,很可能离一流就越来越远,因为大学对真理的追求易在利益和荣誉的诱惑面前发生动摇。君子务本,对"一流"目标的关注永远不应偏离大学本然的内在发展本质方面的目标定位,大学的组织成员只有对内在的行动目标有一个正确的概念,才可能理性地寻出相应的行动路线,使教育的发展真正服务并引领中国社会的进步与民族的振兴,至于各类排行榜中用以反映"一流"实现程度的位次,以及其他各种声誉符号,不必过于看重,这样才能确保发展中的坦然淡定与脚踏实地。

微观层面上对评价目标合理性的关注也相对缺乏。相关的例子不胜枚举。以对高校教师的评价为例,[3]一个从事科研教学的教师,从他的学术发展本身出发根本不需要这些指标,是行政部门制定的政策逼着他去申报和争取这些繁多的名目,否则他既提不上教授,也无法获得必要的科研经费。学术评价的标准被按照行

〔1〕阎光才. 高校学术失范现象的动因与防范机制分析[J]. 高等教育研究,2009(2):10—16.
〔2〕丛日云. 留学运动与中国现代政治决策[J]. 读书,2013(1):76.
〔3〕邓晓芒. 当代中国教育的病根[J]. 社会科学论坛,2010(7):114—122.

政级别加以肢解根本违背科学发展的规律,哪怕今天再怎么呼吁加强"素质教育""通识教育""博雅教育"和开展"跨学科""交叉学科"的研究,也没用。这些做法都可能变形为作为学术外行的领导控制各门学科的方便手段。西部一"985 工程"大学经管学院负责人在接受访谈的时候表示[1]:现在国内教育与科研活动中制度化、形式化过多,已走过了头,定量考核已把从事学术研究的导师和博士生变成了计件工,科学的评价指标背离了科学精神。

目标确立时的外在参照与内在本质的认识存在误区,以评估评审等活动为载体的管理行动就容易出现偏差。离道求器,教育评估难免淡化甚至破坏评估形而上的价值品质,成为利益博弈时强势一方的管理工具,评估的技术方法等陷入长期僵化,以致成为教育及学术进步的障碍。令人欣慰的是,伴随社会的进步与评估实践的推进,对教育评估的"公平""正义",对行政权力在评估中的职能等出现了愈来愈多的反思与质疑,对评估向纵深层次的发展构成压力机制。

(四) 建构主义评估

建构主义的评估通过程序方法论上的突破把评估推向全面调整阶段,进而导致评估范式的转变。具体而言,此前评估中的关键参数与界限已经先验地建立,如第一代评估中测量的目标是不言而喻的,测量变量也是确定的;第二代评估中某些评估目标是确定的;第三代评估中用以判定评估目标是否合理的评定主体以及评估活动所秉持的价值观通常是确定的。建构主义的评估则打破了这种确定性。斯塔克是建构主义评估的积极倡导者,也是响应式评估的最早提出者,他指出,[2]响应式评估的关键在于"通过涉及利益相关者并消耗大量时间和资源的互动的协商过程来确定参数和界限。"应答式评估将评估焦点集中到评估参与者直接关心的问题和他们的利益上,并在项目实施过程中对他们的反应作出应答。一方面促进参与者对评估项目相互关系的认识,另一方面改进参与者之间的沟通。古贝和林肯

〔1〕郭建如.我国高校博士生教育质量保障:制度与文化分析[J].高等教育研究,2012(6):41—51.访谈信息来自于北京大学教育学院."加强我国研究生教育质量保障的制度与文化建设"课题组访谈资料.
〔2〕Stake, Robert E. Evaluating the arts in education. Columbus, OH:Merrill. 1975.

把这类评估范式描述为，[1]由利益相关者——评估项目中面临风险的人或组织，确认有关评估客体的"主张""焦虑"和"争议"。"主张"和"焦虑"分别代表利益相关者提出的有利于或不利于评估对象的方案，"争议"则是理智的人不一定都赞同的状态。不同的利益相关者持有不同的"主张""焦虑"和"争议"，评估工作有必要发现这些不同，理想状况下每个评估项目的利益相关者都能基于公共理性进行充分协商并达成共识，当每个群体在面对和处理他人提出的意义建构时，他们自己的建构也会变得更加准确和成熟。建构主义的评估不追求"效率"，而是充分关注不同利益相关者的价值观念，并通过互动协商致力于共识的达成。

建构主义的评估有四个阶段，它们可能会有重复和叠加。第一阶段，识别出利益相关者，并要求他们提出各自的主张、焦虑和争议。第二阶段，利益相关者群体提出主张、焦虑和争议由其他群体来进行评论、批评、赞同或其他回应。在这个阶段，许多原有的主张、焦虑和争议将被解决。第三阶段，那些还未被解决的主张、焦虑和争议变成了评估者收集信息中的先导组织者。第四阶段，在评估者的引导下，利益相关者开始利用收集到的评估信息进行协商，力求在每个有争议的问题上达成共识。利益相关者的代表与评估者共同解决出现的问题，评估结论和建议将联合形成。当然不是所有的问题都会被解决，议程中不能解决的问题仍然作为争论的焦点而存在，并作为下一次评估的核心，而下一次评估将在时间、资源和利益都允许的情况下进行。为了促进评估的再循环，每个利益相关者需要知道矛盾是什么以及其他群体在矛盾问题上的立场。评估不会彻底完成，它只是暂时停留在逻辑推理阶段（例如委托决策的期限），或者由于资源耗尽而暂时停滞。

建构主义的评估中，评估相对人、利益相关者及社会公众在评估事务中有深度参与的机会，可以各抒己见，这些意见对于评估进程产生实质性的影响，他们会认为程序是公正的，会产生安全感并能设身处地地去理解评估主体的处境，进而促进彼此理解与合作。建构主义的评估有助于普遍认同和较为持久的信任关系的确立和巩固，以及信任品质的提升。国内诸多评估项目之所以引发广泛的争议，与公众

---

〔1〕［美］埃贡·G·古贝，伊冯娜·S.林肯.秦霖等译.第四代评估［M］.北京：中国人民大学出版社.2008，15—17.

参与及价值协商等方面的不足有很大的关联。戚业国先生对此进行了详细的论证,[1]在我国已经实施的教育评价中,对优秀教师的评价存在争议,评出的优秀教师可能会因为不同人对优秀教师认识的不同而引起争议。学生评价同样面临类似的问题,学校评价中不同利益关系人关心的方面不同,直接导致评价难以付诸实施。院校评价尤其是近年产生重大影响的本科教学评估,随着评估的推进,质疑越来越多,动摇了本科教学评估继续存在的基础。高考作为一种教育评价,引起不同的质疑与指责,课程、教学等评价也面临类似的问题,大学排行更是备受指责,几乎每一种具有广泛社会影响的教育评价都处于这样的争议中。教育评价中的矛盾与冲突还在不断扩大,在适应教育价值多元化发展的过程中,教育评价面临创新发展的历史重任,转变教育评价的范式,将教育评价建立在最新科学理论基础上是目前教育评价健康发展的关键所在。

在我国,传统文化崇尚统一、权威、稳定,强调秩序与服从,教育评估尤其是官方主导的评估主要建立在价值一元的基础上,评估专家作为学术权威甚至行政权威,他们的任务是将主流价值认可的知识、规范、技能等传递给受评者,受评者的任务就是接受。评估过程中,信息收集与处理中缺乏师生的广泛参与、价值协商与共同建构。这种评估范式容易形成绝对理念与统一规范的行动,但评估主体的有限理性使其不能洞悉公众需求变化的状况与趋势,因此评估行动常常是表面的、短期的,有着较强的权宜性和功利性。从公信力的角度看,教育及教育评估的发展离不开共同体成员在包容个性差异基础上的合作,建构主义的评估倡导平等对话和价值协商,通过互动弥合评估主体权力与客体权利的对立,有助于对差异的理解包容及合作的维系。

二 评估的"硬核""保护带"与信任指向

英国科学哲学家伊·拉卡托斯(Imre Lakatos)发现,人们对科学的评价往往不是孤立的,而是一个具有硬核、可变的保护带和正反启发法的理论系列。他称之为"科学研究纲领"(Scientific Research Programmes),该纲领的结构由"硬核"和"保护带"组成。硬核是科学理论得以确立的核心观点,"一切科学研究纲领都在其'硬

---

〔1〕戚业国,杜瑛.教育价值的多元与教育评价范式的转变[J].华东师范大学学报(教育科学版),2011(2):11—18.

核'上有明显区别。……辅助假说围绕该核形成一个保护带。""这些保护带,必须在检验中首当其冲,调整、再调整,甚至全部被替换,以保卫因而硬化了的内核。这一切如果导致了进步的问题转换,那么一个研究纲领就是成功的;如果导致了退化的问题转换,它就是失败的。"[1]

与科学研究纲领的结构类似,教育评估也呈现出由"硬核"与"保护带"构成的结构。教育价值观、发展观、评估思想、评估制度等属于"硬核","硬核"部分涉及最基本的假设、核心理论和关键问题,反映着教育评估在价值层面上的正当性与实施层面的合理性或合规律性,这是评估制度存在和发展的基础,是整个评估体系和政策建构的出发点。"硬核"部分较难改变,如果该部分受到质疑,整个评估体系的根基就可能动摇。评估的"价值推理与判断"与"技术方法",如评估中的价值判断、推理与选择、评估的一般原则、评估政策、组织实施模式、方案策略及技术方法,以及评估角色等属于"保护带","保护带"是在"硬核"基础上延伸出来的,主要指评估作为管理手段之工具性价值的适用性和有效性,"保护带"的技术性相对较强,有较大的灵活性和弹性。人们对教育评估的信任指向是有差异的,有的指向"硬核",有的指向"保护带"。如4-3图解所示。

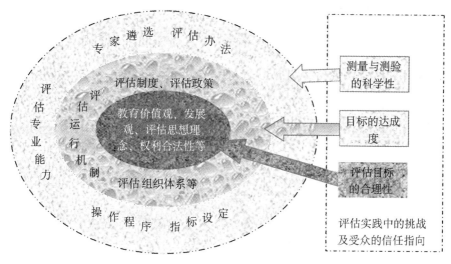

图4-3 评估的"硬核""保护带"及受众的信任指向图解

---

[1] [英]伊·卡拉托斯.兰征译.科学研究纲领方法论[M].上海:上海译文出版社,1986,67.

(一) 评估之"硬核":教育价值观、评估思想理念、权力合法性等

硬核部分代表着评估的根本性质、总体特征与发展方向,具有稳定性和决定性。在硬核部分,教育价值观、发展观、评估思想、评估理念等处于最核心层次,是人们对教育评估的本质及其规律认识的一种哲学思考体系。评估制度与权力合法性在同一层次中相对外围一些,它们共同构成教育评估体系的"硬核"。

阎光才先生等曾系统观察并分析过学术评价中备受质疑的定量评价,在他们看来,[1]之所以会引起人们如此强烈的反应,就其开发设计与现实效果而言,已经远远超出了作为一个工具本身所具有的外在功用价值,而是触及到人们对教育以及学术活动的内在本质特征的理解,对教育共同体内精神气质、规范伦理和文化的体认。在本章第一节中,笔者初步论述了构成评估"硬核"的教育目标的合理性。与判断目标的合理性同等重要的,至少还有评估的公正公平状况。当前,人们对诸多以评估项目为手段的教育管理的公正性的认识和理解还存在较大的分歧。此处继续以"世界一流大学"为例,结合图4-4进行分析。耶鲁大学法学院教授亨利·汉斯曼(Henry Hansmann)通过实证研究发现,[2]在过去的100多年里,美国的大学远远胜过了历史更为悠久的欧洲大学,之所以表现更加卓著根本的原因不在于

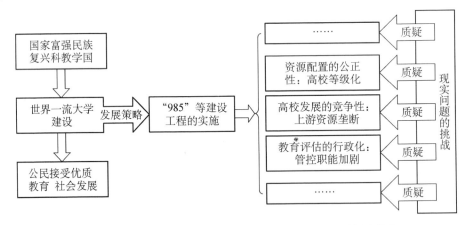

图4-4 评估"硬核":"一流大学"建设工程的分析及质疑之指向

---

〔1〕阎光才,岳英. 高校学术评价过程中的认可机制及其合理性[J]. 教育研究,2012(10):75—83.

〔2〕Henry Hansmann. The State and the Market in Higher Education [J]. 1 Mercato Concorrenza Regole 475 - 496(1999). http://www. law. yale. edu/documents/pdf/Faculty/Hansmann_The_State_and_the_Market_in_Higher_Education. pdf.

经济的发展水平，不在于政府的财政投入，而在于公平公正的竞争秩序。欧洲的大学是国家垄断的，政府管得太多，而美国的大学是高度竞争化的。国家垄断与政府过度管制有的时候会扭曲公正的竞争规则，很难保证优秀的人才得到公正的评价，进而难以保障真正的学术自由。在公正的竞争制度下，大学要发展就不得不提高质量，不得不认真吸引优秀的师生，同时提供创新知识的最佳激励。这才是美国的大学能够主导世界的根本原因。

美国的大学体系结构像个金字塔，金字塔顶端汇聚着对世界文明进程做出卓越贡献的世界一流大学。这些大学各具特色，绝大多数是私立的。所有这些一流大学不管私立公立都是在自由竞争机制的作用下自然分化而成的，没有一所是由政府指定，依靠政府非均衡性资源的持续投入建成的，而且，相对而言，美国的一流大学对政府资源的依赖程度比较低。美国政府自然也是希望本国一流大学更高更强更卓越，却一直是反其道而行之。一方面，美国联邦政府对大学管理的直接干预十分有限，甚至不对一般性的教育事务负责，联邦政府主要是通过"购买"大学的特殊服务，如学术产品，基于选优原则为大学提供研究经费等。另一方面，政府"不合作不共建"，不仅不曾通过重点建设的方式向特定大学大量投入非竞争性资源，还实行优先扶持弱小公立学校的发展战略。或许是因为政府从来不提供任何特殊待遇，这些一流大学的校长们，千方百计改善教育教学质量和科研水平，吸引生源以维持学费收入；千方百计提高科研能力通过竞争力，强的学术产品赢得研究经费；当然还包括千方百计争取社会力量筹集资金，特别是占办学经费一半左右的捐赠。学费、研究经费和捐赠都是动态变化的，要维持这个公正竞争自由流动体系中的地位或者谋求更大的进步，离不开所有大学内生性的竞争压力和发展动力，而恰恰是这份内生性的竞争压力和发展动力保障了这些大学在世界一流大学之林中难以撼动的竞争优势。[1]

反观国内，国内的大学体系也是金字塔型的，但金字塔顶部的所有高校，其优势资源的来源严重依赖中央财政拨款以及地方政府或部门的配套资金。"一流大学"建设中政府的行政力量是强势的，"985""211"工程的评审成为非均衡财政资源持续投入的制度通道。在极其不均衡资源的持续投入下，大学之间迅速出现强者更

---

[1] 张会杰."官二代"与"一流大学"[J].读书,2013(7):163—167.

强、弱者更弱的"马太效应"。金字塔低端的高校要想实现办学层次及声誉的跃迁，比如超越"211 工程"高校，几乎是不可能的。而其他"985 工程"大学想要超越北大清华，也几乎是不可能的。很多有相当水平的大学特别是一些行业特色大学的积极性受到重挫。各得其所，各就各位，竞争压力渐行渐远，发展动力自然越来越弱。

在我国，"强权力—弱权利"的评估运行机制也是教育评估"硬核"部分的重要内容。重义务轻权利、根深蒂固的"官本位"文化意识深刻影响着评估的思维与逻辑。教育管理以资源配置为载体，而学术资源的配置以行政为中心。[1] 评估活动的组织实施强调评估相对人在履行职责时的义务，对其权利的关注则处于"集体无意识"状态。评估相对人、利益相关者的权利边界并未厘清，权利的保障尚未引起必要的重视。对学校而言，竞争性教育资源的获取高度依赖政府行政部门，对师生来说，学术资源高度依附于学校行政部门。借用《社会转型后的法律体系重构》一文中的法理思想和逻辑表达，"强权力—弱权利"行政性教育评估的政治理念和逻辑关系是行政性权力既支配评估程序，也支配评估专家，以这种价值观构建的教育评估体系是行政性权力优先，国家至上和权力本位，学术性权利对行政性权力只能处于服从和被役使的地位上。当评估更多作为行政权力实现教育资源配置的工具时，行政权力把评估相对人视作自己的依附者，同时把参与者的权利当作一种施舍——既可给予又可剥夺，这是"强权力—弱权利"行政性教育评估体系的不加掩饰的特征。

评估的学术性与教育性一旦置于行政权力的价值之下，评估相对人、利益相关者及社会公众希望通过评估实现教育资源配置的合理化和最优化，从而全面提升教育教学质量的愿望就变得无所依托，因为评估专家组作为实施评估项目的临时性组织，评估专家连自己都处于有可能被离弃的境况中，遑论其他组织和个人。评估相对人本是教育评估的重要监督一方，但由于监督权利的虚化和缺位，监督与问责的有效性打了折扣，评估的"诚实守信"时常受到干扰。我国"超强"政府、"强"行政组织而学术共同体的"软弱"状态，即使在当下西方国家高校内部行政力量有所加强的背景下，亦与之形成鲜明的反差，甚至与我国现代学术体制肇兴的民国时期也有一定的落差。学术共同体的疲弱，也是导致当前我国众多体制性痼疾以及微

---

[1] 徐显明. 大学理念论纲[J]. 中国社会科学，2010(6)：36—43.

观层面学术生态不良的主因。

从微观层面上看，以随迁子女异地高考政策为例，国务院要求各地 2012 年底出台异地高考细则，北上广等大城市都是在最后期限到来之前才出台相关措施，非户籍者积极争取平等权利，本地人却认为户籍福利是一种补偿性保障，不应普惠。观点的分歧源于教育评估的复杂性，也是多元价值观及社会矛盾在教育评估领域中的一个反映。何为公平正义，如何化解程序公正和实质正义之间的矛盾，如何通过价值判断调和不同群体的冲突，公平地配置稀缺资源是我国教育评估"硬核"部分挥之不去的重要主题。指向评估"硬核"部分的信任具有基础性，决定着公信力的信任结构，约束和影响着指向评估"保护带"的信任。

（二）评估之"保护带"：评估的实践模型与技术框架制度及程序

评估之"保护带"主要涉及教育评估的制度及政策、实践模型与技术策略、程序框架、评估专家能力、专业资格等相对具体的偏重于工具性范畴的内容。指向评估"保护带"的认同与信任，越是靠近"硬核"，就越发受到硬核结构的影响而具有稳定性，越处于外围则变数越大。比如公众对评估主体角色的信任就比对评估制度及政策信任的波动幅度大，且更为频繁。

1980 年代之前，美国对高校及教师等教育教学质量的评估盛行基于声望水平或资源投入水平等输入性指标的评估模式，然而，不管是初等、中等，还是高等教育的研究并不支持根据资源管理对学校教育质量所作的评价，学校占有的外在资源和学生接受到的教育质量关联不大，这些资源只有在学生有效利用它时才能对学生起到积极的促进作用，资源的利用方式比占有量更能对教育质量产生影响。其中，艾思汀（Astin）自 1977 年开始对学生在大学四年的变化及发展进行持续的研究，[1]在对 2 万多名学生，2.5 万名教师，以及 200 多家教育机构的调查基础上，对190 多个机构环境变量及其对学生进步的发展效应进行了重点的考察。在学者们的持续努力下，1980 年代，教育教学的评价已经开始着重关注学生的学习成就等输出性指标，1984 年，美国高质量高等教育研究小组强调，[2]教育质量的合适标

---

〔1〕Alexander W. Astin. What matters in college? Four critical years revisited [M]. San Francisco: Jossey-Bass，1993.

〔2〕吕达，周满生.当代外国教育改革著名文献（美国卷·第一册）[C].北京：人民教育出版社，2004：31.

准必须着眼于学生发展的成果,应关注高校使学生从入学到毕业在知识、能力、技能以及态度等方面产生的可以证明的进步。在美国高等教育中出现了以评价学生学习及其结果为核心的"评估运动"(Assessment Movement)。如图 4-5 所示,诸多基于学习成果的测评工具得以开发和应用,教育评估"保护带"的优化及改善一定程度上消解了公众对学生成长进步状况以及高校教育教学工作水平的质疑,这些测评工具在多所学校的应用为高校之间教育教学质量的比较奠定了科学的基础,测评及结果在一定程度上督促了高校教学的改进。

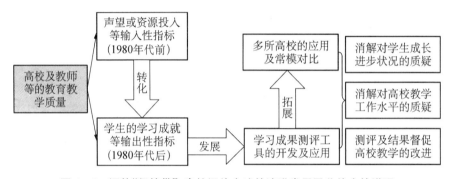

图 4-5 评估"保护带":高校评价方法的演进发展及公信力的增强

在评估"保护带"中有一个中西方共同面对的十分突出的评价困境,笔者称之为学术评价的标准问题,这一问题备受质疑和批判。物理学家科尔(Cole)指出,[1]"诸如论文数目、经费数量、指导博士生人数以及被邀请讲学的次数,在老师的评价中占据了太过重要的地位,通过数数的方式进行评估是一种懒惰的行为,而且后果往往是负面的。"官僚化的评估不仅仅对学术活动形成干扰,还会使得评估本身沦落为一种简单、无意义的数字游戏。林赛·沃特斯认为,[2]现在的大学系主任慷慨地决定把是否聘用一位讲师或教授的最后决定权拱手出让给出版社。一旦为出版而出版的行为受到推崇,教学和认真的写作就不得不让位,其结果往往是建筑在炒作基础上的虚假创新与增长。侯切特(Hoecht)等认为评估使学术官僚

---

[1] Cole, M. W. Numbers are not everything [J]. Academe, 2009,95(5):30.

[2] [美]林赛·沃特斯.王小莹译.希望的敌人:不发表则灭亡如何导致了学术的衰落[M].北京:商务印书馆,2011,21.

128　教育评估公信力研究

化,降低了学者的自主权,因此削弱了他们对高等教育体系的信任度。[1] 根据发表数量及其期刊等级、各种引用检索系统来评定学者的学术水平,学者们主动放弃判断的权力,因而也就部分地放弃了对学术研究自身价值与信念的尊奉。[2] 这些质疑均处于公信力之保护带,针对的主要是评估专业资格与评估能力的质疑,在评估的实施与操作技术层面国内外都存在诸多争议。当这类负面价值所构成的束缚超过一定限度时,势必推动着教育评估的制度变迁。

(三) 评估公信力的提升需要"硬核"与"保护带"的共同优化

教育评估公信力的层级结构是动态变化的,不同社会不同历史时期教育评估在硬核与保护带上显现出差异,且随环境变化不断地变迁与重构。教育评估的发展可看作是对"保护带"中各具特色的"价值推理及判断""评估技术方法"是否反映,是否达致"硬核"之"观念哲理"的反思、质疑与超越。对于不同的评估项目,公众的信任与质疑分别处在哪个阶段应给予必要的关注。教育评估公众信任品质的改善需要评估"硬核"与"保护带"的共同优化,如图4-6所示。

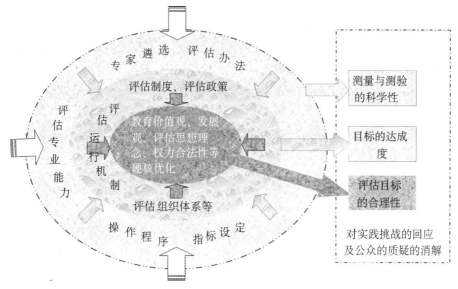

图4-6 "硬核""保护带"的系统优化及评估公信力的提升

[1] Hoecht, A. Quality assurance in UK higher education: Issues of trust, control, professional autonomy, and accountability [J]. Higher Education, 2006,51(4):541-563.
[2] 苟渊.希望的敌人与专业主义的魅影[J].全球教育展望,2012(8):44—49.

回到一流大学建设的话题上,对一个国家而言,"世界一流大学"是体系性产物,不可能单单依靠政府高度控制下更多的资源投入。"一流大学"作为体系性产物须臾不可离开公正的竞争机制,只有打破上游资源的行政性垄断,给其他学校其他学科学者同等的竞争机会,竞争者才能发展和强大,也只有竞争者强有力的挑战出现了,不管是内向型的自主发展,还是外向型的合作协同,才能构成真实切近的压力和动力。

指向硬核部分的评估信任影响着教育评估制度的稳定性,对教育价值观、评估思想的不认同会冲击评估权力格局,推动评估范式转型。除了"公平公正",评估氛围的优化也是当前教育评估普遍且重要的关注维度,当前,量化评估之风日盛,"有数量不一定有质量,没有数量就肯定没有质量"这种颇为荒谬的学术评价思维几乎成为许多大学管理者的共识。片面重视科研成果的数量和效率,却不甚关心科学与教学精神的培育以及学术活动的积累和完善。这一局面的改变,评估公信力的提升需要教育评估"硬核"与"保护带"的共同优化。

第二节　信任标准及评估公信力的类型

每个人的社会角色不同,利益得失、认知水平及信息程度均有差异,人们往往按照自己的价值标准及利害关系有选择地记忆和评价。不同时期、不同区域内、不同的评估项目,评估主体在恪守评估准则,建立信誉方面的信用及绩效是客观的,而人们的信任则带有主观性,承载了当事人的期待、理解和诉求,衡量标准也是动态变化的。公信力反映了公众对评估主体信用的结果反馈。本节基于评估主体的信用状况,对教育评估公信力的品质状态进行分类,并借助图 4-7 的网格结构加以分析。不同网格结构中的信任随着环境的变化不断变动、改组和重构。

一　威慑型公信力及其特征

威慑型公信力状态对应图 4-7 网格中的 C_{h1}、C_{c1}、C_{h2}。其中 C_{h1} 属于高威慑型公信力,此时,公家信用不好,但公众表现出高度的信任,甚至是绝对的精神服从。较之 C_{h1},C_{c1} 状态下公家信用的低水平状态基本不变,但公众的普遍信任有所下

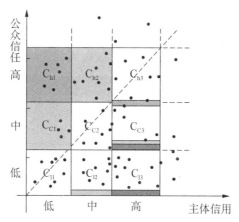

图4-7 基于品质的公信力类型的网格结构

降;C_{h2}状态下公众的普遍信任程度依然很高,不过,公家的信用状态也有所增强。C_{h1}、C_{c1}、C_{h2}状态下,公众信任与公家信用处于失衡状态,公共组织获得了与其信用能力不相匹配的公共信任资源。威慑型公信力受威权政治、舆论环境、公众素质等因素的综合影响。

从评估的权力来源上看,在全能的政府管理体系下,政府集"管办评"于一身,评估体系在形式和实质上具有"行政管理"的职能和属性,评估组织、评估专家、评估规则等评估要素均依附生长于行政体系之上。公众对评估体系的认同往往出于对行政权力的服从,而非内在的信用能力。在政治完全管控教育的极端情况下,如王长乐先生所言,[1]

　　政治在博弈时往往会采用恐怖手段,以此来威慑反对派。人们会因为害怕打击而噤若寒蝉,不坚持社会公理和文化良知,不维护社会公平和正义,致使教育中的是非标准颠倒,失去其应然的价值和意义。……政治在处于绝对优势的情况下,自然就会形成独断的制度和习惯,以及与之相应的遵命办事的传统和风气。而教育在独断的情况下,就会抛弃自己以理服人的规则和传统,遵从"以权服人""以(暴)力服人"的规则和逻辑。在现实的教育中,人们普遍

---

〔1〕王长乐.我们为什么没有先进的大学制度理论[J].大学教育科学,2012(5):3—10.

地不是服从科学和理性,亦即谁有学问、谁说的对就听谁的,而是谁官大、谁有权就听谁的,形成官就是真理的"不讲理、只讲权"的行为规则。对于"大官"们的教育思想,人们习惯于服从、歌颂和诠释,当然不会,也不敢批评和质疑,形成了在教育思想方面的"权力垄断真理"的现象,使教育完全异化成了政治的精神奴仆。

在高威慑型的社会生态下,常常会出现接近全体一致的人民共识。萨托利认为,[1]"全体一致"实际上是强加于公众的统一包装的官办舆论,国家控制着一切社会化工具和一切传播媒介,只允许一种声音。倘若这一论断是正确的,那么,民意就是官意,而官意就是最高元首的意志。威慑方是不容置疑的,对于可能动摇其可信性的不同意见,即便是客观证据与理性论证,也一概排斥、打压甚至迫害。信任不能带来安全感,信任是安全感的产物。有安全感的相信是信任,没有安全感的相信则是盲信。只有先有安全感,才能产生真正意义上的公信力问题。现有高威慑型社会缺乏自主思想独立见解和创新精神,更多的是与暴力和强制相伴随的自然理性。除少数的先知先觉者,以及那些受到禁锢之后将自己对权力的恐惧转变为对权力者的信赖和感激,甚至崇拜的追随者之外,生活在其中的绝大多数人是真诚地相信他们自己的幸福和正确,他们麻木于对恐惧的感觉,也习惯于对谎言的认同,甚至陶醉其中。之所以如此,最根本的原因是此时的人们已丧失了基本的思考与辨别的能力。此时的各类评估仅仅只是体现和贯彻主权者意志的工具,威慑方要求追随者绝对服从,并使之深感绝对服从乃是深具道德情操的表现。即便评估体系呈现出光怪陆离的评判错谬,教育体系内成员及社会公众依然整体上倾向于顺应,对评估主体表现出高度的认同和强烈的依赖,习惯性地争取评估权力对资源的配给,并把它作为一个不可改变和无需改变的事实来接受。

在我国,曾经有过这方面的深刻教训。有学者在反思我国高等教育的发展历史时指出,[2]新中国成立初期,在计划经济体制下,高等教育被理解为范围更广、

---

〔1〕[美]乔·萨托利.冯克利,阎克文译.民主新论[M].北京:东方出版社,1998.109,111.
〔2〕张烨.重读五十年代的院系调整[J].华东师范大学学报(教育科学版),2007(1):88.

层次更高的政治经济活动中的一个组成部分,具有浓厚的政治意义和意识形态色彩。20世纪60年代,尤其是"文革"期间,对教育的评价及基于评价的教育管理,严重阻碍了教育的发展与社会的进步,但当时,不仅广泛普遍的质疑与抗争未曾出现,某些高校,最为典型的是由北大和清华的"大批判组"所组成的"梁效"("两校"谐音)为证明"革命形势"变化的合理性,一方面在"批林批孔""反右倾回潮"等政治风波中出谋划策,口诛笔伐;一方面对学术活动的客观公正原则弃之如敝屣,产生了非常恶劣的影响,在学术发展史上留下了不堪回首的一页。[1] 出于畏惧,人们学会并练就了不露声色、保持沉默、隐蔽自己真实想法的本领,更不会公开反思行动的意义,质疑政策呼吁改革。高威慑型公信力表面上相互信任,背后常常是可怕的监控与欺瞒,即便此时公众的普遍信任程度很高,现实教育中的问题却因为人们的畏惧而继续维持,社会缺乏某种程度的批评能力,就不会充分揭露社会的不足,也不可能针对具体问题的解决方案进行建设性讨论。教育丧失了理性调控、自我完善的前提条件。高威慑型公信力在本质上是对真理的潜在歪曲,不仅遮蔽了真实的公共观点和社会意见,还助长了蒙昧,维护了不公的社会制度,产生低效率和不道德的社会行为。威慑型公信力中的"公信力"只有外在形式而无内在品质,无进步意义可言。

二 批判型公信力及其特征

相对而言,评估主体的信用较高,对评估承诺的履行能力较强,但是,公众的普遍信任程度却不高,甚至是最低的。"做得较好,但是感觉较差",这类公信力状态看起来是悖论性的,却是存在的,分别对应于图4-7网格中的C_{l3}、C_{l2}、C_{c3},其中C_{l3}属于高批判型公信力。随着政治经济与社会的发展,一个国家和地区对待质疑与批评将日益宽容,公民对于公共服务的期待、批判意识与能力也越来越高,外在表现就是越来越挑剔,此时的公众常被称作"批判性公民"(critical citizens)。当批判性公民的规模和批判能力发展到一定程度时,公共组织每天都被他们翻来覆去地

---

[1] 展立新,陈学飞.理性的视角:走出高等教育"适应论"的历史误区[J].北京大学教育评论,2013(1):103.

检视。[1] 约瑟夫·奈(Nye Joseph)的研究显示,[2]1964 年,美国民众对政府的信任度为 76% 左右,而 1995 年,信任度下降到 15%,尽管此后政府公信力有所提升,但都远不如 30 年前,同一趋势也出现在几乎所有其他发达国家。在教育领域,20世纪 50 年代,由于在与苏联的竞争中处于劣势,美国社会针对学校教育掀起了一片讨伐之声。60 年代科尔曼报告以及兰德公司关于"影响学校有效性的决定因素"的大型调查,更加引起人们对学校和教育的怀疑。在 70 年代,古得莱得认为,[3]"公众的批评不仅是针对学校管理者,也是针对学校的。学校和我们一样对政府、对法律体制、对教师职业,甚至对自己都失掉了信心。对学校内在功能的怀疑,其实也是对教育的怀疑,迅速地弥漫开来。"在 1964—1992 年间,对大学校长非常信任的比例从 61% 下降到了 25%。[4] 人们感到大学失去了它昔日的可靠性,对大学产生了怀疑,开始痛苦地担心大学教育无法满足他们的期望。[5]

这是一个世界性的变化趋势,当提出异议不再承受压力,要达成"全体一致"会越来越难。我国的教育评估机构作为公共组织,也将面对这样的批判性公民。张民选认为,[6]美国、英国、德国等发达国家面临的问题,很快就成为我们的挑战。公共权力的本意离不开责任,用评估主体的如履薄冰来换取制度的健康是必要的。在高等教育领域,尽管人们对大学的怀疑已经公开化,但是,斯坦福大学校长肯尼迪同时指出,[7]与以往任何时候相比,目前都有更多的美国人在接受大学教育。而且,大学、学院及其教师,甚至是他们的领导者继续拥有与其他的机构和行业相比更为牢固的地位。以一生的增值收入来衡量,高等教育的价值在 80 年代急剧增长,以至于在接受过高等教育和未接受过高等教育的人之间创下了历史上的最大差值。正是学者们与批判性公民的警觉与挑剔,有效推动着美国教育评估思维的

〔1〕刘瑜.肩负自由的疲惫[J].财经,2010(24).
〔2〕NYE Jr. ZELEKOW D, Kin G C. Why People Don't Trust Government. Cambridge: Harvard University Press, 1997:81,1 – 21.
〔3〕[美]约翰·I.古得莱得.苏智欣等译.一个称作学校的地方[M].上海:华东师范大学出版社,2005,3.
〔4〕菲利普·G.阿特巴赫等.为美国高等教育辩护[M].别敦荣,译.青岛:中国海洋大学出版社,2007:53.
〔5〕[美]约翰·S.布鲁贝克.王承绪等译.高等教育哲学[M].杭州:浙江教育出版社,2001,2.
〔6〕张民选.公平而卓越——国际视野下的教育质量[J].中国教育政策评论,2010,209—218.
〔7〕[美]唐纳德·肯尼迪.阎凤桥等译.学术责任[M].北京:新华出版社,2002:5.

优化,也正是评估组织对公众批评质疑的深刻反思与积极回应,教育评估的理论与实践才变得越来越专业,越来越公平公正。这也是为什么不信任虽然普遍存在,但在这些发达民主国家,无论用人类发展指数、还是清廉腐败指数,甚至经济绩效来衡量都稳居前列。在教育评估领域,存在一定程度的批评质疑及不信任是合理的,是评估生态健康的表现。当然,不信任以及权威关系的淡薄也并非全然合理,西蒙自己亦"不因此('权力主义'实质性的减轻)而断定,权威关系的进一步淡薄将依然是可取的或必然的。"[1]本研究认为,对批判型公信力可持审慎的乐观,一定程度的不信任及其制度化表达是推动进步的压力机制。

三 自致型公信力及其特征

自致型公信力是指评估主体的信用程度不好,公众信任也低,评估主体的信用程度提高,公众信任也提高。自致型公信力对应于图 4-7 网格中的 C_{l1}、C_{l2}、C_{h3}。其中 C_{h3} 是高自致型公信力,此时,政通人和,教育共同体内的成员基于独立的理性判断,赋予评估体系以高水平的认同与信任,评估相对人、利益相关者和社会公众普遍认为评估体系是公正的、是科学的,评估主体引领的价值是值得追求的。评估成为各级各类学校及利益相关者树立社会声誉,实现自我发展的重要途径,评估结论成为教育质量及实力的主要信号,也越来越成为评估委托者和公众的选择指引。在这种和谐的评估生态下,教育体系在文化传承、创新、传播交流等方面创造出的价值也是卓著的。因属自致型,所以不依托外在力量如国家权力,高自致型公信力主要来自评估体系在维护教育管理秩序时的内在权威性。C_{h3} 高自致型公信力是最理想的状态,评估体系及评估的结构功能得到包括行政领导在内的广泛认同和普遍信任。人们对彼此的行为有合理的期待,彼此信赖,评估有效推动着建基于共识价值基础之上的一致行动。

需要指出的,即便在这种理想的状态下,普遍信任也不是完全充分的。"信任从来没有在社会关系中得到完全实现;维持信任是所有人的一项相互的、无止境的任务。"[2]教育共同体内对教育评估的信任从来不会强大到可以把怀疑、犹豫不决

---

〔1〕[美]赫伯特·西蒙.杨砾等译.管理行为——管理组织决策过程的研究[M].北京:北京经济学院出版社,1988:第三版导言,12.

〔2〕[美]伯纳德·巴伯.信任的逻辑和局限[M].牟斌等译.福州:福建人民出版社.1989,22.

等看法彻底清除干净。即使评估在某个时期某一阶段赢得了公众的普遍信任,但正如陈玉琨先生所言,[1]"'最好'是一时的标志,'更好'是永恒的追求。"社会始终处于不断的发展进步之中,当社会动态变化时,变化了的社会必然对教育评估的理念方法等提出新的要求。即便社会变化较小,人们的需求标准亦将随时间的推进而慢慢提高,教育共同体内的求新本能与精益求精止于至善的追求必然会导致对既有教育评估的质疑与批评。因此,C_{h3}高自致型公信力状态是短暂的,质疑与批评的涌现将推动着评估步入一个新的改进阶段。

C_{l1}状态属于低自致型公信力,此时,评估组织整体上的信用能力很低,公众的普遍信任程度也很低,教育评估制度与公众的认知及期待不相适应,而且不适应程度还相当严重。此类评估其功效微乎其微,甚至导致教育发展的停滞,并构成对教育进步的阻碍。学者贺卫方从研究生导师的角度表达了对现行不合理研究生招生制度的不满与不安,他的很多同行也觉得研究生招生有问题,[2]"但是究竟怎么去改变这个现状? 我不承认现在教师的良知都泯灭掉了,大家还是想推动这种改变,但是体制的能量还是过大,以至于你自己浑身都想使劲,就找不到一个使劲的地方。"低自致型公信力与评估理论与实践的发展水平低下有直接的关联,评估思想、教育思想的贫乏,人们感知到问题的存在及严重性,但难于开出良策,普遍的感受是既无力又无奈。

低自致型公信力的教育评估的维持常常依靠外部力量,特别是强有力的行政力量。在电影《肖申克的救赎》中,安迪说,体制是这样一种东西,一开始你抗拒它,然后习惯它,最后离不开它。章开沅老校长对此曾有揭露,他谈到[3],许多大学校长也没有自我完善的胆识,甚至没有自我完善的内在醒悟。因为其中有些人已经习惯于唯命是从,随波逐流,把学校作为个人晋升之阶,千方百计在"跨越"与"创一流"的虚热中显耀自己的政绩。在迎评促建的过程中,个别学校行政管理部门"制订了严格的管制措施,对完不成迎评任务或不肯配合评估的师生罚款、威胁、调换工作岗位等,试图用严厉的惩戒维持学校期望的状态。"[4]作为理性行动者,教育

---

[1] 陈玉琨.一流学校的建设——陈玉琨教育讲演录[M].上海:华东师范大学出版社,2008,70.

[2] 贺卫方,曹景行,周孝正.教育病[EB/OL]http://heweifang2009. blog. 163. com/blog/static/ 1118461092012511480686/.

[3] 章开沅.谁在"折腾"中国的大学[J].同舟共济,2009(6):28—29.

[4] 叶铁桥.部分大学上演造假运动闯关本科评估[N].中国青年报,2006—12—14(J-03).

组织中的成员希望能在与评估项目的互动中获得体制性的认可与支持。为表明政绩以及获得诸多利益,学校或学术组织的管理者,对各种检查、评比与考核乐此不彼,并试图通过高标准、超规格的评估接待,甚至涉嫌腐败,如弄虚作假、贿赂、欺诈等,求得评估专家和相关人员的认同,换取满意的评估结论。2008年初某大学六位校领导集体迎接教学评估组秘书一事[1]显现出的即是受评学校的积极迎合与异常谦恭,行为背后体现的是一种对"服从规则"正面激励的期许与确信。它的核心信念是对上级制度的遵从会得到官方倾向性的回报。

低自致型公信力的教育评估的阶段性维持,与"制度依赖"有很大的关联,可替代的制度选择越少,参与者对既定评估框架的依赖程度就相应增高。基于对现实或假想社会压力的反应,参与者认为别无选择,只能被动接受,或不情愿地认可。制度依赖又塑造并强化着权威关系的形成,依赖程度越强,围绕着权力主体的恭顺程度就越高,参与者直接表达个人主张及反对意见的可能性越小。教育评估改善的动力衰减,评估进一步陷入"信任困局",矛盾在累积,问题日益突出。这种状态不会长久维持,当信任跌破一定的限度时,受评相对人、利益相关者将抗拒并抛弃这套评估体系,其他"理想"的评估办法将取而代之。

公众的普遍信任和支持是教育评估可持续发展重要的社会资本,良善的教育评估需要普遍信任的润滑。然而,并非所有类型的信任都助益于教育评估的发展与进步。信任并非越高越好,如果突破了合理的限度,还会出现盲信、迷信,甚至愚忠。过度的信任还容易导致过分依赖,不利于主体性之自主发展。总之,高度信任并不是内含着所有"真理"的至善之境,赢得普遍信任也并非教育评估的根本目的。千人诺诺,不如一士谔谔。信任的性质和表现类型的不同也决定着信任的价值与功效的差异。本书提出并阐述了评估公信力的品质类型,以揭示公众普遍信任状态的丰富性和复杂性。评估主体的信用影响评估公信力,但评估主体信用的改善并不必然带来公信力的提升,评估还需要信息公开及参与协商等程序的配合,第四代评估理念的提出或许与之有一定的关联。

---

[1] 傅剑锋.女秘书事件引发社会热议记者亲历高校评估总动员[N].南方周末,2008—04—16.

第三节 教育评估公信力之比较及评析

在全球化时代的背景下,公民对国家和政府的信任水平越来越低,这种趋势无论在发展中国家还是发达国家都表现得很明显。[1] 信任关系的形成、信任的强度、信任的结构与历史传统、价值观念、制度设计等关联紧密。即便是同样的信任水平,也存在着结构上的差异,其内涵亦可能大相径庭。强调区分公信力层级结构及品质类型是必要的,有助于我们认识教育评估实践所遭遇的信任困境,对未来的发展具有基础性意义。本研究选择如下论题,通过比较对其进行初步的分析与解释。

一 评估被信任状态的变迁及思考

(一) 由人际信任向制度信任转变

传统社会中的信任主要是人际信任,它建立在彼此熟悉的基础上,依靠经验感受,与自然态度密切关联,甚至信任者难以明确意识到自己是在信任。人际信任以个人人格为担保,依托于群体的归属感与人们共有的传统、文化、习俗、宗教、价值观念等。传统社会的人际情感信任带有主观性和偶然性,适用于小范围和相对简单的社会情境。在现代社会中,信任的对象越来越远离情感关系需要的直接性,由个体信任转变为社会信任,由信任熟人、亲密关系转变为对社会角色(如专家)、社会机构或组织(如学校、政府等,对机构等的信任的一个主要方面是对程序的信任)、技术系统、专家系统和市场的信任,以及对社会系统、社会秩序或政权制度的总体品质(功能、效率、公正、可靠性)的信任。[2] 制度信任把不确定性转移到了可以把握的具有客观确定性和可操作性的领域,以维系更大范围和更复杂的交往活动的规范有序,可预期和安全可靠。

现代社会没有任何人能够选择完全置于现代制度的抽象体系之外。制度信任是"大多数人对其自我认同之连续性以及对他们行动的社会与物质环境之恒常性所具有

---

〔1〕冉冉. 提高政府公信力:第七届全球政府创新论坛综述[J]. 经济社会体制比较,2007(5):147—151.

〔2〕郭慧云,丛杭青,朱葆伟. 信任论纲[J]. 哲学研究,2012(6):3—12.

的信心"。[1] 制度信任的重要特征是非当面、不在场和多样化,要求一种新的交往媒介以及权威性的监督制约机制,以确保可合理预期与承诺的可信性。与现代性相联的对评估的信任本质上是对评估的制度信任,此时,较少考虑特定场景下处理评估信息的个人或团体的特殊品质,人们对评估系统的信任是基于其原则正确性的信任,而不再主要依靠人际信任。笔者对山东某初中教师的访谈(见访谈记录,编号S2)显示出,某些评估项目基于一种程序上的合法性(制度),这种程序机制客观上保障了评估专家的专业能力和职业道德,进而保障了评估的公正与准确,从而促进对评估系统的制度信任。

当下公众话语与民意表达中对教育评估较为普遍而深刻的不信任,反映了公众日益增长的对评估先进性的需求与落后的评估制度之间的矛盾。与十多年来学校数量与培养规模的迅猛发展相比,教育评估中对一些深层次问题的回应并没有与人民群众日益增长的对教育的期待相适应。因教育"管办评"分离的制度构架及其客观运作机制特别是评估主体的公信体系还没有系统性地建立起来,对行政权力与学术权力缺少有效的内外制衡、监督缺位,也就是说,当前孕育诚实守信评估伦理的制度环境还有待进一步发展和完善,从而导致评估主体、评估相对人及利益相关者诚信人格素质的缺乏及道德践行能力的缺失,弄虚作假和背信弃义某种程度上客观存在。此外,教育评估在教育教学与学术研究,如课程体系及设置、人才培养模式改进方面的引领作用没能得到充分显现。微观的评估技术对洞察力、判断力、理解力、想象力等方面的考察较为欠缺,对视野、志向、求知欲、责任感、独立性、意志力等非智力因素的测评更是关注不足。这都直接影响了人们对评估制度有效性的信任、认可和接受,导致评估公信力的低下。伴随政治、经济、文化的深刻变化,对评估的信任将由建立在学缘基础上的人际情感信任向制度信任转变。

(二)从基于政府和行政权力的信任向法理性信任转化

在我国,教育、教育管理与政府行政存在着特殊的关系,教育评估常常与教育行政职责联系在一起,成为一种由特定机构行使的管理权力。尽管有的有独立法人资格,但教育评估组织大多都是政府的附设机构,作为政府行政管理职能的延伸,充当政府(或上级部门)在教育管理方面的代言人。长期以来都是由政府教育

---

[1] [英]安东尼·吉登斯.田禾译.现代性的后果[M].南京:译林出版社,2000,78—80.

行政部门同时担当教育质量标准的制定者和质量水平的评价者。然而教育及学术评价的高度政治依附性充满了不确定与风险。王学典先生以山东大学文史哲的发展为例的论证说明了这一点。[1]

> 政治与学术的合并,学院与意识形态的合并,时代需要与科研的合并,……为山东大学注入更为特殊的政治因素。这既促进山大迅速地走在时代的前列,也埋下此后折腾不已的根源。……山东大学文科在五十年代的辉煌(包括整个六十年代的发展),以及后来的所谓中衰,是成于意识形态,也毁于意识形态。也就是说,我们的兴衰隆替,都跟意识形态有关。特定的政治因素,极大地膨胀了我们的学术影响。

教育评估作为政治体系及行政管理链条上的一环,政治权威性是不容忽视的评估公信力的影响因素。以政府为主导的教育评估的公信力主要源于公众对政府和行政管理的信任,行政属性及级别赋予这类评估组织特定的"政治权威",公众对教育评估主体的信任,更多是出于对教育评估组织行政属性的信任,是透过评估组织对政府权威的信任。人们对教育评估的期望也是对政治或行政职能的一种期望。公众对评估主体的信任源自于对政府信任的递推效应,隐含着对政府管理教育的信心,以及对教育政策等正确性的信赖,政府力量是隐含的信任中介。政治体系的公信力高,相应地人们对教育评估的信任度也高。政治体系的公信力低,相应地人们对教育评估的信任度也低。从这层意义上看,当前教育评估中的"信任危机"也是政府信任危机在教育行业中的一个缩影。

当代中国正处于一个社会转型期:由权威政治转向民主政治、由伦理社会转向法理社会,由人治转向法治社会,由封闭半封闭社会转向开放社会,由同质单一性社会转向异质多元性,由权力社会转向能力社会,由依附社会转向自主社会,由人

---

〔1〕王学典.学术与意识形态的高度绾合——山东大学1950年代文科辉煌的由来[N].山东大学报·110周年校庆特刊.2011—10—15(18).

情社会转向理性社会,由静态社会转向流动社会,由"国家"社会转向"市民"社会。[1] 在中国社会,公众的一般意识中有一种泛政治主义和道德化传统。对居于独尊地位的政治权力无上尊崇和服从,对行使政治权力的君王和各级长官的无条件忠诚乃至迷信是国民性的重要特质。然而,持续性的社会变迁导致了对教育评估信任结构的变迁,以及信任建立机制的转型,如访谈编号 X1 的信息所示。当前教育评估正在经历着由行政力量主导向以学术力量为主导转变的过渡时期。这一变化特点在知识精英阶层体现得更为明显。近几年,评估理论与实践均在强化学术权力的权威性认同,"去行政化"日益成为教育体制改革和教育评估实践的主导话语,评估权力开始在政府、学校、社会之间重新分配,一些大学的学术委员会中,校长等自觉退出,开启了"去行政化"转型的先河,希望通过将评估权力来源建立在教育系统广泛认可的基础上来改变评估组织的行动逻辑与责任关系,从而增强教育评估制度信任的法理性。尽管仍存在一些制度建设不足和运行规范化问题,还没有解决好评估组织的行政职能与学术性二者之间的张力问题,评估体系中学术权力的嵌入,本质上依然存在着一定的依附性。但是,教育评估的信任状态正在由基于对政府和行政权力的信任向基于现代评估理念的法理性信任转化。有学者以学科建设为例谈到,"政府介入已经从政治性转向事务性,体现了政府介入模式的进步,表明学科建设正从国家政治工具的框架下解放出来,回归到知识生产的本质层面。"[2]从基于政府及行政权力的信任向法理性信任的转化呼唤着评估理念的更新与发展,与之相对应,应进一步坚持依法评估,逐步形成教育评估的法治体系。

(三)教育评估中信任参照标准的变迁

在一个封闭的官本位和行政化过强的社会中,不仅少见真正乐于接受批评和质疑的人,也难有勇于批评和质疑的人。以往,评估相对人、利益相关者乃至社会公众,对于教育评估主体、评估专家习惯保持一种缄默的恭顺姿态。而现在,教育舆情显示,[3]公众表达的意愿日趋强烈,民主观念和参与意识在不断提高。随着

〔1〕袁方等.社会学家的眼光:中国社会结构转型[M].北京:中国社会出版社,1998:30—44.韩庆祥.当代中国的社会转型[J].现代哲学,2002(3):27—35.
〔2〕张金福.我国大学学科建设中的政府介入现状、特点及其治理对策[J].现代大学教育,2012(4):18—23.
〔3〕张会杰.教育舆情探析及大学公信力场域之构建[J].复旦教育论坛,2012(2):66—70.

公共批评空间的扩大和开放,公众思想的自主性也在显著增强。当代中国,尊重与认同等已成为明确的发展需求。许章润教授曾经有感而发,[1]谈到他所感受到的"日常性羞辱"和"制度性羞辱",并表达了越来越不能忍受这种羞辱的心声。精神空间自由度的扩展带来了国民气质和心态的变化,质疑意识增强,信任品质提高。《中国青年报》的一项调查显示:39.5%的人认为专家言论只是一家之言,仅供参考;31.9%的人觉得专家言论需要根据情况判断辨别;20.4%的人认为专家言论根本不值得相信;仅有6.5%的人认为"专家是社会权威,值得信赖"。专家权威及其影响力的显著降低,固然与其才德的不完备有关,同时反映了公众质疑特别是批判性意识的增强和信任品质的提高。公众的认知及情感发生很大的变化,对合理性和进步的信赖逐渐代替对由传统和"宗教"确立的管理秩序的信仰,人们不再天然信任政府主导的评估,而是用质疑的眼光重新审视自身及所处的评估关系,这在某种程度上也反映了社会包容度的扩大。

教育评估中信任的参照标准也在逐步提升。除了期望教育能够赋予年轻人更多技能、更好的教养和更先进的思想,教育特别是高等教育还被看作是地区经济改善以及国际竞争的推动力。伴随转型期社会政治经济文化的发展与进步,人们的观念水平在提高,公众特别是教育从业者对教育行政机构和公共权力的期望与要求也在不断增强。当前,公众对教育评估的批评意见很多,既有理性分析,也有感性抨击,教育评估的公信力比较低,对评估的质疑、批评甚至否定与日俱增。从积极意义来看,教育领域中的信任降低并不是绝对的,而是相对于这种正在改变的期望和信任标准而言的。教育评估如何应对新变化与新挑战,与时俱进地对评估理念做出新思考是未来教育评估公信力提升必须面对的重要主题。

(四) 择善而从,不善而改——国内教育评估观念及实践的扬弃及超越

在对教育及教育评估的批判中有一种主流的观点,"与80年代相比,教育经费、大学规模、教学与研究条件确实有了很大改善,但办学思想、教学质量、学风和改革精神反而大倒退。"[2]批判者痛切地感受到这样一种事实的存在,即在社会转

---

〔1〕许章润."制度性羞辱"和"日常性羞辱"[EB/OL].〔2012—2—27〕〔2013—2—17〕http://www.21ccom.net/articles/zgyj/gqmq/2012/0227/54488.html.
〔2〕刘道玉.中国高教在转型中迷失方向[J].同舟共进,2011(3):24—26.

型与文化变迁中,健康有活力的精神有所失落,中国的教育面临来自官本位与商业逻辑的严重侵蚀。不合理的评估改变了教育教学与学术研究的本性,并消解阻止了教育人"精神境界"的提升。

我国的教育评估处于"稚嫩"的发展初期,评估机制提供的公共评估产品还不能满足和适应快速变化、有着多元需求的公众的需要,评估滞后于教育与学术发展的弊端日益暴露。就考试评价而言,时任教育部部长的周济先生就曾指出,"与素质教育相配套的考试评价机制还未跟上。"[1]在高等教育管理领域,教师学者们本身有积极向上的内驱动力,学术成果也在不断积累,但是,这种进步似乎不尽如人意。在某种程度上,评估评审的异化导致学校组织与学术单位唯指标化的定量考核与教师的"项目化"生活。恶评导致逆向淘汰,造就着紧跟评价指标的数目字管理时代的各路英雄,对所有学者来说,急功近利或片面追求科研项目,都不是好事。人文学者陈平原感触尤深,他认为,[2]随着人文学科领域的"项目化",绝大部分人文学者变得越来越平庸,越来越猥琐,越来越没有"气象"。朱清时的批评更为尖锐,[3]现在学术界制造出来的大量出版物完全是一种浪费,在回收过程中还污染了环境。而且,教育评估领域中的一些弄虚作假、学术不端等不诚信行为以及公平公正缺失的现象屡见不鲜,不仅给教育评估制度的诚信带来严重的负面影响,降低了公众对评估活动及参与者的信任程度,更给教育带来严重危害,这是中国教育面临的重大问题,也是评估批评意见最值得尊重的地方。

我国大学的学术文化有一个变迁过程。1949年之前,国家对教育及学术的控制强度较低。解放后高等教育的办学指导思想政治性、工具性的思维占主导。学者温儒敏谈到[4],

> 50年代的院校调整,大学普遍被改造为采用苏联模式,学校着重做两件事,一是意识形态培训,二是职业技能培训,目的是为各行业输送又红又专的

〔1〕程刚.教育部长周济详解应试教育为何愈演愈烈[N].中国青年报,2006—04—28(6).
〔2〕陈平原.人文学之"三十年河东"[J].读书,2012(2):130—141.
〔3〕马国川."官本位"下的中国大学[EB/OL].[2011—4—22].[2012—8—29].http://www.21ccom.net/articles/zgyj/ggzhc/article_2011042234075.html.
〔4〕温儒敏.大学不能当"职业培训所"来办[N].中国青年报,2012—8—18(4).

专业人才。和解放前相比,那一段时间中国高校数量、规模有很大的发展,也确实为新中国建设培养了大批人才。但大学的功能被限制,成了完全按照国家的方针计划生产实用人才的机构,而不再是科学文化中心,更说不上思想库,大学在整个社会结构中的位置下降了。大学的文化使命被简化为政治思想的灌输,大学的学业就是培养听话的"螺丝钉"。

计划体制下,国家加强了对教育及学术的控制,国家、大学、教师、学生之间的关系发生了根本性变化。起初学校规模较小,大学科研活动较少,老师们的精力相对集中,这种状况有助于教学质量的保障。20世纪90年代,市场经济体制逐步确立,各级政府拥有大量的科研资源,社会也为大学的发展提供了可竞争的资源,促使高校大规模地开展科研活动,努力向研究型或教学科研型大学转变,在高度强调科研的导向下,大学理念与考核制度迅速变化,从而进一步影响了教育评估的思路和评估的过程。以指标化和量化为主,尤其是以"计工分"为手段的核算工作量的教师考评制度严重冲击了原来的文化,大学内外要求回归本源意义上的大学精神的呼声不断高涨。

对当前教育及评估领域中出现的诸多乱象,不少人包括一些知名学者和管理者都在真诚地怀念80年代,常常对过去教育方式的普遍正确性予以持久的认同,并表现出一种今不如昔的复古倾向和怀旧情结。大家痛恨现行评估制度中的种种弊病,对思想解放、对良好学术氛围充满期冀,这是完全合理的,但试图重复过去,恢复旧的管理制度,这类设想未必明智。当前中国处于社会转型期,基本的社会政治格局已经从拥有一个相当权威甚至是绝对权威的改革设计者转向了改革者本身权威有限的局面。[1] 伴随社会的开放,对公共组织的信任状况会普遍下降,但这并不是坏事,可能代表了受众对公共管理的理解越来越老练。公众对教育评估信任水平的下降也不一定是坏事,对评估权力行政化及不受约束的批评、对评估主体专业能力的质疑、对评估参与者道德修为的抨击、对评估信息公开、参与协商的不满,等等,恰是社会走向进步的一种外在表现,这在传统社会中是比较缺乏的。从这层意义上讲,教育评估信任危机的根源在于现代教育制度构建的滞后和师生及

---

〔1〕李稻葵.中国需要什么样的经济改革[J].新华文摘,2012(12):44—46.

社会公众参与教育评估的预期与评估实际运行制度之间的不匹配。"对于一切事物,尤其是最艰难的事物,人们不应期望播种与收获同时进行,为了使它们逐渐成熟,必须有一个培育的过程。"[1]教育评估的发展,评估主体信用能力的提高、评估结构优化与品质的提升需要评估主体对社会变化有充分认识,彰往而察来,从批评和质疑中吸取意见,择善而从,不善而改,对现有评估观念及实践进行扬弃及超越,而不必一味寻求回到过去。教育评估良好信任状态的建立是一项宏大、复杂的系统工程,涉及众多因素的相互作用,需要制度、市场、文化、社会等诸多方面的持续进步、相互支持以及教育系统的深层变革。

二 评估公信力的中外比较及借鉴

随着社会的开放,批判质疑、否定反对等将日益成为教育评估领域中的新常态,从西方发达国家的发展来看,这是开放社会中的正常现象。但是,中外教育评估发展处于不同阶段,批评质疑、否定反对是基于各自当下所面临的困境或特定问题提出来的,这些困境与问题之于实践的严重性和解决的紧迫性在不同族群中不可同日而语,信任指向的问题是不同的,信任的品质也可能是有差异的。

(一) 评估公信力结构"硬核"与"保护带"之差异

西方发达国家现代意义的教育评估经历了上百年的发展,评估权力的学术属性、评估组织的独立性、评估主体的专业化及职业伦理等基本得以确认,并被教育及教育评估共同体和社会大众广泛认可,诸多评估项目在资源的公正配置及参与者诚实守信方面表现较为良好。有学者通过文献整理与分析进一步确认了当前在西方,教育尤其是高等教育评估的研究主要集中在[2]:①如何评估经营"质量产业"(Quality Industry)的学者们的工作;②什么形式的质量保障制度最适合高等教育;③高等教育体系的特定的学位标准是否一样,是否一成不变;④"基于绩效的拨款制度"(Performance-based Funding)的作用是什么;⑤如何才能将质量保障实践的结果最有效地传达给高等教育使用者;⑥评估、标准与质量之间的关系。针对高

---

〔1〕[意]贝卡里亚.黄风译.论犯罪与刑罚[M].北京:中国大百科全书出版社,1993,卷首语.
〔2〕[英]马尔科姆·泰特.侯定凯译.高等教育研究进展与方法[M].北京:北京大学出版社,2007,119—120.

等教育质量评估的文献主要集中在"学术研究质量评估""高校管理质量评估""教学质量评估"三大方面,并以教学质量,即学生学习评估和教师同行评估等的评估为主。[1] 以"课程设计""大学教与学""学生经历"和"质量"为主题的论文占《高等教育评估和评价》期刊发表论文的90%,在《高等教育研究和发展》中占75%。[2] 这意味着尽管对评估遵循的价值标准、评估过程中的互动等存在争议,但尚未出现普遍的对评估制度公平公正及参与者诚实守信的否定与怀疑。教育是否需要评估、评估是否应当公正、评估公共权力的来源、评估主体的学术属性等已不是问题。公众的批评质疑是在"硬核"诸多问题得以确认基础之上的技术领地展开的,主要集中在评估公信力结构中的"保护带",更多关注评估的技术有效性。

国内的教育评估实践自20世纪80年代中期开始启动,相关的学术研究主要集中在行政力量主导下的评估技术方法,即评估如何操作这一层面展开的。有学者指出,[3]当前,对待教育评估的许多批评内容相同,且多停留在问题表象,如重科研轻教学,重数量轻质量,重考核轻发展等,缺少较深层次的立足于"基本性问题"的考察。理论界及评估参与者对教育价值观、教育发展观、评估思想理念、评估权力来源等问题的认识存在较大分歧。以本科教学评估为例,政府官员和评估专家以积极的态度肯定评估工作的突出成绩及积极影响,主张在改善与提高的基础上继续推行现行评估制度。与此相反,部分学者和教师以及社会人士的态度则较为消极,个别知名大学的校长公开抵制并主张取消这一评估制度,在教育界和知识界"高教评估该停了"甚至成为一种强劲的意见,高考的存废有时也会成为教育改革争执的热点。从评估权力的角度看,我国不少省市相继成立了教育评估院,这类通过政府行政内部委托的方式成立,评估对象没有区别于以往被动接受行政检查的评估需求,"中介"或"第三方"被异化,甚至还带有评估交易的机会主义危险。[4]虽然近十多年来,教育评估理论研究的重心已经转移到"管办评"分离、"评估中介

〔1〕潘黎,侯剑华.国际高等教育研究的热点主题和研究前沿——基于8种SSCI高等教育学期刊2000—2011年文献共被引用网络图谱的分析[J].教育研究,2012(6):136—143.
〔2〕钟秉林,赵应生,洪煜.国际高等教育研究的现状及其对我国的启示——基于国外高等教育研究论文量化分析[J].教育研究,2010(1):29—38.
〔3〕沈红.论大学教师评价的目的[J].高等教育研究,2012(11):43—48.
〔4〕眭大汇.论教育评估中介组织的专业独立与权威——对上海教育评估院机构改革的思考与研究[J].教育理论与实践,2009(2):15—19.

组织"等主题上,但"评估中介组织"的实然培育及发育状况并不十分理想,之所以如此,根本原因之一在于受苏联模式和中国传统社会一些落后意识的长期影响,我们往往自觉或不自觉地从国家主义的意义上去理解社会制度,误以为尽可能多地把权力和资源集中到国家手里就叫社会主义,同时把社会自主的发展、社会自组织自协调机能的生长、社会自由的增进当作资本主义去批判和排斥。如中央党校教授周为民所言,[1]这是在最基本的理论问题上出了偏差,其影响迄今也还存在,需要进一步澄清,继续深化对基本问题的认识。

有研究表明,[2]在当代中国领导干部"德"的考核中,对古往今来都推崇的公平公正的强调不够,这一事实亦显示出当前在公共管理与政策中公平公正的相对薄弱。教育评估深受时下的政治、经济、科技、文化的影响,公平公正等价值观念在诸多评估项目中至今没有得到充分关注。在选择教育优质化,"世界一流"的建设手段时,尚未充分考虑目标与手段之间的矛盾和冲突性。宏观层面上,"一流大学"的出现,仰赖于公平的竞争性的制度设计,而不是高度分层的等级制度。中微观层面上,一些高利害的评估项目如高考制度,长期以来,区域间的不公平现象普遍存在,而且程度比较严重。高考制度常常因其招生指标制度和录取标准的地方差异造成大学生源的地方化和录取标准的不公,限制了广大地区的考生接受高等教育的平等权利,被认定为违背宪法平等原则的地方保护主义。[3]北京大学宪法与行政法研究中心和腾讯网联合举办了针对高校招生制度的网络民意调查,高达3/4的网友认为现有的招生政策对全国各地的考生不公平,同样比例的网友认为部属高校按省份投放招生名额的做法不公平。无论是国外经验还是中国目前存在的问题都显示,大学招生及其连带的考试制度改革势在必行。[4]

(二) 评估主体信用能力"四个阶段"之差异

在本章首节,笔者从评估思想史的视角论述了西方教育评估的发展,并分别指出当前国内评估主体信用能力对应于"四个阶段"之不足。此处仅以评估技术,评

〔1〕周为民.改革不能仅停留在口号上,须深化四方面认识[N].人民日报,2013—10—24.
〔2〕蓝志勇,刘洋,包国权.领导干部考核中"德"之解读[J].中国行政管理,2012(7):40—43.
〔3〕张千帆.中国大学招生指标制度的合宪性分析[J].中外法学,2011(2):248—269.
〔4〕张千帆.走向更为公平的大学招生制度——中国问题与世界经验[J].浙江学刊,2010(1):29—36.

估测量的有效性进行论证。在西方国家,对高校教育教学质量的评判高度依赖相关测量与测验工具的开发与应用。2005年英国开始在全国范围内实施大学生满意度调查,由高等教育基金会(HEFCE)授权,益普索咨询公司(Ipsos Morl)共同设计,由22个问题构成,每年邀请即将毕业的大学生参加,其结果公布在Unistats.com网站上。英国高等教育保障署(Quality Assurance Agency,简称QAA)在评估或审计过程中会参考全国大学生满意度调查(National Student Survey,NSS)的评估报告。虽然该调查存在很多争议,但为政府、社会和高校了解学生对所受教育的满意状况提供了一个渠道。

在美国,以学生为主体,促进学生学习是共同的价值取向。[1] 除前文介绍的CLS、EPP和CAAP测评工具之外,大学生就业率、满意度、毕业生十年后的发展情况等指标都有专门的评估机构进行长期、动态的跟踪调查和研究。如Noel-Levitz高教咨询公司进行的《全国大学生满意度调查》(National Student Satisfaction Study),其结果被视为大学生满意度测评的国家标准。[2] 该项调查有效改善了校生关系并促进了大学的发展。全国大学生学习投入调查(National Survey of Student Engagement,简称NSSE)的影响也很大,NSSE调查近年来也被引入我国,并被个别高校采用。[3] 但总体而言,国内教育评估尤其是高等教育评估中测量工具的设计开发及应用还比较粗浅,无论是对具体专业知识和专业技能的测评,还是对"通识能力"的测评,科学的测量与测验工具都十分匮乏,提供此类服务的专业评估机构亦不多见,对教学质量的"稳步提升""显著提高"等的主观评述显得十分随意,教育评估结论缺乏说服力和科学性。对教育质量的判断高度依赖外在的办学条件、教学投入要素,如高学历教师的比例、人均图书册数、生均占地面积等等。因缺乏科学的测量与测验,国内的教育评估实践存在着大量的对量化数据的误用,正如

〔1〕李湘萍等.美国大学生学习评估工具分析和比较[J].现代大学教育,2012(1):30—35.
〔2〕刘凤云,刘永芳.美国高等教育质量评估模式演变特征及其借鉴价值[J].新华文摘,2010(19):126—128.
〔3〕罗燕,史静寰,涂冬波.清华大学本科教育学情调查报告2009——与美国顶尖研究型大学的比较[J].清华大学教育研究,2009(5):1—13.
史静寰,文雯.清华大学本科教育学情调查报告2010[J].清华大学教育研究,2012(1):4—16.
黄福涛.美国高等教育中的"学生学习成果评估":内涵与特征[J].高等教育研究,2010(7):97—104.

《当代中国教育的病根》一文中所指出的[1]：这些年的"教育改革"基本上是在干这件事，就是使一切关系都"理顺"成可以输入电脑操作的数据。有人把这种技术化和量化的管理归咎于引进了现代西方大学的分科体制，其实大谬不然。西方大学固然有严格的学术化、专业化的分科体制，但没有哪个大学有我们这样的量化统计标准：

> 核心期刊权威期刊、一般出版社、权威出版社、论文的篇数和影响因子、省级项目国家项目、一般项目、青年、重点和重大项目、省部级奖励和国家级奖励、硕士点博士点博士后流动站，以及重点学科、国家重点实验室、院士人数，等等等等。

这些都是评价大学的重要指标，也是国家教育经费投入的凭据。教育部门和院校领导的大部分工作都被这些竞争性的指标所纠缠，难有充足的精力去做一些实质性的更有意义的事情。

中西教育评估中评估主体的信用能力有着较为显著的差异，除了测量与测验层级的专业发展能力，对于教育目标，特别是高等教育教学目标的研究，目标达成度的评价、评估过程中的信息公开、利益相关者的参与协商等方面，国内的理论研究与实践探索与西方相比还存在不小的差距。

（三）他山之石，可以攻玉——西方教育评估理念及经验的借鉴及融合

伴随民族复兴与国家崛起，国人对待西方文明，既受其吸引，又有排斥抗拒感。在这种纠结的文化心理中，信任水平中西比较时，西方学者对自身教育及教育评估理论与实践批判的事实，中方在数据表征上的先进性给了尊己卑人的自信心，建基于此的各类政策建议消解了向西方学习的必要性和动力，给了我们拒绝学习借鉴西方文明以及阻挡改革进步诉求的有力理由，那些对中国教育评估真正有用、对症的思想和技术方法常常被忽略或舍弃。然而，细细观之，此类观点实际上忽视了公信力的结构及品质差异，以及这些批判所依凭的性质和苛刻程度。不畏浮云遮望眼，我们没有理由仅停留在西方学界所做出的一般性批判上，便对西方教育评估做"印象式"的否定，而忽略这些批判的内在理路，仅由外在的数据表征而模糊了公共

---

[1] 邓晓芒. 当代中国教育的病根[J]. 社会科学论坛，2010(7)：114—122.

机构内在的信用能力,草率地否定从西方特别是美国汲取教育管理的精神资源和制度灵感的必要性。

中国的教育要面向现代化,面向世界,面向未来。过于强调东西方教育的差异性,拒绝比较,必定趋于固步自封。改革开放的总设计师提出"无论是革命和建设,都要注意学习和借鉴外国的经验",可见学习和借鉴外国的经验是不能忽视的,认识西方教育、借鉴西方思想资源,是我们思考当代中国教育问题的重要参照,凡是有利于我国进步发展的都要兼收并蓄。但是,

> "由于各国结构与文化的差异……当多种模式越过国界传播与扩散时,不要期望完全的趋同,不要把管理与治理的相似性作为一个目标来追求。情景因素,如政治体制、法律框架、行政文化等与移植某种概念、模式密切相关,它们影响对新理念的理解,以及相应的组织结构方式和实施途径的选择,这些因素不仅决定了是否采纳某一模式,而且决定了这一模式的本地内涵。"[1]

如果学习与借鉴仅仅停留在制度的表层,同样有问题,甚至完全变形走样,逾淮为枳。学习和借鉴也并非要把西方评估制度作为中国教育评估发展的唯一目标模式,对西方的"经验"和"模式"更不能亦步亦趋,不能照搬照抄浮在表面的工具和手段。西方教育评估的理论与实践渊源既久,牵涉甚广,欲得其精髓,最忌急功近利,不仅要熟悉其制度,了解其理论,亦须明白其渊源,把握其精神,特别是深入到制度运行的原理层面,以辅助我们准确把握本国文化和社会发展的时代特征和未来趋势对教育评估的要求。

他山之石,可以攻玉。在国内教育评估的理念尚不清晰、评估项目设置宽泛随意、评估测量标准模糊不清的发展初期,对处于困境中的教育评估,一味寻找自我的文化尊严,对文化自信不切实际的重建反而有可能在现实中导致更多的困惑和挫折。我国的教育评估要谋求全局和长远的优化,有必要把对西方教育评估的深入了解作为我们理论与实践不断发展与进步的一个对比参照。学习与借鉴西方先

---

[1] C. hood. Contemporary Public Management:a New Global Paradigm [J]. public policy and administration, 1995. 10(2).

进的发展理念、评估技术和管理经验,只有这样才能在较短时期内提升国内教育评估的整体水平以及信用能力。最后,借用科学家卢于道反复阐释过的一个观点作为本部分的结束,[1]"吾人殊不必斤斤于何者为中,何者为西,何者为新,何者为旧之辩。凡有裨益于我国家民族之强大繁盛者,皆可采用之。"

三 评估公信力的双重面相及改进

在我国,教育评估的现代化进程是植入型而非原生型的,现代性裂痕显为双重性的,既有传统与现代之冲突,亦有东方与西方之冲突。教育评估的公信力基于事实、基于既定成就,又与理解这些事实和成就的立场及观念紧密相关,既承载着历史经验、文化和民俗国情,又体现着时代特色、发展目标及现实诉求。

(一)信任的历史依赖与时代诉求交织呈现

信任有较强的历史惯性,常常借助人们的集体记忆在一定的语境中形成,这种文化感受和文化结构,很难和整体性的社会转型同步进行。中国传统文化具有一定的保守性和以过去为定向的特征。费孝通曾概括到,[2]"在这种不分秦汉、代代如是的环境里,个人不但可以信任自己的经验,而且同样可以信任若祖若父的经验。一年一度,周而复始。前人所用来解决生活问题的方案,尽可抄袭来作自己生活的指南。愈是经过前代生活中证明有效的,也愈值得保守。"

中国当前正处于社会转型期,这种转型呈现出结构转换与体制转换同步进行,政府与市场双重启动的特点。[3] 社会转型驱动社会生活脱离固有的规则或实践的控制。新中国成立以来,我国教育的发展经历了两次转型:从"政治化教育"到"经济化教育",再到"人本化教育"的转型。教育的主导价值观也经历了从"政治形态"的价值观到"经济形态"的,再到"人学形态"的价值观的转型。教育价值的标准由社会转向人;教育目的由培养社会工具人到培养社会主体人;教育内容由社会的形态转向人的生活形态;教育方法由被动接受转向主体的自觉;教育过程由认知关

[1] 俞可平. 对待中国现代化应走出传统"中西之争"[EB/OL].[2011—11—28] http://news. xinhuanet. com/politics/2011—11/28/c_122342861_2. htm.
[2] 费孝通. 乡土中国[M]. 北京:生活·读书·新知三联书店,1985,51..
[3] 孙立平. 另一只看不见的手:社会结构转型[J]. 中国社会科学,1992(5):67.

系转向交往存在关系。[1] 持续的社会和教育转型影响并决定着人们对教育价值、对评估理念的理解以及评估时的价值判断、推理及选择。传统的教育价值观念、评估思维,社会基础结构正悄然发生深层的变化。

针对始于 2003 年,2007 年结束(实于 2008 年上半年完成)的首轮普通高等学校本科教学工作水平评估,当时高等教育大扩招,存在教学条件投入严重不足这一阶段性特征,为缓和矛盾,启动了立足于外部资源投入的本科教学评估,该评估大大推动了相关方面的建设(类似的观点见访谈,编号 L3)。正如李延保所言,[2]

> 迎评高校为保证本科教育的基本质量提供了必要的客观基础。从这个角度出发,评估的优秀率偏高,也从一个侧面反映了许多高校在硬件建设和软环境改善方面付出的努力和取得的巨大成效。特别是西部地区和地方大学把评建工作当作是学校发展的历史机遇,付出了许多智慧和心血,使学校的面貌发生了根本性变化。而对评估的诸多批评和抨击,根源则在于他们对评估意义价值的期望更多体现在评估对高校办学思路的厘清、教学管理的精细化、教学改革的深化、以及教学质量提升等方面,而这些又需要长期的建设积累才能逐步达到。

对社会公众而言,信任较强的历史依赖使得即使原来的教育制度及其调整的利益结构都已变更,公众由于信息不对称、政策消化不及时或者对评估配置资源的依赖等因素,依然坚守原有的信任逻辑,向业已发生巨大变化的评估制度提供信任。人们依旧拿着传统信任来对待社会转型中的教育评估及其制度的变迁,用彼时的信任传统来信任此时的评估制度。[3] 比如,接受教育与职业紧密地挂起钩来,是我们整个传统社会较为鲜明的教育价值观,人们有依赖教育获取种种特殊收益的思维惯习。公众因当下本科教育的显性收益日趋下降而产生教育质量下降的感知,

〔1〕冯建军.教育转型与教育学转型——基于新中国教育的考察[J].河南大学学报(社会科学版),2012(3):133—141.
〔2〕李延保.正确认识高校教学评估目的意义和成效[J].中国高等教育,2008(13—14):4—7.
〔3〕张清,周般夏.大学公共信任的制度基础及其效应[J].当代教育科学,2010(23):3—6.

而本科教学工作水平评估因其评估的特定指向,基本不测量与评价本科教育之于学生的显性收益,实际上,这里出现了信任的结构性错位,对学校、教育及教育评估的期望与评估实际表现之间的落差引发施信者的负面心理感知,以及消极评价。总之,在社会转型期,公众普遍信任的历史依赖与时代诉求交织呈现,这构成当前及今后一段时期教育评估公信力及其结构变迁的重要特征。

(二) 评估普遍信任与广泛质疑悖论之评析

还以首轮本科教学工作水平评估为例,期间 589 所高校参与评估,这是一项声势浩大的高等教育质量建设工程。对首轮评估,人们的褒贬不一。有调查表明,[1]74%的高校师生认为教学评估改善了教学工作,提高了教学质量。然而,也有调查显示,[2]认为有效性"较好"和"很好"的之和占 24%,认为有效性"一般"的占 40%,而认为有效性"较低"和"很低"的高达 36%。李延保教授曾经做过调查,[3]其中 96%的高校领导和中层干部认为评估非常重要,非常有效。他的另一份调研却显示,[4]"就连那些亲自参与并深深感受到'评估'给高校教学建设带来显著推进作用的学校领导和评估专家也讳言'首轮评估'的积极意义和作用,生怕沾上了'评估的腥气',真叫人不可思议。"

首轮评估从教学基本条件建设到教学管理制度建设乃至教育思想观念建设都在这个过程中得到了发展提高。这在我国高等教育发展史上是前所未有的。[5]然而对于"确实让国际教育界同行为之吃惊、羡慕有加"的首轮评估,就连参与其中的学校领导和评估专家也讳言其积极意义和作用,生怕染上"评估的腥气""谈评色变"。评估实践呈现出令人迷惑的双重面相。事实上,这其中所反映的发展"悖论"在世界高等教育发展过程中是一个非常普遍的现象。在美国高等教育的发展中表

---

〔1〕高耀明.本科教学工作水平评估对高校教学工作影响的调查研究[J].高等教育研究,2006(5): 89—94.

〔2〕周光礼,周湘林.中国高等教育质量评估体系有效性研究——基于社会问责的视角[M].长沙:湖南人民出版社,2012:127.

〔3〕李延保.我国高校本科教学工作实践与研究[M].广州:中山大学出版社,2008:19.

〔4〕李延保.从首轮本科教学评估的社会效应看评估理论研究的学术文化责任[J].高教发展与评估, 2009(9):38—42.

〔5〕李延保.高校本科教学评估的再评价与展望[J].高教发展与评估,2007(5):1—5.

现得颇为鲜明。斯坦福大学校长肯尼迪指出[1]:一方面,目前美国的高等教育非常强大和成功。与此前相比,它为更多的人服务,而且比任何时候服务得更好。它建立了一套国际标准,把世界各地的学生吸引到这里来。它支撑着世界上最强大、以大学为基地的研究系统。它被许多人认为是对国民经济发展至关重要的革新孵卵器。然而,公众对高等教育的批评却也变得越来越尖锐和刺耳。学术界已经察觉到这些攻击,其士气也已经降低到前所未有的程度。

一方面,公众对评估有普遍的认同,另一方面,公众则对评估的声誉有着广泛的质疑。"褒"有"褒"的理由,"贬"亦有"贬"的合理性。评估公信力的这一状态初步佐证了下一章中普遍信任与广泛质疑胶合共生的研究观点,也是评估公信力层级结构假说的最好注脚。伴随教育价值观念及内部利益的多元化,公信力的结构性更进一步显现。置于一个较长的时段来考察,我们会发现,经历了"文革"摧残后的中国大学,直至20世纪90年代中期前,整体基础薄弱,生均教学经费居世界后列,还远不如周边的发展中国家。90年代后期,尤其是世纪之交,高等教育规模急剧扩大,资源投入严重不足,质量面临下滑的危险,这种形势下,开展教学评估可谓非常及时、非常必要。正如刘振天先生所言,[2]评估最大的作用在于促进了高教战线和全社会质量意识的觉醒,明确了教学工作的中心地位和教学工作的方向,促进了教学资源的投入,改善了办学条件,强化了教学管理,确保了教学质量。公允地讲,有关方面以极大的诚意和力量寻求和开拓教育质量保障的路径,评估有力地促进了基础设施的建设,教学条件的改善和教学改革的深化、教学管理日益规范并开始走向精细化(见访谈信息,L2),推动了包括专业、课程、教材等建设,从评估履行"以评促建、以评促管、以评促改、评建结合、重在建设"的承诺上看,首轮教学评估客观上起到了难以否认的骄人成果。评估相对人、利益相关者对教育评估的褒扬是真实的,是客观的。当然,此时的普遍信任与广泛认同更多指向评估在促进硬件改善和管理的改进上。

而对教育评估的"贬",各种批评与不信任,更多体现在评估在推动高水平教育

〔1〕[美]唐纳德·肯尼迪. 阎凤桥等译. 学术责任[M]. 北京:新华出版社,2002:4.
〔2〕刘振天. 我国新一轮高校本科教学评估总体设计与制度创新[J]. 高等教育研究,2012(3):23—28.

教学、高水平科研、文化传承创新等方面所发挥的效用以及评估工作自身与学术自由、科学精神特别是诚信伦理等的冲突与矛盾上。显然，与硬件条件的改善相比，评估在促进教育内涵建设方面是滞后的，发挥的效用是有限的，某些评估项目的实施甚至败坏了社会风气，使不正当手段被视为理所当然。教育评估公信力的低下，公众怀疑与否定评估的心理倾向也集中在这一层面。对评估理念、制度、评估权力行政化、评估专业水平等方面的批评质疑是必然的，也是合理的。1952年院校调整之后，我国的教育与学术开始脱离国际主流，长达十年的"文革"几乎摧毁了中国大学的教育与学术根基，基本到了80年代，才重新开始恢复元气。内涵建设是长期的，面对特殊的历史脉络和教育发展的延迟特征，中国大学尚处于内涵建设的积累期，短时期内显著提高是有难度的。但是，对评估与学术自由、科学精神特别是诚信伦理等的普遍紧张，有关部门应当理智地予以尊重、疏导和化解，对公众的一系列激烈诉求，如以异地高考为导火索的户籍改革诉求做出积极的反应。改革势在必行，因在硬件建设方面的成就所赢得的普遍认可，我国教育评估的发展重点可顺势过渡进入到内涵建设层面，及时地转型与改革，通过对诸多批评质疑的积极回应，特别是当前评估中存在的诸多问题的克服与超越，修复评估的公共信任，进而提高教育评估的综合效益。

第五章　教育评估中的有限信任及其机制

一种制度如果不受到批评,就无法得到改进;任何东西如果永远不去找出毛病,那就永远无法改正;如果我们做出一项决定,对每件事物不问好歹一味赞成,而不加任何指责,那么将来一旦实行这项决定,它必然会成为一种有效的障碍,妨碍我们可以不断期望的一切追加的幸福;如果过去一直在实行这项决定,那么我们现在所享有的幸福早就被剥夺了。

——[英]边沁《政府片论》[1]

在《民主与信任》一书中,沃伦指出,[2]信任在今天的民主社会发挥着越来越重要的作用,但同时角色含混。一方面,信任是集体行动的基石,没有信任,社会无法高效运转。另一方面,利益一致形成信任,而社会必然包含利益冲突,这就决定了社会运行有赖于有效监督,有赖于适度和健康的不信任。良善的公共治理既要得到普遍信任的润滑,也需要不信任与理性质疑的促动。与西蒙所提出的"有限理性"的思想类似,对服务于文化传承与学术创新的教育评估而言,人们既能认识到公共权力值得信任的方面,又能发现其不值得信任的方面,基于有限信任模式的双方在承认对方长处的同时也能看到彼此的不足,并据此相互督促与改进。这种有限信任不仅是正常现象,还是值得追求的理想状态。

---

〔1〕[英]边沁. 沈叔平等译. 政府片论[M]. 北京:商务印书馆,1995:99—100.
〔2〕[美]马克·E. 沃伦. 吴辉译. 民主与信任[C]. 北京:华夏出版社,2004,封底.

第一节　基于非完善之人类才德的有限信任及特征

一　评估中有限信任的合理性

（一）道德品性的非完善：普遍人性之"善恶二重性"

人性假设是关于"人"的研究绕不开，曾经探讨并将持续探讨的一个基本问题。公共权力的行使对于公共利益的实现意义重大，近代以来，无数哲人都对公共权力行使者的人性进行过思考。孟德斯鸠曾论述过，[1]"一切有权力的人都容易滥用权力，这是万古不易的一条经验。有权力的人们使用权力一直到遇有界限的地方才休止。要防止滥用权力，就必须以权力制约权力。"西方近代的制度设计大多依据这一前提，这一制度理念与基督教文化有关，基督教文化认为人性的败坏具有绝对性，《圣经》明确提出，"世上没有义人，连一个也没有"。所以，基督教文化反对任何形式的个人崇拜，强调不信任的必要性。

欧克肖特在论及政治中的怀疑论起源时指出，[2]人类的弱点、邪恶以及人类成就的短暂易逝这幅阴暗的画面，有时能为人们深刻体会，有时能激发哲学的沉思，有时能引起温和与有讽刺意味的遐想。当这种阴暗的画面转换成为对法理活动的沉思时，它就构成了对政治怀疑论的源泉……抵销了信念论画面预见美好未来的诱惑。舍勒进一步指出，[3]现代道德的全部根基一般基于人对人的原则上的不信任态度。在作为西方社会最深沉的怀疑论传统——基督信仰的制衡与归正下，因为不信任，所以要事先防范，对人性的怀疑转换为对权力的戒备，进而要求监督制衡。有研究表明，[4]基于性恶论或"幽暗意识"的政治制度安排，在规范人性、遏制权力为恶方面具有显著的比较优势。这种质疑可看做是现代公民对公共权力可能被滥用所表达出的健康警觉。

---

〔1〕[法]孟德斯鸠.张雁深译.论法的精神（上册）[M].北京：商务印书馆，1961：154.

〔2〕[美]迈克尔欧克肖特.张铭，姚仁权译.信念论政治与怀疑论政治[M].上海：上海译文出版社，2009.112—113.

〔3〕[德]马克思·舍勒.罗悌伦等译.价值的颠覆[M].北京：生活·读书·新知三联书店，1997：126.

〔4〕上官酒瑞.民主体制下的理性怀疑与政治信任[J].上海行政学院学报，2012(4)：61—68.

对于教育及教育评估,人性假设同样紧要。对待知识分子,人们更倾向于道德完美人的人性假设,对其学问道德持一种乐观的态度。然而,人类的道德品性是不完善的,知识分子的道德亦不会尽善尽美。克拉克·克尔发现仅仅假定那些在高等教育行业的人们从事上帝的工作,总是具有献身精神,心地纯洁,这是不够的。[1]诚信缺失、学术失范在当今世界是较为普遍的现象。英国《自然》杂志2005年刊发一项关于中青年科学家道德表现的抽样调查,[2]回答问卷的3247人中承认在过去三年,曾有伪造、弄虚作假或剽窃的学术不端行为的占15.5%,承认曾有其他问题或不负责任的行为的占27.5%,两者相加有43%。实际比例有可能还要高,因为有些人在回答问卷时不愿承认自己有违背学术道德的行为。近年来,国内评估中弄虚作假的失信乱象更是屡见不鲜,似有愈演愈烈之势。学术抄袭剽窃、伪造数据、篡改实验记录等时有发生。如"汉芯造假门",买来芯片打上汉芯的牌子,竟被专家鉴定为国内首创国际先进,虽一片也没有卖出去,却轻易获得巨额的政府资助。学术造假的参与者既有院士、长江学者、学院院长,也有普通教师和学生,知识分子的道义权威面临着前所未有的拷问。

西蒙在研究管理行为的时候发现,[3]行为所包含的精神过程很少是完全深思熟虑的,或完全是有意识的。大多数行为在很大程度上是习惯性的或反射性的。在稍许复杂一些的组织形式中,个人总是给他自己规定一个一般法则:让别人的决策,指导他自己的抉择(用作其抉择的前提),而不对那些前提的是非曲直进行自主的精心思考。这与政治哲学家阿伦特(Hannah Arendt)提出并系统阐释的现代社会中广泛存在的"平庸的恶"有一定的关联。阿伦特指出,法律(包括道德)的责任"往往跟个人及其作为相关"。[4]面对教育评估的低效,我们在承认宏观制度或者集体性影响的同时,也需要从个体的角度探究其成因。阿伦特"平庸的恶"的概念及论述对此具有一定的解释力。所谓"平庸的恶"是指个体在特定的、具体的处境

〔1〕[美]克拉克·克尔.王承绪等译.高等教育不能回避历史——21世纪的问题[M].杭州:浙江教育出版社,2001,164.
〔2〕许智宏.社会转型期大学精神重塑与创新人才培养[N].中国科学报,2012—6—11.
〔3〕[美]赫伯特·西蒙.杨砾等译.管理行为——管理组织决策过程的研究[M].北京:北京经济学院出版社,1988,121—122.
〔4〕阿伦特·汉娜.反抗"平庸之恶"[M].陈联营,译.上海:上海人民出版社,2014,5.

中缺乏判断是非与善恶的能力,从而失去行为选择的道德依据。平庸的恶反映的是那些无罪恶动机的"无思想"的行事为人,如阿伦特指出的那样:"艾希曼并没有'摆出一副恶人的相道来',他除了对自己的晋升非常热心外,根本没有其他的行为动机。"面对上司指派的工作,艾希曼"除了知道必须完成这项任务之外,也谈不上喜欢不喜欢这项工作,总之,顺顺当当完成任务是首要的。"[1]具体到评估而言,参与者"平庸的恶"基本表现在把个人完全同化于体制之中,简单接受、刻板执行与形式性应对,默认体制中的不道德甚至反道德行为,或者成为不道德体制心安理得的实践者,或者虽然良心不安,却凭借体制意志为自己的不道德行为提供辩护,从而消解道德过错感和负疚感。对教育评估参与者而言,这一论断有其符合实际的一面。例如,上级部门出台的各类评估项目,一些学校会出台相应的方案解读和执行计划等,对这些决定表示认同或支持。对于普通教师或科研人员群体,一般不会提出明确的反对意见,任由各种方案下达生效。在较为私人的场合,人们会畅谈自己的看法、方案的缺陷及其改进等,但在官方场合,这些议论几乎都转变为对各类评估方案的支持与认同。

作为综合作用的结果,参与者"平庸的恶"是导致不信任普遍存在的内在原因。当下诸多对不良评估文化的指责反映了评估中"潜规则"的盛行,参与者们没有道德负疚感地与各种虚假形成一种有选择性的亲和关系,由此,评估中的偏差得不到及时的纠正,评估流于形式,难以发挥预期应有的效力。

(二) 评估存在系统及随机误差:人类智识之"永恒有限性"

误差是特定的结论对"真值"的偏离。教育评估的误差是评估结论对教育事实与价值实现"真值"的偏离,包括系统误差和随机误差。系统误差是由于评估的不完善,如评估技术受到限制或评估办法不合理等原因造成,系统误差的特点在于评估结论按一定规律变化,具有重复性、单向性。随机误差则来自无法预测的影响,特点是偶发性强。本部分以师资管理和学术认可的基础制度——职称评聘为例对教育评估的误差进行分析。专业职称是个体获得声誉、地位乃至谋生资源的重要条件,以至于是否能够获得专业人或组织人的基本资格亦要受其控制。本书基于

---

〔1〕阿伦特·汉娜.耶路撒冷的艾希曼:伦理的现代困境[M].孙传钊译.长春:吉林人民出版社,2010.

马克斯·韦伯在 1919 年发表的著名演说《以学术为业》中对当时德国大学职称评审状况的评论进行分析。韦伯谈到，[1]"一个讲师，更不用说助教了，他是否能够升任正教授，甚或当上学术机构的首脑，纯粹是受着机遇的左右。在这里，运气当然不是唯一的决定因素，但它确实起着不同寻常的作用。我几乎无法想象还有哪个行业，运气在其中起着这样重要的作用。……许多人不该有那样的命运，他们的才干不在话下，却无法在这种遴选制度中获得应有的职位。"与韦伯相比，现象学派创始人胡塞尔在职称评聘方面就颇受挫折。比韦伯大五岁的胡塞尔 24 岁时获得数学哲学博士学位，1900—1901 年，两卷本的扛鼎之作《逻辑研究》相继出版，为其赢得很高的学术声誉。1901 年 9 月，教育部任命 42 岁的胡塞尔为哥廷根大学哲学正教授，却遭到该大学同行们的抵制，校方最终在编外为其设立了一个教席。直至 47 岁时，这位影响世界观念变化的非凡人物才终于圆了他的教授梦。韦伯认为，德国大学在漫长的历史进程中变化很大，唯一仍然存在且有愈演愈烈之势的，乃是机遇与运气在大学学术生涯中所扮演的角色。大学教师谁也不喜欢回忆那些有关聘任的讨论，因为他们很少有愉快的经历。具有超凡学术魅力的韦伯是配得拥有教授身份的，却由衷地感叹那难以捉摸的"命运"和无可奈何的"运气"，这也反衬出学术系统内以职称评聘为代表的精英认可机制的不确定以及误差的普遍和严重程度。[2]

韦伯时期的德国大学，大学教师不但必须具备学者的资格，还得是一名合格的教师。由于实施选课制，对教师教学水平的评价由决定赏光来听他课的学生人数决定。对于那些除了学生的听课费并无薪水可拿的编外讲师而言，吸引大批学生不仅关乎长远的学术前程，还直接决定当下的生计维持。然而，某些纯粹表面的因素，如讲师的性情，甚至嗓音的感召力，决定着学生是否涌向某位教师，其程度要比人们所能想象的要大。几乎每个人都为学生众多及因此带来的好处而眩惑，韦伯则深感怀疑，他认为，在精神贵族式的学术教育中，唯一重要的事情是以恰当的方式将科学问题呈现出来，使一个未曾受学但具备领悟力的头脑能够理解这些问题，

〔1〕[德]马克斯·韦伯.冯克利译.学术与政治:韦伯的两篇演讲[M].北京:生活·读书·新知三联书店.1998:20.
〔2〕张会杰.学术生涯.运气与赌博[J].读书,2014(12):147—151.

能对它们进行独立的思考,大概是教育事业中最艰难的任务。"可以肯定的是,一门课程门生众多,并不能决定这一任务是否已圆满完成。"用脚投票的学生评教在反映教师的教学能力方面存在较为严重的系统误差。

韦伯显然意识到教授晋升所体现的学术认可对于学者们的重要意义,也感受到学者们对职称精准评定的强烈愿望。他却没有提供晋升机制得以完善的方向和路径,而是建议那些有志于以学术为业的年轻人凭着良心问一句:你能够承受年复一年看着那些平庸之辈爬到你头上去,既不怨恨也无挫折感吗?虽然屡屡听到很多"自然,我只为我的天职而活着"的回答,不过就韦伯所知,在难以把握的运气,尤其是令人无能为力的坏运气面前,很少有人以自由的心态坚定地、怀着谦卑受屈和专一的心态从事学术活动,只有极少数人能够忍受这种情形,而不觉得这对他们内在生命是一种伤害。教育评估中误差的存在必然导致评估相对人的不信任。胡塞尔——这位一生不苟言笑的哲学巨匠渴望编内教授的职位,却屡屡受挫,虽从不论人长短是非,对他人亦不怨恨,但那颗终日专注于纯粹学术的心灵显然受到重大打击,以至于目标与信念有所动摇,甚至对成为一名哲学家的可能性产生了怀疑,这种消沉的状态持续六年之久。[1]

90多年前韦伯对机遇与运气在学术生涯中扮演角色的感叹至今仍具有强烈的现实意义。与20世纪初的德国大学相比,国内大学的职称评聘、学术认可和荣誉机制同样存在着(甚至强度更大)令学者们困扰、反感甚至倍感屈辱的内部缺陷和评估误差。郑也夫曾指出"我们的职称评定有问题啊,经常是拉帮结派,……名牌大学的职称应该是很有信任度的,可是没做到。"[2]陈平原结合《学者王立军》一文评论道[3],"一个初中学历的人,通过自考与成教获取了中专与大专文凭后,因官职提升相继成为29所大学不同专业的兼职教授甚至博士生导师,你就明白今日中国大学的乱象。"从统计学意义上看,以职称评聘、选拔考试为代表的教育评估,评价主体因其对价值认知的有限性以及利益博弈的复杂性,必然出现系统性的评估误差,犯下"弃真"或"纳伪"两类错误。评估误差约束着当时时代所确认的价值

〔1〕谢劲松.胡塞尔传[M].武汉:长江文艺出版社,2002,42—43.
〔2〕郑也夫.对中国出版业的一些看法[J].博览群书,2007(2).54—62.
〔3〕陈平原.中国博士是否值得信赖,革新博士教育六建议[N].南方周末,2013—2—22.

域之外的合理的、乃至更进步的价值的自由创造。当系统误差及随机误差过大时，必然带来评估制度的功能失调，甚至于构成另一范畴上的权力寻租和制度腐败，这是教育评估必须正视的负价值之一。

有没有可能创制出一套完美的能被普遍接受的评估体系，从而让我们没有正义感焦虑地"以学术为业"？韦伯的回答是否定的。他认为，如果把众多平庸之辈在大学扮演重要角色这个事实，归咎于教授团体或教育主管本人的失败，这是不公正的。学术选才的过程，就像任何其他选拔——教皇的选举和美国总统的选举一样，一流的或最出众的人得到提名"不过是一些例外情况"，通常都是排名第二甚至第三的人得到提名并进入大选。机遇，而非真才实学，起着如此重要的作用，韦伯把这看作是人类合作，特别是组织间合作的规律中所固有的。这一论断是不是也在无奈地暗示，由于缺乏全知全能，人们力争理性而又被束缚在其知识限度之内，因此这个世界不存在最优的制度，只有相对最不坏的制度。对学术精英的评价机制而言，最不坏的程度决定着学者"运气"的大小。从逻辑上讲，随着技术方法的改进，教育评估，如职称评审中的不确定性和误差会逐步减小，但由于人类的认知活动在本质上具有不完备性，误差的存在是不可避免，无法消除的，教育评估难以达到理想状态，这也是导致不信任普遍存在的内在原因。

二 不信任与信任常胶合共生

信任是个体对对方采取有利行为的预期，不信任反映的则是个体对他人没有能力、负面动机和伤害行为的预期，是个体基于对他人缺乏能力、善意或不负责任的预期而谋求免受伤害的状态。传统的信任研究认为，信任和不信任是相互对立和排斥的，两者分别处于单一连续体的两级，一端是完全的信任，另一端是完全的不信任，不信任是信任的对立面，高信任就是低不信任，低信任就是高不信任，当信任与不信任同时存在时，个体的心理就会出现矛盾，失去平衡，从而导致个体产生不愉快的体验，而这正是个体竭力避免至少是力图减弱的状态。也就是说，信任与不信任同时出现在本质上是不稳定的，也是暂时的。个体的信任状态取决于对方的某一方面，当个体不信任对方的这一方面时，也会对其他方面产生不信任，在其他情境下也不再会信任对方，个体的信任状态只有在同时具有一致性和平衡性时才能得到维持。传统的信任研究把信任看成是积极的,把不信任看成是消极的。以往的大量研究正是基于这一认识致力于探讨如何建立和维持信任关系,减少并控制不信任因素。

　　新近的信任研究不这么认为。科尔曼认为,[1]"信任"一词表示作决定时必须充分考虑风险因素,包含信任的行动是诸种风险行动中的一种,个人在这类行动中承担的风险程度取决于其他行动者完成交易的情况。巴伯从自然秩序和社会秩序的连续性、角色的技术能力、以及行动者的信用责任三个层面研究信任的意义,并提出了"合理的不信任",即信任从来就不是完全充分的,信任从来没有在社会关系中得到完全实现。波兰社会学家什托姆普卡在《信任——一种社会学理论》一书中揭示了民主制度运作的一大"悖论",制度化的不信任是民主政治所需要的公民自发信任产生的基础。制度化的不信任越多,自发的信任就越多。他所列举的基于不信任的制度包括定期选举制度、官员任期制度、权力分立制度、司法审查制度、信息公开制度、社团政治制度等。这些制度建立的前提就是怀疑和不信任,建立的目的就是要遏制和阻止政府官员背叛公民的信任。如果这些制度是有效的,公民自发的信任就可以产生。克劳斯·奥弗(Claus Offe)认为,[2]

　　　　"'不信任'不是信任的对立面,而是一种态度。以这种态度,认知假设不断地被检验和细查,它调节信任的分配。这种态度以及源自这种态度的实践(如公众听证等)在一个民主政体中是必要的,以便证实那些被证明为能经得起不信任和经不起不信任的核心假设。一种制度,如果不信任在其中容易被表达和听到,而且其假定的理由容易被公平地评价为有效或者容易驳倒,那么由于这种透明性给公民们提供的保证,它值得信任。"

米尔斯认为,[3]甚至像家庭这样神圣的小群体,统一的"共同价值"也绝不是必不

---

〔1〕[美]詹姆斯·S.科尔曼.邓方译.社会理论的基础[M].北京:社会科学文献出版社,1999,108.
〔2〕克劳斯·奥弗.我们怎样才能信任我们的同胞?[A].马克·E.沃伦.民主与信任[C].吴辉译.北京:华夏出版社 2004,72.
〔3〕[美]C.赖特·米尔斯.陈强,张永强译.社会学的想象力[M].北京:生活·读书·新知三联书店,2005,42.

可少的:不信任和痛恨也许正是把一个人人关爱的家庭维系在一起的前提。2007年,本阿玛提(Benamati J)等提出[1],信任与不信任并存是一种健康的信任模式,是一种比较成熟的状态。不信任的正面价值和作用开始逐步得到系统地分析。

一方面,由于普遍人性之善恶二重性,人性中的向善取向使人类的信任活动成为可能,人性中的不完备甚至是趋恶特征导致不信任。另一方面,万物之灵的人类,智识发展进步的能力激发信任,但人类理性的永恒有限性又使人们对充分的信任保持警觉。从哲学的角度来看,黑格尔曾详细研讨过"怀疑派哲学",他指出,[2]

> "怀疑只是不确定,乃是一种与确认相对立的思想,——一种举旗不定,一种悬而不决",有"寻求、探究"之意。自古如今,怀疑论都被认为是哲学的最可怕的敌人,并且被认为是不可克服的。怀疑论的不可克服性无疑是必须承认的,积极的哲学是容许怀疑论与它并存的。……积极的哲学本身之中便具有着怀疑论的否定方面,怀疑论并不是与它对立的,并不是在它之外的,而是它自身的一个环节,是它的真理性中的否定方面。

基于此,本研究认为,信任与不信任并不是相互对立和完全排斥的,很多情况下两者胶合共生。教育评估公信力的信任模式并不是单一向度的,普遍信任与质疑和不信任常常同时共存。

斯坦福大学校长肯尼迪通过对美国高等教育的深入考察发现[3],人们对高等教育常常有着矛盾的看法。在美国的传统中,高等教育既是令人羡慕的,又是令人怀疑的。一方面,高等教育被看作是一条社会向上流动的重要途径,另一方面,对于过度的学习亦有种根深蒂固的、民粹主义式的怀疑。这种怀疑初期反映在卡通形象中粗心大意的教授身上和傲慢自大、不肯与普通人谈话的大学生身上,这种怀疑成了当代民俗的一部分。高等教育一方面比以前任何时候都更为成功,与此同

〔1〕Benamati J and Serva M A. Trust and distrust in online banking: Their role in developing countries [J]. Information Technology for development, 2007,13(2):161-175.
〔2〕[德]黑格尔.贺麟,王太庆译.哲学史讲演录(第三卷)[M].北京:商务印书馆,1983:110、106.
〔3〕[美]唐纳德·肯尼迪.阎凤桥等译.学术责任[M].北京:新华出版社,2002:8.

时,它也经常受到前所未有的激烈批评与审查。这一富有启发性的论述表明,信任与不信任可以同时出现。个体在与他人交往特别是与公共组织互动的过程中既认识到对方值得信任的一面,又发现其不值得信任的一面。信任承认对方的长处,这使得交往和合作成为可能并得以维系,不信任则认识到对方的不足,这为制衡与监督的制度化提供依据。合理的信任离不开对对方的充分了解,"听其言、观其行"这一传统的与对方建立信任的基本态度反映的即是有限信任及其合理性。个体感知的一致性和平衡性只是暂时的,是一种过渡状态,大部分时间里是不平衡和不一致的,由此产生的心理冲突也不需要立即解决。个体的信任状态也是动态调节的,伴随互动关系的建立和发展,初始的信任水平亦将调整改变或者深化细化。比如,公共组织良好的表现会强化公众的信任。总之,在复杂多元的社会关系中,个体可以同时信任和不信任对方,个体也不会像传统的信任研究所认为的那样去竭力克服或减弱不平衡状态。

教育评估活动与信任密不可分,信任对不同发展水平和阶段的教育增长常常表现出积极促进的正面影响,但当信任"表现为不假思索、粗疏随便和墨守陈规,从而无需处处花费心思"[1]时,信任也可能造成消极延缓的负面影响,盲目的信任与不信任一样是不利的,从这个意义上讲,一定程度的不信任恰恰成了组织健康的表征,不信任尤其是理性质疑是对现行教育评估进行反思、辨谬、纠错等的前提,蕴含着对理想世界的前瞻性判断,从而具有超越现实并对现实进行改造的可能。因对教育中"办"之责任的履行的不完全信任,各国或由政府或由社会组织主导启动了教育评估的信息公开、参与协商以及教育评估的元评估,出于对"评"之才德的不完全信任,又启动了教育评估的信息公开与参与协商以及教育评估的元评估。由此可见,教育评估中信任与不信任胶合共生是一种普遍的实然状态。

三 评估信任关系的非对称性

教育及教育评估的有效治理与良性运行,既要信任的润滑,也需要不信任的促

---

〔1〕[德]尼克拉斯·卢曼.瞿铁鹏等译.信任——一个社会复杂性的简化机制[M].上海:上海人民出版社,2005,31.

动。信任与不信任胶合共生的有限信任拒绝盲目地无条件地信任，有助于对人之德性和理智的局限保持清醒。有研究证实，[1]所有拥有社会资本的群体都存在着某种信任范围（radius of trust），在这种范围内，合作规范是有效的。疑人不用、用人不疑，教育系统中，管理主体与办学主体之间的信任也是有范围，有边界的。多数情况下，信任的边界是公认的，但的确存在某些"模糊地带"。近些年，世界范围内，政府和公众对教育特别是高等教育不信任的压力日益增加，信任的边界也在不断地调整改善。笔者通过对中西方教育评估制度的综合考察发现，受评相对人、利益相关者与行使评估公共权力的评估主体之间的信任与被信任存在着非对称性。如下表5-1所示。

表5-1　教育及学术系统内评估主客体信任关系的非对称性

	信任边界	边界上下的信任差异	权利与责任
领导者、管理者（评估主体）	评估主体对受评相对人、利益相关者的不信任须厘清边界，并通过法律明确授权。	在边界之下，管理者对教师学者等评估相对人的信任是有条件的，评估主体可针对某类教育组织、某些师生提出不信任要求，对那些有可能滥用被信任权利的人和组织实施监管。	受评相对人、利益相关者对评估主体始终有不信任的权利。评估主体始终有证明自身的评估行为值得被信赖的义务，尤其是公众对评估主体有所怀疑时，评估主体须履行这一义务。
受评相对人、利益相关者及社会公众		在边界以上，领导者、管理者对教师学者等的信任是无条件的，教师学者等有被信任的特权。领导与管理应做的只是创造条件、培育氛围和耐心等待。	在信任边界之上，除非特别规定，教师与学者没有向评估主体证明自己可以被信任的义务。

（一）管理主体对办学主体的不信任是有边界的

在信任边界之下，有关方面对教育组织、教师学者的信任应当是有条件的。为保障教育教学与学术研究的水准以维护广大人民群众受合格教育的权利，教育组织、教师学者有义务"做出质量的承诺，自我确定能为社会所认可的质量标准，通过

---

［1］曹荣湘.走出囚徒困境——社会资本与制度分析［M］.上海：上海三联书店，2003：74.

持续努力,达到与超过预期标准,以获得社会的信任与支持,同时保障学校免受社会指摘。"[1]在基本资质的确认层面,行政管理部门有必要采取相应的评估手段,对教育组织和个人进行监督管理,这是行政部门作为教育公共管理机构所应具有的重要职责。那些办学资质与教学及学术水平不达标的组织和个人,应有必要的机制使之淘汰退出。

在办学资质与教学及学术水平得以确认之后,教育及学术系统内的广大教师学者等有被信任的特权,管理主体应无条件信任教师学者等教育教学及学术活动的行为主体,除了出于紧急的原因和有明确的令人信服的理由,他们没有向评估主体证明自己可以被信任的义务,没有频繁接受检查评估的义务,行政力量应当避免介入此类自由活动。道家老子曰:[2]"不尚贤,使民不争;不贵难得之货,使民不为盗;不见可欲,使民心不乱。……为无为,则无不治。"在信任边界之上,领导与管理者应尽量"无为",他们所应做的只是创造条件、培育氛围和耐心等待。西方国家建立的学术生涯早期的竞争淘汰与中晚期的职业保护相结合的用人机制即是信任存在边界及其非对称性的一种体现。美国的研究型大学对教师通常只进行最低基准的评估,英、德、日等大学的考核更为宽松,但他们的产出质量却远远高过我们。当然,这种有意义的宽松建立在杜绝学术近亲繁殖和裙带关系等弊病的基础之上,离不开"入口"关卡上的严格与科学的教师选聘。

信任边界之上无条件的信任本身也是大学管理当局大爱的一种表现,没有这种无条件的信任,普林斯顿大学的纳什不会在与疾病搏斗 30 年之后,摘取诺贝尔经济学奖。哈佛大学的罗尔斯教授 20 年里无任何成果,20 年之后出版了享誉世界的政治哲学专著《正义论》。芝加哥大学社会学家米德生前几乎无一本专著,去世后由学生整理而成的《心灵、自我与社会》使其一举成名。"不写文章半句空"需要"板凳坐得十年冷",理工科研究同样需要静心设计和细致实验才能有大成就。无条件的信任保证了学术氛围的宽松与学术环境的自由,否则,频繁启动的诸多评

---

〔1〕陈玉琨学术思想研究课题组.追踪前沿立足实践创新理论——陈玉琨学术思想发展轨迹研究[J].国家教育行政学院学报,2005(11):13—19.
〔2〕大意为:不崇尚贤才异能,使人民不至于炫技逞能而争名逐利。不看重稀贵之物,使人民不做盗贼。不显露足以引起贪欲的物事,使人民的心思不至于被扰乱。……从事于无所成为的作为,即可以得到全面的治理。

估项目将构成对学术自由的干扰,尽管耗费了大量的人力物力,却难以造就有价值的研究成果和真正的教育家和学术大师。作为一种松散联结的组织,"大学应对自己这种创造性无政府状态的运作方式感到非常骄傲"[1]。无条件的信任抛弃急功近利的短期理性,是教育人文精神的践履以及维护教育活力的源泉,对于实现教育的使命是至关重要的。

(二) 教师学者等对评估主体的信任是有条件的,质疑的权利应得到保障

教育评估中,评估公共权力是为保障和促进教育系统内外成员的权利而设立的,是保障和促进公共权益的工具。联合国教科文组织在《关于教师身份的建议》中提出,[2]"任何检查或监督制度的目的应是鼓励和帮助教师承担其专业任务,而不是限制教师的自由、积极性和责任。"教育评估公共权力是一把双刃剑,公共权力行使者既有能力鼓励和帮助教师承担其专业任务,又有可能限制教师的自由、积极性和责任。由于自身判断力的局限,无法做出完全正确的判断,加之其可能存在的利用手中的判断权牟取私利的"经济人"特性,既能够行善也可能为恶的评估公共权力需要外界的监控和纠正;监控和纠正离不开对待公共权力所应始终保持的不信任、怀疑和警惕态度。受评相对人、利益相关者以及社会公众对评估主体的信任是有条件的,他们对评估主体有不信任和质疑的权利,该权利应得到必要地保障。

公众的普遍信任是对教育评估公共权力的期待、相信和托付,对待公众的各类不信任,评估主体不能默然视之,否则,不满将逐步积聚,潜在的风险也将滋生蔓延,教育秩序将出现混乱,教育发展必然停滞不前,甚至落后倒退,此时,评估综合绩效得以达致所依托的普遍信任亦有可能出现枯竭,理性质疑之积极意义无法彰显。评估主体有证明自身可以被信赖的义务,尤其是公众有所怀疑时,评估主体须履行这一义务,包括启动各种制度化的防范措施证明自身是可以被信任的。无论是理念调整,还是体制和机制改革,评估主体善于维系信任纾解不信任,将获得受评相对人的支持和拥护,即使有一些失误和不足,也会被同情、理解和宽容。需要

〔1〕[美]詹姆斯·杜德施塔特.桑新民译.舵手的视界——在变革时代领导美国大学[M].北京:教育科学出版社,2010.103.

〔2〕UNESCO. Recommendation concerning the Status of Teachers[EB/OL]. [1966—10][2012—5—18]. http://www.unesco.org/education/pdf/TEACHE_E.

说明的是,真理向前多迈一步就是谬误,"就监督而言,也不能将其正当的不信任推向极端,使其不至于成为发展的障碍。"[1]

评估主体有努力改善自身专业水平以纾解公众不信任的义务与责任。西方国家教育评估元评估制度的建立在很大程度上体现了的上述信任逻辑。元评估是通过对评估主体(包括评估者与评估组织)的资质鉴定、规范和检验构成对其评估工作的约束力,也是纠正评估偏差增进评估质量的督促力。正是出于对公众质疑权利的有效保障和积极回应,西方社会形成了规范有序的教育评估元评估制度,从而有效促进了评估及评估机构地位和信用度的确立。

(三)信任边界的缺乏将导致教育评估供给的结构性过剩

反观国内,因信任边界的缺乏,各级各类评估似乎已经到了无以复加的地步。管理主体对教师学者缺乏必要的信任,担心他们不自觉,故用指标来监督,用数据来管理,政府行政部门及学校行政机构不断用基金、项目、奖励等做激励,吸引大家竞相追逐;不断地以排名、评比、荣誉授予等为手段,刺激人们的积极性。备受诟病的教育评估的行政化就是因不信任过度而被加强的。过于频繁地运用制度化的不信任机制,会损害甚至摧毁民主制度所需要的自发信任。应接不暇的各类"不得不"参与的评估项目破坏了安静、从容、自由的学术与教学氛围,学校和师生在处理专业问题上的自主权不断被削弱。不仅难以培育出学术创新,还造成了世俗功利的风气,贪图虚名、工于心计的人大行其道,而人品正直的人,由于不好媚上、不愿屈己,而被排斥和边缘化。此外,各种指标和规定、评比与选拔对少数有卓越潜质的天才构成干扰,激情与灵感被磨损,才智无法尽情施展。在这种行政性控制的评估架构中,容易出现简单迎合上级意图的功利化倾向,在教师群体的专业意识不强、专业精神缺乏而行政力量又很强的院校中,这种状况更明显。

与此同时,在国内认可性的教育评估供给又严重不足。迄今为止,教育教学的质量标准尚未确定,管理方对人才培养质量的关注多停留在抽象号召层面。教育

---

〔1〕[德]尼克拉斯卢曼.瞿铁鹏等译.信任——一个社会复杂性的简化机制[M].上海:上海人民出版社,2005:105.

教学的质量保障基本处于放任状态,这种评估导向促成高校教师重科研轻教学现象的日益普遍化,其直接后果是一些教师基本的教学规范都难以做到。激励竞争性的评估供给过剩与保障性认可性的评估供给不足并存是我国当前教育评估最具普遍性的现象,当前教育评估"信任危机"与此有很大关联,即评估主体(以行政管理部门为主)不宜评的评的过多,应评的评的太少。就像楼房基础工程的质量验收,教育评估首先关注的应是普遍的底线标准。到目前为止,中国大学的任期(tenure)制度尚未真正建立,很少解聘不合格者。评估主体对受评相对人、利益相关者的不信任必须厘清边界,并通过法律明确授权,管理主体制度化的不信任应控制在合理的边界线之内。笔者初步以为,教育质量的国家标准可作为管理者设定信任边界的重要依据。2011 年 10 月,教育部正式发布《关于普通高等学校本科教学评估工作的意见》(教高[2011]9 号,以下简称"本科评估新方案"),这一文件的发布标志着新一轮本科教学评估工作正式启动。与此前的评估不同,这一轮评估立足于"合格评估",不再设立优秀、良好等级,而只做"合格""不合格"和"暂缓通过"的评定。客观上说,由政府部门组织对高校的"合格评估",这是对政府应然职责的理性回归。这一评估思路值得充分肯定和持续推进。

　　本节基于人性才德的非完善性对教育评估中的有限信任及评估双方信任关系的非对称性进行了初步的学理分析。教育评估公信力的普遍提升需要评估主体与评估相对人之间保持公共权力与个体权利之间的调和,设置合理的信任边界是教育评估需要探讨的重要课题之一,也是需要解决的基础性问题。

第二节　基于"办"之责任与自由的"管评"机制

　　大学曾经享受了历时很长的自治,部分地因为它们得到人们的信赖,以符合道德的方式管理自己。斯坦福大学校长肯尼迪发现,[1]

　　人们理解自由对于教学和研究工作的必要性,并且顺理成章地接受了它,

---

〔1〕[美]唐纳德·肯尼迪.闫凤桥等译.学术责任[M].北京:新华出版社,2002:4—5.

但是,与之对应和平衡的义务却模糊不清。……学术责任是象牙塔里一件非常重要的难解之事。人们很少对新的教师成员提及责任,也许这是学术自由传统的一部分,在高等教育中没有关于本行工作的描述,没有一年一度的业绩评估。其结果之一是,不仅学术圈中的人们对教授职位的期望是模糊的,公众的认识尤为如此。因此,学术界以外的人几乎没有可以用来评估大学教师的标准,这自然引起人们的怀疑。教师拥有太多的自由,却缺乏规范。也许正因为如此,责任(accountability)一词正在和高等教育逐渐地联系起来,即公众想要更多地了解大学的运转情况,因为他们并不满意那些关于大学产品质量的宽慰人心的保证。

一 督促责任的履行:"管"对"办"之资质的监管

(一) 自然状态下,办学主体教学及学术责任的履行不一定充分

与自由相互依存互为补充的,是教育教学及学术的责任。康德认为责任是服从客观普遍原则的行为必要性,是一切道德价值的源泉,合乎责任原则的行为虽并不必然善良,但偏离了责任原则的行为完全肯定是恶,在责任面前一切其他动机都黯然失色。因为,它是其价值凌驾于一切之上、自在善良的意志的条件。[1] 作为一种自我强制性或约束性,责任是必不可少的,但与作为教育教学及学术活动中永久性的讨论话题——学术自由相比,人们却很少谈到责任问题。肯尼迪认为,[2]原因是教师与研究者从事的工作是一种非程式化的工作,某种意义上看,学校组织、学术组织是一个缺少规则的特殊团体。虽然,很多时候它们的表现相当不错,但是,另一方面,在围墙内进行的许多活动,对于外界来说简直就像一个谜。信息不充分危害了大学向外界作出解释的能力,强调大学应该向社会解释其运行绩效,与日益高涨的公众对高等教育的不满意是密切相关的。信任危机强化了对大学的评估以及对教学、研究等学术活动的控制。政府对大学的成本开支、效率、生产率

〔1〕[德]康德,苗力田译.道德形而上学原理[M].上海:上海人民出版社,1985,48—53.
〔2〕[美]唐纳德·肯尼迪.阎凤桥等译.学术责任[M].北京:新华出版社,2002:前言,3.

和效能等提出各种质疑,试图限制其规模与资助,削减其自主权,加强管制,并要求其承担更多的责任与义务。[1]

自由自治是教育发展的根基,但并不只是象牙塔中"闲逸的好奇","自治必须不断地获得,而且通过负责的行为和对社会有效的服务去获得"。[2]毫无限制的自治是不可能的,也是不可取的,它很容易使大学陷入狭隘、封闭、自大的泥潭,会导致社会的"发动机"出现故障和熄灭。布鲁贝克曾经雄辩地指出大学自治的必备性,但他根据历史经验提醒到,[3]大学是学术行会,由于行会自行其是,因此很容易带有某些弊端,如散漫、偏执保守、排斥改革。因此在 19 世纪,英国和美国都不得不通过国家立法来打开自治的高等学府的铁门,让新的学科进入课程,其中许多学科与人类利益休戚相关,而学阀门却顽固地将其拒之门外。哈佛大学原校长博克同样认为,[4]政府有必要对大学进行适当的约束,以维护公众的利益。当然,在任何情况下,政府对大学的限制不能妨碍学术自由,否则有违社会发展的根本利益。

(二) 西方教育评估集中在"认可性教育质量保障"和"绩效问责"方面

出于不完全信任,管理主体以评估为手段,对教师学者的教育教学及科研进行评价以确认对方责任的履行状况,这是合理的,也是必要的。在美国——现代教育评估的发源地,制度化高等教育评估已有上百年的历史,理论与实践上均取得了令人较为满意的成果。如陈玉琨先生所言,西方的研究主要集中在"认可性教育质量保障"方面,即以院校和专业的资格认证为核心。[5]资格认证是认证机构根据特定评估标准对高等院校的培养目标、教育水平、师资队伍、教学方式、毕业生就业等几个方面进行鉴定和认可的评估活动。专业认证是指认证机构以高等院校的培养计划为对象,运用详细的认证标准对学科、专业、课程建设等项目进行的周期性评

〔1〕菲利普·G.阿特巴赫等.为美国高等教育辩护[M].别敦荣译.青岛:中国海洋大学出版社,2007:31.
〔2〕[美]克拉克·克尔.王承绪等译.高等教育不能回避历史——21 世纪的问题[M].杭州:浙江教育出版社,2001,145.
〔3〕[美]约翰·S.布鲁贝克.王承绪等译.高等教育哲学[M].杭州:浙江教育出版社,2001,32.
〔4〕[美]德里克·博克.走出象牙塔——现代大学的社会责任[M].徐小洲,陈军译.杭州:浙江教育出版社,2001,译者前言,8.
〔5〕陈玉琨学术思想研究课题组.追踪前沿立足实践创新理论——陈玉琨学术思想发展轨迹研究[J].国家教育行政学院学报,2005(11):13—19.

估。高等院校只要达到了其规定的质量最低标准就通过了认证。

认可性质量保障的功能主要体现在：确认一所学校或教学项目已经达到共同体所确认的标准；帮助学生鉴别学校，帮助学校确认学分互换的可能性；为公共部门和私立基金会鉴别投资院校和学术项目提供帮助；帮助学校免受内外部不良压力的影响；帮助薄弱的院校和项目建立自我改进的目标并推进院校不断提高标准。设立职业认可和证书标准，并提高面向这些职业所设课程的水准成为联邦政府提供资助的依据之一。在美国，要建立和运转一所大学并没有办学执照的要求。但是，从严格意义上说，一个高等教育机构必须通过鉴定。这意味着一个高等教育机构正在按照由自愿鉴定协会建立的标准规则运转。遵守标准规则的情况，由来自其他机构学者组成的委员会的定期访问来检查。[1] 虽然对院校和专业的资格认证并不由美国政府直接组织，但是，联邦政府拥有并行使着对办学主体的资质监管职责，联邦政府将评估结果在网上予以公布。除办学资质，对于办学中的财政和法律问题，政府也有监管的职责。1991 年，因怀疑一些学校在暗中交流有关学费、教师工资和学生财政等信息，从而违反了反托拉斯法，美国司法部曾发起了一项针对56 所大学的民事调查。[2] 对此，做过十二年斯坦福大学校长的肯尼迪感受极深，他认为大学应更主动地迎接就自身和公共责任进行解释的挑战。

在基础教育层面，21 世纪以来，美国联邦政府出台了一套"标准"。学校要得到联邦政府的财政补贴，就必须达到这些标准。这个标准要求各个年级的学生必须参加的考试的平均分要达到标准的要求。平均分达不到联邦政府要求的那些学校要受到"惩罚"。[3]《不让一个儿童掉队法》十分强调绩效问责，并对低绩效学校规定了严格的改进时间表和严厉的处置手段，该项法律在赋予评估权力的同时，也特别强调"基于科学的研究"，强调考试评估以及学校支持团队的指导工作要为学校和教师提供诊断性的信息，以利于教师鉴别教学中的真正问题。在奥巴马政府的修法计划中，严厉的绩效问责仍被置于重要地位，对低绩效学校的干预一般都附

---

〔1〕［美］唐纳德·肯尼迪.闫凤桥等译.学术责任［M］.北京：新华出版社,2002:7.
〔2〕［美］唐纳德·肯尼迪.闫凤桥等译.学术责任［M］.北京：新华出版社,2002:17.
〔3〕［美］拉塞尔·L.阿克夫,丹尼尔·格林伯格.21 世纪学习的革命［M］.杨彩霞译.北京：中国人民大学出版社,2010:37.

带更迭校长和调整教师的措施。美国总统奥巴马曾在一次讲话中提出，[1]要编制更有难度的课程标准，要在美国学校中培育一种问责文化，州与学区应将不良教师剔除出去。同时沿袭并把前面"基于科学"的思想往前推进了一步，强调更合理的标准、更完美的评估和更完整的教育。所谓"更好的评估"有三个要点：一是要根据"大学和职场的预备标准"来编制新版评估，使之能为学生的成长提供更科学、精确的测量，能为课堂教学提供更充分、有效的信息，最终达到评估与大学和职场的预备密切联系的状态。二是提高门槛和收紧标准的同时，放宽达成标准的方式方法。三是评估要提供更为广泛而全面的信息，各州必须建立相应的数据系统，收集评估学校和学区中学生预备状态的信息，评估信息也不限于考试成绩，还包括学校氛围、学生出勤、纪律状况以及学生、家长、教师对学校的主观感受等信息，在高中阶段，还应包括毕业率、大学升学率等信息。奥巴马政府积极扩大家长的选择余地，不仅支持学区内择校，而且支持跨学区择校，修法计划设置了名为"学校回旋补助金"（school turnaround grant），专门资助州或学区对长期不能改进的低绩效学校进行干预，如以更换或关闭再开办的方式，将学校交给有效的特许管理组织或其他教育管理组织来经管，关闭学校，将学生转入本学区其他高绩效学校就读。

在英国，有一项维系了近二百年的、由大学自发即由底层驱动的考试制度和学位质量监督保障制度——校外考试员（external examiner）制度，"英国的学士学位比美国通常所说的学士学位更有意义……部分原因是校外考试考评专家参与学位考试。"[2]美国著名教育家弗莱克斯纳所给予的高度肯定从侧面反映了该制度在英国高等教育发展中的重要地位。这一制度可追溯到 19 世纪 30 年代的达勒姆大学（Durham University），该大学从牛津大学聘请人员对学校进行考试和评分，用来证明自身的教育质量是有保证的。随后这一做法得以推广，在英国高校内部质量管理中发挥作用，以保持大学间学术标准的一致性和可比性，确保教学评价和学位授予的公开性和公正性，最终达到保证大学教学水平和学位质量的目的。即便是在剑桥大学这样极富声誉的大学，"几乎所有学位的授予至少要有一名或者两名校

---

〔1〕冯大鸣.奥巴马的修法计划及对美国教育行政的影响[J].教育发展研究,2010(18):38—41.
〔2〕[美]亚伯拉罕·弗莱克斯纳.现代大学论——英美德大学研究[M].杭州:浙江教育出版社,2001: 221.

外考试员参加并签字通过,有校外考试员参与授予的荣誉学位总是被认为更令人信服。"[1]校外考试员每年都要出具详细的年度评估报告,作为高校内部质量管理体系中很重要的一环。"无论你选择何种程度、什么种类的课程,都可以享受优质教育,因为那里的教学质量有严格的质量评估体系来保证。"[2]校外考试员的评估报告权威性强,是 QAA 评估或评审小组的重要参考资料。对办学主体而言,校外考试员制度虽然表面上失去了部分天然的"自由",却有助于赢得政府、公众和其他内外部利益群体的信任,进而获得社会性的"自由"。

(三)国内政府及其他管理主体对教学及学术责任之履行的监管相对缺失

在国内,公众对教育教学的怀疑与不满与管理主体对办学主体资质监管的职责缺失有一定关系。以备受舆论关注的纪录片《出路》中呈现的民办教育乱象来看,当前,政府对办学主体资质的监管是严重缺失的。该记录片中湖北弘博软件教育学院——一所自考学院的招生教师这样评价这所学校[3],"严格来说,我们不是一个学校,我们就是一个公司。就是把学生弄进来,交了钱,然后,再把他弄走,就可以了。中间你不需要做任何事情,学校从来不会管你教得好还是不好。弘博的教师90%没有教师资格证这样的东西。"这是一所典型的野鸡大学,其基本办学资质的低劣是无可争议的,"(一高考生)家里那么穷,过来把钱送给弘博,搞鬼啊,昧良心啊。这个学校的老师都干不长,伤天害理的,受不了"。这类金钱至上的空壳学校类似于生产毒奶粉的无良企业,毒奶粉致婴儿于死地,空壳学校则导致青少年心灵枯竭,还极可能在他们的内心深处植入不负责任与不择手段。从这层意义上讲,空壳学校的危害甚至比毒奶粉更严重,更深刻,更久远。鉴于对广大人民群众受教育权利的尊重和受教育效果的保障,以及对教育市场有序竞争的维护,各级政府部门对其办学资质有着不可替代和不能推卸的监管职责。如果一所学校不具备基本的办学资质、达不到设置基准,政府部门可依法做出撤销或取缔的处理。《高等教育法》第二十九条规定,"设立高等学校由国务院教育行政部门审批,其中设立

---

〔1〕郭健.英国大学校外考试员制度探析[J].比较教育研究,2006,(7):63—64.
〔2〕牟延林.高等教育质量法律控制系统研究[M].北京:中国经济出版社,2006:34.
〔3〕陈为军导演.艾德金斯(Don Edkins)制片.纪录片《出路》系列之八《为什么贫穷? 有文凭就有出路吗》网络链接.http://tv.sohu.com/20130304/n367697899.shtml.

实施专科教育的高等学校,经国务院授权,也可以由省、自治区、直辖市人民政府审批。对不符合规定条件审批设立的高等学校和其他高等教育机构,国务院教育行政部门有权予以撤销。"

在学校组织内部,责任是一个人对学校应尽的义务(duty)。肯尼迪认为,[1]首要的是对他的学生应尽的义务。这就意味着他在授课之前需要进行充分准备,并且保持较高的学术水平;这也意味着花时间帮助学生解决问题;这还意味着对那些可能对学生产生不公正影响的、带有党派意识的问题保持某种独立和超脱。实质上,这意味着全力支持学校的目标。在我国,不管是精英化(严进)时期,还是大众化(宽进)时期,"宽出"一直是高等教育文凭管理的显著特征。近些年,分数膨胀现象颇为明显,真正坚持在教育教学各个环节都客观公正、严格把关的教师为数不多。不少学生学习不努力,学习动力不足,有的人严重的松、散、懒,多门功课不及格,仍能"混"到毕业。[2] 在国民教育序列的最高层次——博士教育阶段,相关管理人员称[3],培养单位虽然规定综合考试、开题、预答辩、答辩以及最后的学位论文抽查等环节,但具体的操作都倾向于宽宏大量,(最终)都给予通过,即使匿名评审,很多也就是走形式。学位委员会就是投票机器,很少认真审查。保障研究生制度的效果就打了折扣,相关规定形同虚设。当前,国内大学尤其是"985工程"大学的核心关注多集中于知识的生产,大学和教师们倾向于把他们的责任聚焦在学术领域。学校管理部门对教师之于学生的责任方面的监督和促进是薄弱的,对教师漠视教学持一种不作为的态度,默认与纵容牺牲掉的恰恰是构成高等教育根基的学生。

从大学生的角度看,近期一名武汉大学毕业生的一篇网络文章引发了广泛的关注,[4]这名毕业生详细描述了自己所经历的大学生活,认为"已经看清了中国大学的本质,不愿意再继续自欺欺人地'学'下去,主动放弃了学校保研的名额,退出了用青春和热血换取一纸毫无真实内容和分量文凭的游戏,退出了中国虚伪可笑

〔1〕[美]唐纳德·肯尼迪.阎凤桥等译.学术责任[M].北京:新华出版社,2002:23.
〔2〕杨德广.李梅."宽进严出"是我国高校发展的必然趋势[J].现代大学教育,2011(3):23—26.
〔3〕郭建如.我国高校博士生教育质量保障:制度与文化分析[J].高等教育研究,2012(6):41—51.
〔4〕小吴.一名大学毕业生的反思:最露骨大学生活[EB/OL].(2013—5—15)(2016—3—15).http://www.21ccom.net/articles/dlpl/shpl/2013/0515/83443.html.

的‘精英学历社会’。”该学生追问，“精神缺乏、游戏成风、学生忙着贴金、老师忙着项目，你认识这样的大学么”。网友中认为该文“理性”“犀利”“深刻”“务实”的比例高达92％。虽然未必全面，但该文及其反馈信息反映出当前国内“985 工程”大学基于宗旨与使命的教育教学及学术活动之内在目标的缺失，战略选择上的混乱以及发展异化的严重程度。BBC 纪录片高级编辑尼克·弗雷泽在第 67 届联合国大会上发言[1]：“在中国，你必须得上大学，因为人们告诉你：必须得这么做。而当你真的去上大学了，你会发现，那里什么都没有。”这一论断虽然仅仅代表个别人士的观点，但是，在我国高等教育规模居于世界首位之际，至今尚未建立高等教育的国家标准[2]，却是一个不容忽视的重大问题。从教育教学责任及学术研究规范责任履行的角度看，管理主体，如政府、办学主体、学术团体等具有不可推卸的监管职责。

（四）管理主体应强化对办学主体底线监管的职责

有学者认为，[3]“作为现代教育制度，评估是对教育实践的权力制约，如同司法对行政的制约一样。简言之，评估是并峙于教育实践的权力，教育的‘管、办、评’分离也就是这个意思。”笔者认为，在办学主体基本资质的监管层面，“评估是对教育实践的权力制约”是合理的，也是必要的。但是，在办学主体基本资质监管方面，“管办评”并不必然分离，相反，管理主体（如政府、学校管理部门等）应强化对办学主体（如学校组织、教师、研究人员等）底线监管的职责。管理主体如政府等强化对办学主体的监管职责符合国际教育及学术活动质量保障的总体趋势。在西方，现代教育体系中逐步启动并强化了一系列的外部评估制度，如质量认证（accreditation）和问责（accountability）等。传统上，英国高等教育强调以内部评估为主，主要依靠大学自我规范、自我保障。20 世纪 80 年代以来，伴随大众化高等教育的进程，英国政府对高等学校内部质量保障的可靠性失去信任，以及其他原因，开始强化外部对高校的绩效评估。[4]

〔1〕季星，阎彬. 你必须得上大学，但是……——纪录片《出路》中的“贫穷”[N]. 南方周末，2013—3—1.

〔2〕中国教育科学院国际比较教育研究中心. 时代的选择：建立教育质量国家标准[J]. 人民教育，2012（11）：4—7.

〔3〕葛大汇. 什么样的教育评估才是有效的[J]. 教育测量与评价（理论版），2010（6），卷首.

〔4〕Martin Trow. An American Perspective on British Higher Education: The Decline of Diverstity, Autonomy and Trust in Post-war British Higher Education [J]. Perspectives: Policy and Practice in Higher Education，2005（1）. http://escholarship. org/uc/item/1mg88095.

学校和学术组织内部的管理,同样应强化对教师、研究人员底线监管的职责。西方大学普遍实行试用期基础上的终身教职(Tenure-track)制度,终身教职的获得需要经过试用期间的严格选拔。如美国的大学对试用期间(一般六年左右)的教师并不是没有任何约束,通常也是两年一次评估,对达不到所在大学学术标准的教师,严格实行"非升即走",这是保证教师队伍质量的一个有效的制度安排。20世纪50年代以来,我国大学管理实行的也是终身教职制度(俗称"铁饭碗"),西方的终身教职是给合格者的特权(privilege),我们的终身教职是面向全员的,是每个人都享有的权利(right),[1]"铁饭碗"制度与旨在选拔优秀人才竞争和保障学术自由的终身教职制度相去甚远。在学术规范与学术诚信方面,学术管理主体,如学术委员会等同样有着不可推卸的监管职责。在国内,每当学术抄袭与造假等行为出现时,人们总对学术委员会等学术管理机构的督察不力而感到失望。因此,当前时期教育管理部门应进一步强化这一应尽的监管职责。当然,这种监管应体现教育教学及学术研究的独特属性,如采用同行评议的方法等。

二 确保自由的竞争:"管"对"评"之秩序的维护

(一) 教育及学术活动的自由本性

现代教育与学术活动的发展呈现出两个鲜明特征:一方面,教育与学术活动愈来愈规范,知识生产愈来愈有章可循,教育与学术评价愈来愈客观公正,等等;另一方面,教育与学术尤其是学术活动的专业性及不确定性也愈来愈为人们所广泛认同。前一特征保障了设置办学及学术主体资质标准的必要性及科学性,许多国家和地区均据此设立了教育教学及学术的评价制度,而且,资质标准伴随教育及学术的发展进步而逐步更新提高。后一特征使教育与学术工作显著区别于其他行业的工作,由于教育自身的专业性,特别是高等教育高深学问的独特性,自然只有学者才能够深刻地理解它。在知识问题上,应该让专家单独解决这一领域中的问题,让自己管理自己的事情。[2] 政府及行政管理部门不适宜以评估评审为载体,直接对

〔1〕张维迎.大学的逻辑[M].北京:北京大学出版社,2005:78.
〔2〕[美]约翰·S.布鲁贝克.王承绪等译.高等教育哲学[M].杭州:浙江教育出版社,2001,31.

办学主体、学术主体进行评估评价。一方面,政府及行政管理部门对代表教育教学及学术的前沿、优秀、卓越方面的判断能力是有限的,应由从事该领域或接近该领域的专家来评定一项工作的学术水平和价值。另一方面,由于知识生产和创新活动具有根本的不确定性,"我们根本不知道最有用的知识从何而来,也无法预测它们来自何处;无法设计一个程序找到最有用的知识的形式。"[1]哈耶克认为,[2]"为了给不可预见的和不可预测的事象提供发展空间,自由乃是必不可少的;之所以需要自由,乃是因为我们经由学习而知道,我们可以从中期望获致实现我们诸多目标的机会。正是因为每个个人知之甚少,而且也因为我们甚少知道我们当中何者知道的最多,我们才相信,众多人士经由独立的和竞争的努力,能促使那些我们见到便会需要的东西的出现。"基于"办"之责任与自由的"管、评"机制在加强监管问责的同时要给"办"之个体及其共同体更多的自由和自主管理权。比如,美国全国州长协会和各州教育长官理事会2009年9月联合发表了一份全国教育标准草案,该草案由除德克萨斯州和阿拉斯加州之外的48个州共同签署,规定所有学生在高中毕业前必须要达到数学和英语技能的共同标准(Common Core State Standards in Mathematics and English Language Arts and Literacy),目前已有45个州及哥伦比亚特区采纳了该标准。[3]但是,与此同时,"有效教师""高效教师""有效校长""高效校长"中的"有效"和"高效"不由联邦政府做划一的界定,各州或学区有权基于各地学生的成绩、学生的成长以及课堂的实际观察来下定义。

在我国,长期以来,教育评估由国家行政性力量主导,评价主体的独立性与专业性常常受到内外部因素的制约。对此,有学者指出,[4]

国家组织的评价带有明显的国家意志,行政干预色彩浓厚,难以真正反映学术品质。一般而言,国家评价还带有慈父主义色彩,即下意识中不希望出现

〔1〕刘业进.大学自由、学术评价和教师聘任晋升制度改革[J].现代大学教育,2007(5):91—97.
〔2〕[英]弗里德里希·冯·哈耶克.邓正来译.自由秩序原理[M].北京:生活·读书·新知三联书店,1997,28—29.
〔3〕Common core state standards initiative. In the states[EB/OL]. http://www. corestandards. org/the-standards. 2010 - 3 - 25.
〔4〕王洪才.转型中的中国高等教育质量危机与治理对策[J].清华大学教育研究,2005(3):60—66.

由国家出资举办的大学是不合格的,因为这无法向民众交代,对于地方当局而言,显然是面上无光。所以只要是参加国家评价,一般是绝大多数过关。这就是人们常说的运动员与裁判员角色合一造成的弊端。……这个评价机制更容易走上形式主义,变成了一种过场,变成了一种高投入低效益的事情。

结合上文分析可以看出,嵌入国家行政管理框架中的教育评估机制存在着固有的局限:即整齐划一的管理与教育的多样化、复杂性、模糊性和不确定性之间的矛盾。在教育评估实践中,这类评估组织在整个教育评估体系中处于顶层决策和统辖的位置,其特点是官僚本位主义,以管理者的方便为目标,管理者对可能带来额外工作和风险的弹性和创意缺乏热情。只要管理方便,还有什么比对大学进行计划经济式的规制,通过数论文数量、著作篇目、查看学历出身等更简单易行的评估方法呢。不少评估项目叠床架屋,看起来全面细致,实际上却埋下了许多冲突和矛盾的种子,将破坏教育教学必不可缺的心灵宁静和内在和谐,同时干扰对学术的自由探索,甚至侵犯平等竞争的权利。在办学主体资质合格的基础上,只有"管办评"机制的分离才能保障教育评估的专业性。

作为不可或缺的行业品性,学术自由常常被理解为教师学者和他们的机构团体独立于政治商业等利益干涉的权利。事实上,学术自由进一步延伸,就是允许具有非同寻常创造性的人享有非同寻常创造性的生活。学术的自由本性意味着松散的结构和管理主体最低程度的干涉。在学术努力的方向上,甚至是在进行学术活动的场所方面,不仅没有时间的限制,而且只有很少的规定。[1] 章开沅校长认为,[2]教育应该是慢工细活,教师更像精心培育花木的园丁,必须按照植物的生长规律与季节的环境变化,循序渐进地从事本职工作,而最忌急于求成和揠苗助长。与其主观武断地通过行政命令推行一个紧接一个折腾大学师生的所谓"创新"或"跨越",倒不如让大学保持相对安宁的校园,也许顺乎自然的"萧规曹随"比什么"开辟新纪元"之类豪言壮举更有利于高教的发展。大学功能的实现高度依赖自由

〔1〕[美]唐纳德·肯尼迪.阎凤桥等译.学术责任[M].北京:新华出版社,2002:3—5.
〔2〕章开沅.谁在"折腾"中国的大学[J].同舟共济,2009(6):28—29.

精神和学术自治,要使教师学者们处于最佳工作状态,在基本办学资质得以确认的基础上,管理主体必须放松对他们的管控,许多国家均据此设立了学术生涯中晚期的职业保护制度,以避免对教育及学术行为主体的不当干预。

(二) 教育及学术活动的自由公正竞争秩序

经济学家的研究表明,[1]

> 虽然特定的社会政策措施在解决具体问题时也起着明确的作用,但对实现更大的社会公平起重要作用的是通过推行一种有关秩序的政策,即"秩序政策",系统地防止社会中出现限制竞争的特权集团,并恰恰由此防范出现收入分配日益不平等的结果。决策者的政策必须保持绝对的中立,其本身不能助长这类特权的滋生。而一种独立和公正的政策意味着在制定和实施其他法律法规时对所有人一视同仁,而且在一定条件下,当经济运行遵循这些规则时将产生公正的结果。

尽管这里谈论的是市场经济中公正的经济竞争秩序,但就系统地防止社会中出现限制竞争的特权集团这一思想的重要性而言,它同样适用于教育评估中所有参与主体公正自由竞争秩序的建立及维护。

现代教育与学术活动的规则更接近于市场经济的规则而远离计划经济的规则。学术市场是促使知识生产要素(主要包括人才、知识和学术声望等三个方面的因素)自由地进行交换和流动的市场机制,其运行可以保障知识生产要素获得最佳配置。[2]"学术市场"中的"市场",主要强调分析的角度,是针对"计划"思维而言的。知识产品拥有某些商品的属性,但还具有创造性、公共性和批判性等独立特征,所以知识生产可视为商品生产中的一个独特类型。学术市场与经济市场各自构成两套相对独立的运行体系,有既相同又有差异的运行规则。教育与学术市场与商品生产的市场在产品性质上的本质区别,即前者具有公共性,政府有必要确立

---

〔1〕[德]何梦笔.建立和维持一个竞争秩序[J].读书,2013(3):44.
〔2〕展立新,陈学飞.理性的视角:走出高等教育"适应论"的历史误区[J].北京大学教育评论,2013(1):119.

国家标准,对教育与学术活动进行底线意义上的监管,以保证教育教学及学术产品的基本水准。当办学主体资质合格,具备进入教育教学市场的资格之后,教育评估(包括学校组织中的学术评估)作为基本的调节机制,评估所附着的资源应基于自由竞争的原则进行配置。在高端的教育教学及学术产品的确认、选优奖励等方面,政府的治理重点在于创建和维护公正自由的学术竞争规则,对公共的评估权力进行规范,以保障各类奖励制度的独立性、公正性及专业性,同时,严格限制政府权力对具体教育教学及学术活动的干预及控制。政府及行政管理主体不应试图去控制教育与学术的评估评价活动,而应将精力集中在教育评估秩序的建立和推行上,政府行政管理主体有保障学术市场教育教学活动公正自由竞争的职责公正自由的竞争秩序提高所有参与者的标准。基于公正竞争秩序的"管评"机制,以对大学组织的拨款为例,日常运作和维持费用以平均分配的方式由国家提供,并以学费和其他资助形式补贴辅助。除此之外的政府拨款,应由重点建设导向调整为专项竞争性拨款为主。

(三) 教育及学术活动的"计划思维""等级制"及其局限

1. "计划"思维破坏了学术产品的价值规律

学术市场中,生产新知识的单位成本是递增的,在多重的科研压力尤其是探索时间受到限制的情况下,人们倾向于先回答较容易的问题,而回避那些难度大的、不确定性强的更具实质意义的研究,这是知识生产的一个内在规律。行政力量主导的评估评比往往根据官方的意识形态与行政逻辑对教育教学及学术活动进行"计划",使教师与学者的教学和科研活动向官方认可和偏好的方向发展。经其调节,理工学科更加短期化、技术化、实用化,人文社会学科由于与政府议题间的高度关联,学术认可与政治间的结缘越来越深。尽管大批论著不断涌现,但往往既缺乏知识上的原创性,又缺乏现实中的应用性。在我国,各级政府及行政部门对教育评估有着绝对的权威性,包括由其主导的以评估评审为载体的教育管理存在较为严重的"计划"特征。对政府来说,"计划出来的"显然比"自发"的更具有控制余地,但"计划"有着天然的局限性,常常使学术活动偏离学术本身。"计划"为特征的学术及教育管理恰恰是改革开放三十多年来,教育发展严重滞后于经济发展的重要根源之一。

当前,政府部门考核教学科研单位及分配教育科研资源的主要依据是定量指标,科研项目、经费额度和论著的数量等,这些构成衡量师生学术生产力、学术单位以及高校之间竞争的最重要指标,被称为学术界的"GDP"。各高校为提升这一指标的竞争力,将论著发表的任务、争取科研项目的数量及经费的额度进行分解。院部系所负责人为超额完成或留有余地,层层加码下达人均目标,计划性很强,却高估了人类对学术生产的驾驭能力。陶东风先生认为,[1]学术研究和艺术创作是长期积累、水到渠成的,国家可以进行一定程度的引导和调节,但是政府直接介入并做出非常具体的计划,其动机、效果和目标是非常令人怀疑的。他以个人经验为例论述到,"我只能依据自己的精力、时间和工作、生活状况对研究进行大致计划,即使是这样的'大致计划'也是充满不确定性的。由于种种不可预知的个人和社会因素,不但不可能准确计划我出版著作和发布论文的数量,而且连它的基本走向、是否会发生较大变化乃至根本变化,也难以准确预测。"非要如此规划并强制实施,其结果无非是:或者计划因情势变化无法执行而流于一纸空文,浪费了大量人力财力;或者为了能够圆满完成计划而生产出空洞无物的"成果"——学术垃圾。人们对学术垃圾的大量生产比较反感,却往往忽视学术垃圾对学术市场的强大的干扰作用。当满地都是垃圾的时候,中间的几块金子很难看得见,都被海量的论文淹没了,即"劣币驱逐良币"。事实证明,"计划"思维的极端化是一条通往不创新之路,必然阻碍学术的发展与进步。

2. "等级制"思维破坏了学术市场的自由竞争

在"计划"思维主导下,有关方面常常通过"重点建设工程"等政策手段使优势资源向特定的大学与学术组织集中。有学者以"985工程"为例指出,[2]新中国成立以来,国内高校一直是按照重点和普通的划分而分层次建设和发展的。但纵观"世界一流大学"的发展历史,几乎没有一所是靠行政分层的方式人为地划分出来的。表面上看,美国拥有约30所世界一流的研究型大学,它们位于一个多样化的金字塔型高等教育体系的顶端。但美国实行的是学术自由制度和高校竞争制度,

〔1〕陶东风. 文化发展需要打破政府迷思[EB/OL]. [2012—11—28][2012—11—28]. http://www. 21ccom. net/articles/dlpl/whpl/2012/1128/71918. html.
〔2〕展立新,陈学飞. 理性的视角:走出高等教育"适应论"的历史误区[J]. 北京大学教育评论,2013 (1):111—118.

竞争性和流动性很强,高等教育资源以市场调节为主,任何高校不会从中获得特殊的待遇或排他性的发展机遇,所有院校都可以通过自身努力而上升进入金字塔的顶端。

对于逐渐崛起的现代中国,建设"世界一流大学"的目标使教育在政治议题中保持着重要地位,对于高等教育发展具有重要的引导和刺激作用。近十多年,有关机构在改善高等教育系统的外部环境和加大资源的投入方面做出了很大的贡献,但是,目前看来,"一流"的含义并不清晰,相关方面似乎已经习惯通过将高校和有关学者按照行政等级分类,试图通过学术资源的不平等分配人为地打造出一批"世界一流大学"和"杰出人才",伴随"985"等工程的全面推动,上游资源日益垄断,强者更强、弱者更弱,其他院校要想超越钦定层级的大学几乎成为不可能的事情。由于难以遇到国内竞争者强有力的挑战,其迈入"世界一流大学"的进程,恐将难以避免心愿有余而内生的激励性力量不足的制度困境。

以政府为主导的高校等级制及建设的分层化在某种程度上促成了学术垄断的形成和强化,这些组织获得了一种总是保障其地位的权力——保护它不致受到潜在的竞争和有效批评。学术声誉某种意义上的垄断放大了这些学术组织真实的竞争力,这一错觉催生"虚妄"之气和虚无的自我优越感,导致办学主体对本应认真练就的核心竞争力的疏离。此外,政府实际上还掌握了教育教学产品消费的控制权,在某种程度上破坏了学术产品的价值规律。评估机制生产出的"学术荣誉""学术地位"等信息其公正性受到干扰。张维迎先生指出,[1]现在大学钱多的流油,每到年底想办法出去花钱买发票。这种现象十分普遍。这些经费哪些是这个组织和主事之人应得的,哪些是依凭特定的层级身份通过资源的垄断获取的,再也分不清了。近些年,国内大学学术造假,诸如上海交通大学"汉芯一号"研发中存在的严重造假和欺骗行为屡见不鲜,"门户之见"与"行政依附"也在日益强化。若不加以调整和完善,就有可能导致诸如"马太效应"等现象的产生,对"一流大学"的建设产生愈来愈严重的羁绊作用。政府直接进行战略规划,确定教育发展优先顺序并对其

---

〔1〕秦晖,张维迎,梁锦松等. 重启"教育改革"——亚布力中国企业家论坛 2013 年年会. [EB/OL] [2013—2—25][2013—2—26]. http://www. 21ccom. net/articles/dlpl/shpl/2013/0225/77708_4. html.

进行协调,虽然在一定的时间内可以产生某种刺激和促进作用,但是从长远看,是否能产生人们所预期的作用,是一个需要认真加以分析和探讨的重要问题。

三 "管、评"失衡:选拔评优过剩及善意的摧残

陈玉琨先生通过对实践的深入观察与对理论的仔细分析,于十多年前提出了"教育质量过剩论""学习代价论"与"善意摧残论"。[1]"教育质量过剩论"——学校偏重于学生一个方面提高,失缺对学生另一方面发展的考虑,只重知识的结果最终必然导致对思维能力和情感发展的忽视。"学习代价论"——把今天学生不会用、明天不可能用、将来不需要用的知识塞给学生,学生的学习实际上付出了消耗生命的代价。"善意的摧残"——源于对知识价值的错误理解,导致教育目的的扭曲:家长和学校让学生接受教育不是为了教育,更多是为了在选拔中胜出。陈玉琨先生的论述虽然更多着眼于基础教育,但其中的学术思想尤其是对教育发展之结构失衡的揭示对于分析教育评估具有一定的借鉴意义。

(一)行政权力主导的选拔评优评估供给严重过剩

因评估公共权力几乎不受制约,各级行政部门竞相设置名目繁多的单项或综合评估,以国家层面上的对优秀人才的选拔和奖励为例,有"特聘教授岗位""长江学者""跨世纪优秀人才""杰出青年""千人学者计划"等项目,跻身其中,不仅享有稀缺的荣誉资源,还可获得巨额资助。高校教师的职称划分也"十分"繁琐,教授、副教授、讲师间细分十级,每一级的跃迁都需要申报、评审。高校领导和教师学者们不得不花费大量时间应对各种各样的评估评审。更为严重的是,教育评估活动缺乏统筹协调,时间集中,内容重复,在评估标准方面,不同部门采用的指标体系时有矛盾和冲突之处。与其他领域相比,教育教学及学术领域最需要珍视的是文化资本和荣誉资本。这类资本的价值建立在参与者自觉接纳和认同的基础之上,离不开对组织及其活动的情感认同和普遍信任,教育及学术领域最需要回避与行政权力、学术权威存在瓜葛的各种庸俗社会关系。行政部门设立名目繁多的"工程"

---

〔1〕陈玉琨学术思想研究课题组.追踪前沿 立足实践 创新理论——陈玉琨学术思想发展轨迹研究
    〔J〕.国家教育行政学院学报,2005(11):13—19.

"计划"和奖项,包括与收入挂钩的量化评价制度等,推崇的是经济资本,恰恰损害了教育教学及学术领域最应珍视的文化和荣誉资本的价值。[1]

在关于学术奖励制度上,整体上评价较为负面,如"现在的学术奖励项目名目过多过滥"一项上得分均值5.1。对政府的各种人才项目的认可度不高,在"总体上,我认为目前学术环境有利于个人学术成长"题项上,均值为4.4。不同年龄和职称教师之间存在显著差异(p<0.05),评价较低的是年龄在36—55岁之间和拥有副教授职称的群体,也就是中间层的满意度最低。如表5-2所示。

表5-2　工作环境认可度			表5-2　工作环境认可度(附表)		
	非常认可(%)	非常不认可(%)		非常不认可(%)	非常认可(%)
清楚自己的学术目标	1.0	19.3	无关学术杂务多	1.8	23.1
研究与个人兴趣关联	1.2	13.3	考核与晋升压力大	1.7	19.5
重大项目获得者名实相副	4.3	7.2	学术奖励项目过滥	1.7	19.4
人才计划项目设置合理	5.1	6.5	工作压力很大	1.5	16.9
学术奖励名实相副	5.5	6.0	备受各种考评之累	3.2	17.4
政府重大资助项目价值大	6.5	5.4	生活压力很大	3.0	13.8
人才项目筛选程序公正	5.5	3.5	学生评价压力	3.8	7.0
正面语义,按升序排列			负面语义,按降序排列		

数据来源:阎光才.我国学术职业环境的现状与问题分析[J].高等教育研究,2011(11):1—9.

李延保的调查发现,[2]教师中有些对教学评估的抱怨,除了评估方法确有需要改进的地方以外,实际上是对现在各种评估、评审、评奖太多、太碎、太繁的不满。某省会城市2014年度中小学生学业质量绿色指标综合评价项目对该市12个县(市)区小学教师和初中教师问卷调查所采集的数据[3]显示,在义务教育阶段,近

〔1〕阎光才.学术环境的整体优化与高水平大学的发展方略[J].探索与争鸣.2005(1):47—50.
〔2〕李延保.正确认识高校教学评估目的意义和成效[J].中国高等教育,2008(13—14):4—7.
〔3〕备注:本项目由华东师范大学考试与评价研究院主持实施,从该省会城市下辖的12个县(市)、区对义务教育阶段学校、学生和教师进行抽样,共有294所小学和179所中学参与2014年度的抽样测评。其中,参加小学教师问卷的是参测的294所学校四年级的所有语文和数学教师,参加中学教师问卷的是参测的179所学校九年级的所有语文、数学、英语教师以及这些学校所有的初中物理、生物、地理和科学教师。最终回收小学教师问卷1709份,中学教师问卷4708份。

73％的小学教师和近69％的初中教师明确表示,各种考核和评比耗费大量精力,令人疲于应付。与之紧密相关,分别有73.5％的小学教师和近71.4％的初中教师认为工作上的付出和回报不成正比。

表5-3　义务教育阶段教师问卷调查数据(单位　%)

		非常不同意	比较不同意	比较同意	非常同意
学校用学生成绩给教师排队,令您感到压力很大	四年级	17.3	19.6	29.3	25.8
	九年级	8.7	16.5	33.3	27.4
目前的评价考试制度与新课程理念有较大冲突,让人无所适从	四年级	6.2	16.4	40	29.5
	九年级	3.5	14.3	37.2	31.2
各种考核、评比耗费大量精力,令您疲于应付	四年级	7.5	11.8	33.8	39
	九年级	4.8	12.1	29.9	39.4
您工作上的付出和回报不成正比	四年级	5.6	12.9	32.7	40.8
	九年级	4	10.8	28.5	42.9

在评优评先方面,以美国历史最长、声誉最高的教师奖项——国家年度教师奖的评选为例,该奖项的评选自1952年开始,每年只有一位教师当选。这位教育界的国家级模范是从全美500多万名教师中脱颖而出的。最终人选确定之后,将在白宫举行颁奖典礼,并由总统亲自颁奖。如其他诸多的评选类似,美国年度教师的评选并非美国政府组织,而是由全美15个专业委员会,包括美国教师教育学院协会、美国学校管理协会、美国教师联盟、还有全国家长与教师委员会、全国教育协会、全国中学协会等的代表,组成全国评选委员会,负责评选过程,总统只是宣布这一最高荣誉的获得者并颁奖。各专业委员会都高度独立,坚持对教师进行专业评价,而且始终坚持评选那些真正在第一线的普通的任课教师,教育管理者(校长、学区负责人)则排除在外。美国年度教师奖评选明确要求获奖者必须承诺终身从教,且不能担任校长、局长等行政职务。这一评选机制使荣誉无法作为谋取利益的"跳板"。几乎所有年度教师,在参加活动时都会表示,在完成这一年的"代言"职责之后,自己会回到教师岗位,就像2010年的国家年度教师萨拉·维斯琳回到学校,半天教课,半天从事教师培训。2011年的国家年度教师谢尔毕

业于普林斯顿大学,她在当选后明确表示,自己在一年以后会回到课堂,她将教师称为自己的"终身职业",而不像有的人所认为那样,作为普林斯顿的高材生,就是进入教育界,也应该担任教育管理者。2003年的国家年度教师贝特西·罗杰斯的选择更令人尊重,他在完成为期一年的职责后,选择了杰斐逊县的"老大难"学校布莱顿学校教书。这些年度教师们,并没有在获得顶尖级的教师荣誉后,把这作为担任校长、学区负责人、教育局官员的跳板。这种做法得到美国教育行业的充分认可。耐人寻味的是,在国内,"教而优则仕",教育领域中针对教师的评优评奖常与"行政权力"有着千丝万缕的联系,不少国家名师奖获得者有行政职务,获得名师奖励之后,教师就逐渐脱离一线教学,走上行政岗位,评优评奖对教师所起到的激励,以及对教师形象塑造的作用是有限的,甚至可能产生反作用。

政府的权力介入过多或介入方式不当,譬如人为设置过多奖项和人才项目等,往往会导致不当竞争加剧及教育环境恶化。相比于西方教育界与学术界,近些年来,我国相关政策的调整反而使行政权力对教育教学及学术活动的控制进一步加强,"管办评"特别是"管、评"结构失衡,行政权力主导的选拔评优评估评审供给严重过剩已经成为教育领域的突出问题。

(二)"善意"的摧残

在当前的社会转型期,中国教育尤其是高等教育面临的改革和发展的目标是多重的:教育教学质量的提高、科研实力的提升,产学研社会服务职能的拓展等,这些目标交织互补,有时也相互冲突。当其中一个目标被理所当然作为阶段性的改革和发展重点时,就极有可能压倒其他的发展诉求。就目前情形而言,许多高校特别是地方高校往往把获取项目数量作为彰显学校品牌与实力的重要指标,由于我国当前教学成果评奖的方式方法不太科学,致使其将主要精力集中在项目的申报和如何获得项目支持上,对项目内涵建设投入精力不足。[1] 北京大学王义遒先生近期指出,[2]当前一些高校在建设世界一流大学过程中存在着单纯依据指标体

---

〔1〕黄先开,杨鹏,冯爱秋.地方普通高校深化"质量工程"的思考与对策[J].中国高教研究,2012(8):75—79.
〔2〕王义遒.建设世界一流大学究竟靠什么[J].高等教育研究,2011(1):1—6.

系,忽视育人的根本使命等倾向,这些做法会使大学丧失其本来面目。阎光才先生的调查表明,[1]教师们认为教学重要性程度应排第一的比例不足25％,重科研轻教学的问题显然比美国同行要严重得多。只为单一目标的全速运转,教育评估将成为一个"去价值"的"推土机",历史情感、文化认同、心灵感应、人文的细致、哲学的沉思全被上线率、就业率、论文数量、课题级别、资助金额等指标全然覆盖,教育世界中不可或缺的婉转和体贴在这架评估机器面前灰飞烟灭。不合理的评估评审,如极端化的课题分级、不当的刊物分级、官僚化武断的管理方式等,强化和恶化了项目化与课题型学术,教育教学与学术活动中最本质的东西受到破坏,虽然有些教师在坚守理想,认真教书,但这样的人不仅愈来愈边缘化,生存空间日益逼仄,甚至连存在本身都越来越成为问题。在如此评估的作用下,"我们的大学隐匿着一些最危险的因素,如缺少理念的文化,缺少人性的教育、缺少人文的科学、缺少道德的说教、缺少价值的知识、缺少独立的精神、缺少自由的学术、缺少学术的校园、缺少秩序的运转、缺少质量的规模。"[2]

期望中国教育与学术走向优质,迈向世界一流是我们共同的梦想,但某些做法却极有可能构成对教育与学术系统"善意的摧残"并导致高校质量战略的扭曲。这些做法如果演变成为一种思维定势,它所带来的负面效应是尤其值得关注的。国内学术界有一个普遍的现象:各单位要么争相把各式杰出人才推向领导职位,要么极力把处于领导职位的人举荐为所谓的杰出人才。这么做容易拉来研究项目,容易使项目获得奖励,有助于个人和小团体的利益最大化。该类现象表明,不合理的评估机制直接催生并强化着学术—行政之间的依附关系,学术—行政依附关系的强化反过来又加剧着评估机制的不合理。行政力量参与或至少辅助了学术权威地位的诉求,其结果是不断损害了人们对学术权威的信服,而且使本应体现学术内部逻辑或者学术人自我管理的同行评议,因为参与主体身份的特殊性而打了折扣,从而造成共同体内部因为专业准则的破坏而导致公信力不足。

〔1〕阎光才.我国学术职业环境的现状与问题分析[J].高等教育研究,2011(11):1—9.
〔2〕蔡先金.大学理念的反思[J].高等教育研究,2012(5):8—15.

余三定先生在论及学术评价的弊端及危害时指出[1]，"一些部门和科研机构对学术成果的评价过于简单化和平面化，片面地将某项数据作为基地评估、成果评奖、项目立项、学科与专业建设、人才培养等方面的考核指标，这在无形中产生了许多负面影响。从眼前来看，会造成学术界病态的'学术评价崇拜'。这种学术评价机制，不论对学术还是对学者都是一种伤害。"在巨大的利益诱惑，特别是在不合理的评估机制面前，学术舞弊和科研成果造假之类的现象屡禁不止，个别地方和单位甚至有愈演愈烈之势。学者汪丁丁认为，[2]"211""985"、长江学者、跨世纪人才、五个一、百人计划、千人计划，诸如此类的"工程"，不是社会办教育，而是政府垄断教育，以往十年"教育工程"的消极结果之一：学术腐败，学者腐败，以致我们的学生也要腐败。

施托克曼认为，[3]一个追求评估的社会是一个喜欢理性思考并对传统意识形态和偏见进行批判性质询的社会。通过系统的、以数据为基础的反馈，评估帮助教育以一种合适的方式发展。然而，"管评"失衡导致我国教育评估规模与结构的不合理，同时也深刻影响着教育评估质量与效益的提高，客观上构成对教育"善意"的摧残。从目前我国科研资源的分配格局来看，存在着资源向少数机构、行政权威和学术权威过度集中的倾向，在各种"工程"、人才项目、创新平台、重点基地、重点学科的名义下，学术资源明显向少数机构和少数人过度集中、过分倾斜。一些机构和个人经费多得不知如何用，要么重复购置设备，使用率却很低，而真正有国际影响力的学者和创新成果还难得一见；与此同时，更多的机构和有潜质的学术人则处于无米之炊的状态。有的人课题项目太多且太忙，以至于不能亲自对自己主持的项目进行研究，而雇用大量没有项目的教师开展具体的研究工作，成为中国学术资本主义剥削的一大奇观。[4]学术资源的过度集中其直接后果是挤压甚至侵犯了教育系统多数成员的权利，某种程度上抑制了教育教学及学术生产力。政府虽然投入了大量资金和精力，却破坏了教师学者从容探

〔1〕余三定.岂能只认衣裳不认人——"CSSCI风波"引发的思考[N].人民日报,2010—7—30.
〔2〕汪丁丁.官僚们的另一企图[EB/OL].[2011—9—6][2012—9—10].http://wang-dingding.blog.sohu.com/183684642.html
〔3〕[德]赖因哈德·施托克曼,沃尔夫冈·梅耶.唐以志译.评估学[M].北京:人民出版社,2012.4.
〔4〕余承海.论高校"质量工程"建设的异化与超越[J].江苏高教,2012(2):79—81.

索与安静思考的学术氛围,诱发情绪日益浮躁、动机日益功利、精神日益贫乏。各级行政部门不愿把评估的职能委托出去,或者直接干预"委托"的评估项目,一定程度上成为我国高校办学自主与学者研究自主始终无法兑现的根源所在,也是国内学术共同体长期发育不成熟、弱势局面无从改变的主要原因之一。此外,由于政府和学校行政部门对同行评议的不当运用,不仅引发了人们对行政力量的抵触,而且也损害了学术共同体内部的公信力。"管办评"中各方的权利与责任的厘清是教育评估需要解决的关键问题,也是教育评估顶层设计、建立和完善评估法律体系的重要基础。

第三节　信任与不信任的效应及评估公信力的提升

公众对教育评估的信任/不信任,首先要经历一个认知判断过程,然后产生信任/不信任意向,建立信任/不信任信念,最后采取基于信任/不信任的行动。公众的信任状态一般分四类:一是"信任"型,评估行为与评估相对人、利益相关者乃至社会公众的评估期望相近或相同,欣欣然接受之;二是"顺应"型,即评估行为与原有的评估期望不一致或意向相反,但基于利益等方面的权衡算计,选择接受评估行为及评估结果;三是"漠视"型,无所谓信任也无所谓不信任,主要指向那些与自己利益或价值观念关联不大的评估行为;四是"不信任",这种不信任意向是在交互过程中形成的,源于对评估制度可信赖性,评估主体是否有专业能力、是否诚实诚信、是否善意等的判断。不信任有心理、话语和行动三种形式。心理形式是隐性的,私密的,而话语和行动则是不信任显性化的表现方式。当评估实践与个体期待相反或差距较大时,就形成不信任的意向,并做出一些基于不信任的行为,不信任对个体决策的影响更有力。随着互动关系的建立和发展,信任/不信任在结构上会逐渐细化,在程度上也将发生变化。

一　评估公信力的双轮驱动及信任效应

教育与学术的发展根本上取决于师生与学者的角色行为,教育评估是影响师生与学者角色行为的"魔杖"。评估相对人、利益相关者乃至社会公众对教育评估的信任与不信任状态决定着他们的关注与选择，一定程度上塑造着他们的教育及学术行为，进而产生综合效益。以评估公共权力的行使为主轴，教育评估公信力以信任与不信任为双轮，评估公信力的双轮驱动模型如图5-1所示。只有两个轮子都做圆做实，并保持良好的平衡，车才能跑得好跑得快。基于综合效益最大化，公共权力行使者需要考虑如何在信任与不信任之间寻求一种平衡。

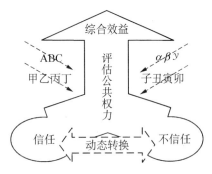

图5-1　评估公信力的双轮驱动的模型

　　教育评估的信任状态是动态变化的。评估相对人、利益相关者和社会公众对教育评估主体有一定的心理预期和评估期望，当评估表现与评估期望一致、经过多次经验验证为"真"时，会产生积极的认知，信任的情感才能得以巩固和强化，并促使其采取积极行动，如认同、参与、合作等，通过评估相对人教学行为的改进最终带来评估效能的改善。在教育系统内部，专业分工日益繁细，复杂性程度愈加增强，信任的功能也随之越来越显著。信任降低制度成本，是教育评估机制协调互动和合作的基础，是管理秩序稳定性的重要保障，决定着受众对评估的一般性支持，影响着评估参与者的行为意向，是决定评估综合绩效的关键因素。"如果组织，无论是赢利性的还是非赢利性的，想要生存到21世纪，必须用信任作为核心要素来开发管理和组织的新范式。"[1]信任构成安全感，评估活动以基本的信任为前提，当作为整体的共同体缺少信任，无端猜疑，甚至持敌对态度时，共同体就不具备动员的能力，有效的集体行动的基石将瓦解。评估活动顺利展开，评估各项功能得以实现离不开信任效用的发挥。良性的信任状态促进着参与者对评估规范的自觉遵守，相互沟通与合作。评估制度的综合绩效，评估目标的达成，评估公共权力效用的发挥受制于普遍信任之作用。信任是重要的社会资本，教育评估唯有赢得评估相对人、利益相关者乃至社会公众的广泛认同、普遍尊重及系统信任，评估活动

〔1〕艾尼尔·K.米什拉.岳添辉等译.组织对于危机的反应——信任的核心地位[A].[美]罗德里克·M.克雷默，汤姆·R.泰勒编.管兵等译.组织中的信任[C].北京：中国城市出版社，2003，383.

才能吸引他们自觉、心悦诚服地进入教学过程，通力合作，积极主动地组织实施教学，共同管理教育的公共事务，从而有效促进教育价值的实现和教育质量的提升。

虽然评估公共权力的行使、评估活动的开展并不直接取决于，或者说并不必然来源于评估主体与评估相对人、利益相关者乃至社会公众的信任状态，尽管对教育价值观、评估思想理念、评估技术方法，实施程序等方面的普遍信任不是教育评估得以开展的必要条件，却肯定是一个有利条件。评估制度若不能成功地创造出和谐一致的基本共识和普遍信任，它就会是一个难以运转的和脆弱的制度。良性的信任状态对于教育以至于整个社会具有凝聚和激励作用，评估相对人、利益相关者和社会公众真心信任评估主体、自愿参与评估活动、认同和支持评估及其行为，就会产生一种内在的强大的凝聚力和向心力。对于诚信意识、规则意识的培育与发展，对于社会秩序的维护和建构也具有积极意义。

二　不信任促压着评估理论与实践变革

教育及评估制度的运行机制和制度变迁的驱动要素是多元的。尽管中西教育评估制度有着截然不同的内在机理，但与西方相同，教育评估理论与实践变革的意识与行动既来自评估主体的自觉努力，也诉诸于外部不信任催生的改善压力，不信任是驱动制度变迁的重要力量之一。

（一）不信任督促理论创新

"不信任"的基本含义有质疑、疑惑、疑问、疑心、疑虑、猜疑、怀疑等，通常与不分明、疑难以及迷惑、责怪、排斥、难以确定等含义相联系，较多显现为负面价值。在中国，"喜信恶疑"是主流传统，质疑与批评有时会被看作是对尊严的冒犯。在两千多年的经学传统中，一代代读书人埋头读、注、疏儒家经典，推测圣贤并不系统的话语文本中的微言大义。而在西方，古希腊哲人开启了对自然好奇与探究的"爱智"传统，"疑"在自然与社会科学等领域的探索中发挥了重要作用。默顿认为，[1]"对著名前辈学者提出的差不多所有陈述都持有一种非批判的崇敬"，这本身就是

〔1〕［美］罗伯特·K.默顿.唐少杰，齐心等译.社会理论和社会结构［M］.南京：译林出版社，2006，47.

"思想史中学术退化的倾向"。没有怀疑,不敢批判,学问就会演变为教条,走向衰败。

从纯粹科学的角度上,爱因斯坦曾经指出,[1]规律决不会是精确的,因为我们是借助于概念来表达规律的,而即使概念会发展,在将来仍然会被证明是不充分的。韦伯同样认为,[2]

> "一个人所取得的成就,在10年、20年、50年内就会过时。这就是科学的命运,也是科学工作的真正意义所在。这种情况在其他所有的文化领域一般都是如此,但科学服从并投身于这种意义,却有着独特的含义。每一次科学的'完成'都意味着新的问题,科学请求被人超越,请求相形见绌。……在科学中的不断赶超,不但是我们每个人的命运,更是我们共同的目标。"

科学在本质上是需要质疑的,理论创新的起点始于质疑。"疑"在有效学习中有难以替代的重要性,古人云,"学贵有疑,小疑则小进,大疑则大进。疑者,觉悟之机也,一番觉悟,一番长进。"学者杨寿堪说,[3]质疑好问,是探索真理的第一步,也是重要的一步,否则,人们的认识与思维很难向前深入发展。我们的认识,总是先有疑,疑后有问,问后有思,思后有信,这大概是理性发展的一般规律。

诚如西蒙所言,[4]个人在超出感知限度的技能、习性和反应能力方面,是受限制的。仅从有限理性的认知局限来看,令教育系统内所有成员都信服的价值判断,令所有成员都满意的"最佳"发展建议在某一时刻是无法达到的,不存在尽善尽美的评估理论与实践,人类认知的有限性是永恒的,教育评估的理论与实践需要不断

---

〔1〕爱因斯坦.论科学[A].爱因斯坦文集(第一卷)[C].许良英,范岱年编译.北京:商务印书馆,1976,285.

〔2〕[德]马克斯·韦伯.冯克利译.学术与政治:韦伯的两篇演讲[M],北京:生活·读书·新知三联书店.1998:27—28.

〔3〕杨寿堪.论科学中的怀疑精神[J].学术研究,2002(12):62—66.

〔4〕赫伯特·西蒙.杨砾等译.管理行为——管理组织决策过程的研究[M].北京:北京经济学院出版社,1988:39.

地发展与进步。正如第四代评估理论的提出者所指明的那样，[1]他们相信，他们不会发现所谓根本正确的设计。虽然他们认为他们设计出的以四个评估时代为标志的构架更为丰富和复杂。尽管如此，与那些早期的形式一样，这种形式迟早也会被证实在某些方面存在不足，也需要修改、提炼、扩充，甚至可能被完全替代。如果评估秉持的价值观念与社会普遍的价值认知有偏差、程序不规范、行为有瑕疵，必然无法满足大多数受众的"评估期望"，评估相对人、利益相关者及社会公众将萌生不可信的心理和排斥否定的态度。教育评估存在规范价值与经验性解释之间的张力，大众通过表达"不信任"引发关注，寄希望于评估行动的改善，若缺乏这种不信任构成的现实压力，评估理论就缺乏来自实践的要求"矫正"的动力，这种对外部客观世界的怀疑、提问、思考的态度及行为，客观上抑制了不合理评估秩序的扩张蔓延及其负面影响的扩散。事实上也正是规范严谨的学术批评促进了评估学术研究的发展和完善。

（二）不信任督促监督制衡

教育评估的公共权力是评估制度的关键，评估组织可视作一个人格化的主体，有着自己特殊的利益诉求。管理者和评估者之间的典型关系很可能变成一种暧昧关系，[2]

> 评估者将决定评估形式的权利让与管理者，在某种意义上说，这就是评估者与管理者在同谋。这种同谋对管理者和评估者都有明显好处。就管理者来说，管理者用各种方法保护自己不受损害。对评估者来说，用管理者认可的评估方法来进行评估可以使他们的合同兑现，从而保证有稳定的收入。评估者难免会采取微妙的平衡行动。

因自身的公共性困境，要保证评估公共权力行使的合理性、合法性和有效性，就离不开内部和外部的监督制衡，否则，评估主体亦会趋向于不断巩固和加强自己的利

〔1〕[美]埃贡·G.古贝，伊冯娜·S.林肯. 秦霖等译. 第四代评估[M]. 北京：中国人民大学出版社. 2008，2.
〔2〕同上书，10.

益,有可能借助权力之手的"寻租"。沃伦指出,[1]"民主的进步通常是由对权威的不信任所激发的。民主制度中的革新常常包含监督和控制那些掌权者的新方式,一般说来,人们假定那些掌权者不能或不应被信任。……显然,不信任不仅对于民主的进步,而且我们可以认为,对于民主活力所依赖的对权力的合理怀疑,都是必要的。"不信任并不仅仅是缺少信任,还是个体对他人会损害自己或公共利益的预警。美国建国者之一的托马斯·杰弗逊说过,[2]"自由政府是建立在猜疑之上而不是建立在信任之上"。在美国历史的一开始,对政治家和政治体制的不信任就已经是美国公众思想意识的一部分。[3]第四代评估,即建构主义评估就是建立在对评估主体一定程度的不信任基础之上的。

所有的公权力,不管它属于行政权力,还是学术权力,都应当受到规范和制约。在美国大学,"不信任投票"(No-confidence vote,也翻译为"不信任案")是监督与制衡校长权力的重要方式。不信任投票源于西方民主议会制中的投票表决,是教师在无奈情况下表达对校长行政管理不满的一种手段,表明对校长失去信心。投票只具有象征意义,董事会才有解雇校长的权力,但其影响是灾难性的。校长违反共同治理的信条是导致不信任投票产生的首要原因。[4] 1989 至 2008 年,美国有超过 70 所高校的教师或教师评议会对其校长进行了不信任投票,并导致校长下台,从小型的社区学院到大型的研究型大学,不一而足。[5] 2005 年,时任哈佛大学校长的拉里·萨默斯(Larry Summers)亦遭遇不信任案,并最终辞职。不信任状态对参与者的行动选择起一种批评和匡正的作用,客观上避免为特权的妄为做混淆是非的辩护,可通过对包括"学术权力"在内的评估权力的监督制衡促进教育评估权力行使的合理性。

对教育评估而言,良好信任状态绝非意味着对评估权力的盲目信从,毫无原则

〔1〕马克·E.沃伦.民主理论与信任[A].马克·E.沃伦.民主与信任[C].吴辉译.北京:华夏出版社,2004,289.
〔2〕[美]詹姆斯·M.伯恩斯等.谭君久等译.美国式民主[M].北京:中国社会科学出版社,1993:35.
〔3〕[美]伯纳德·巴伯.信任的逻辑和局限[M].牟斌等译.福州:福建人民出版社,1989,68.
〔4〕刘爱生.解读美国大学的不信任投票——以哈佛大学前校长拉里·萨默斯的不信任案为例[J].比较教育研究,2012(11):59—63.
〔5〕Sean McKinniss. Understanding No-Confidence Votes against Academic Presidents [D]. The Ohio State University,2008:1.

地听从评估安排。"过度的信任是不利的,会导致公民的冷漠,造成发展停滞"[1],质疑与批评是教育评估的一种监督和制衡力量,是构成行业自律的必要条件。随着公民社会的逐步形成和批判性公民意识的养成,怀疑精神和不信任将成为修复、校正评估主体弊端,优化评估结构、拓展评估功能的必要条件和重要动力。由以上分析可以看出,教育评估制度中评估双方的有限信任具有比较优势。

三 提升公信力需纾解不信任优化信任

随着社会的开放,形成、维系以及强化信任的基础条件亦在发生变化,公共管理将面临信任与不信任胶合共生现象日益普遍的挑战。德国汉学家顾彬最近指出,[2]当代中国精神缺少的是一种有活力的传统,一种既不盲目地接受,也不要盲目地否定,从批评的角度来继承的传统。盲目信任、无端不信任和不信任的大量郁积是公共权力异化及制度失灵的原因或前奏。教育评估公信力的提升需要优化信任纾解不信任,以形成良好的信任状态,从而促进评估机制产生最佳的综合效力。

(一)不信任的郁积导致制度失灵,公信力的提升需纾解不信任

适度的不信任,特别是理性的质疑是合理的、必要的,也是成熟健康的,是驱动教育评估发展的外部压力和重要动力。当然,不信任的内在潜能并不是自然而然就能得到充分发挥的,在评估过程中,具有不信任意向的个体将做出一些基于不信任的行为以维护自己的价值观念并保护自己不受伤害,如不合作、不尽力、采用制度外措施等。如图 5-2 所示。

不尽力是指参与者不一定公开反对,但可能联合起来以化解或抵消其中的各种规则与约束,实施"准退出"的柔性策略,最终使这套貌似严密的制度的功效大打折扣或消散于无形,各种公信力低的评估项目虽然可以得以推行和维持,但其维系的仅仅只是表面质量。还有一种颇为常见的是采用制度外措施,教育评估的信任状态反映并影响着参与者的规则意识和秩序形态,当教育评估作为某种价值体系引领者的地位被消解,人们必然在评估正式体系之外寻找渠道,重建评估规则,包

---

〔1〕刘建军.论社会转型期政治信任的法治基础[J].文史哲,2010(4):159—168.
〔2〕顾彬.我看当代德国哲学[J].读书,2011(2):55—63.

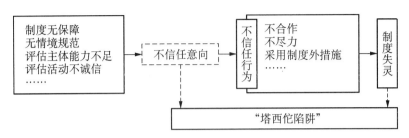

图 5－2　不信任大量郁积的影响效应

括"潜规则"。"潜规则"的普遍使用将导致教育体系内的成员对教育的忠诚、责任会相应地减弱甚至丧失,不仅难以产生应有的积极情感和文化促进,反倒阻碍评估相对人、利益相关者和社会公众做出正确的决策,进而阻碍教育价值的传承与创新。这类不信任行为影响着评估综合效力的发挥,极端情况下导致评估制度失灵,制度失灵并非指制度停止运转,而是指制度不朝所预设的价值方向运转。如果评估制度不能合理配置教育资源、不能形成良好积极的学术氛围、不能发挥个体自由的创造活力、不能形成集体互动的创新合力,就意味着教育评估的制度失灵。制度失灵与不信任大量郁积的长期持续,还将步入"塔西佗陷阱"——此时,不论公共权力说真话还是假话做好事还是坏事,都会被认为是说假话做坏事而引起人们的厌恶。[1]

　　总体上看,针对教育评估的不信任的行动相对比较温和,但当不信任大量郁积时,往往在"心中注入以伤害、困惑、背叛、疑虑和敌意等形式体现的存在性焦虑"[2],甚至是隐蔽的颠覆力量。不信任也会激励犬儒主义,不仅妨碍了公共权力处理关键问题的能力,而且还削弱了使"公众"参与对这些问题进行更具协商性的讨论的努力。[3] 2012 年 4 月,武汉某大学一名副教授因怀疑职称评审不公正而殴打评审委员。对该事件,当事人振振有词,网络舆情显现出的公众意见也多以支持为主,网上相当多的评论都在为这一攻击行为进行合理化辩护。公众不信任的大量郁积,将使得当事人对使用正式制度丧失信心,那些即便未曾亲身经历的师生和

〔1〕杨妍.自媒体时代政府如何应对微博传播中的"塔西佗陷阱"[J].中国行政管理,2012(5):26—29.
〔2〕[英]安东尼·吉登斯.田禾译.现代性的后果[M].南京:译林出版社,2000:86.
〔3〕[美]A.J.达米科,M.M.康韦,S.B.达米科.张巍译.政治信任与不信任的模式:民主政治中的公民生活[J].国外理论动态,2012(10):43—55.

社会公众也会在潜移默化中听信一些道听途说、社会传闻,并产生同感共情心理共鸣,进而产生自己的权益可能遭受侵害的担忧和焦虑情绪,以及对教育评估主体行为的不满与挫败感。不信任的郁积将很难形成良好积极的学术氛围,个体自由的创造活力以及集体互动的创新合力必将受到极大制约,不仅难以激发创新的热情和活力,参与者的挫折体验、被剥夺感、贫乏及职业倦怠等消极情绪亦会油然而生,怨恨甚至攻击行为出现的可能性就会增大。

普遍信任缺失状态下的教育评估,从委托方(以行政部门为主)方面看,进退失据,难以制定切中时弊的教育政策并有效推行,不计成本、不合规律的教育政策与教育实践将会不断涌现,客观上强化了政府行政部门和学校组织的消极不作为、积极作为不当、积极不当作为。从学校组织来看,行政依附性使得评估结论与教育资源包括荣誉资源的配置密不可分,评估相对人与利益相关者基于趋利(利益 + 名誉)动机,不遗余力讨好评估专家,内心却颇多抱怨,后续的整改措施也在这种心态中迅速被边缘化,学校信誓旦旦的改进承诺逐渐被人遗忘。评估时像模像样,评估后恢复原样,资源配置的合理性及相关经费的使用效率将大大降低,同时助长了一些浮夸的风气,不仅弱化了对教育问题的追责,助长了教育问题的蔓延扩大,使得不合理的教育现象得以存续乃至扩张,还维护了特殊利益集团的不当得利,积累着政府、学校、社会之间的内在矛盾。信任可以节约制度成本,如果评估活动在推行的过程中缺乏信任、信心不足,那么它必须付出更大的组织成本如财力、物力资源予以弥补,当诚信与信任程度跌破边界点时,评估也就失去了存在的积极意义甚至会适得其反,走向评估主张的价值的反面。

公众对教育评估的不信任,有的源于瞬时的情绪情感反应,有的源于信息的不充分和认知的隔膜,也有的来自以深思熟虑为先导的理性批判,其中蕴含着真知灼见。信任从来都不是完全充分的,不信任之于公共组织有其潜在的积极力量,但这一潜力不是自然而然就能有效发挥的,各种替代性和补充性的社会机制,诸如法律规范、信息公开及监督、参与及协商等对于建立和维持基本的信任,是不可或缺的。教育具有多样性和异质性,良好的教育发展生态体现着思维的多样化和价值的多元性,教育价值的传承与创新呼唤着理性质疑意识及能力的增强,在批评中求得思想的解放,汲取创造的活力,促进反思和自我更新。制度化不信任的表达与释疑机制的建立和完善及其有效运行,既能辅助消除公众认知的隔膜以疏通纾解不信任,还能切实采纳有益的建议,客观上促进教育评估专业水平的持续提升。评估主体以一种积极的心态正视不信任,以实际行动打消公众的疑惑和不满,建立起的信任关系才能经得起考验,从这个意义上说,对不信任的疏通纾解客观上起到修复与强化信任的作用。风险论证、问责制度等多是基于不信任的预设而设计的,这些制度通过对不信任的疏通纾解,进而产生并维系良好的信任状态,并最终促进教育评估综合效力的提升,实现了良好的社会效果。由此观之,当前国内教育评估中"信任危机"的根源之一就在于不信任的郁结,因不信任的表达及纾解机制的缺乏,或者运行效果不理想,不信任还面临逐渐加深和固化的风险。不信任的大量郁积是有害的,教育评估中公众的不信任应当疏通纾解,构建相应的机制予以保障,这应当成为今后评估制度建设中的一个重要方向。

(二) 评估的制度进步在于超越质疑,公信力的提升需优化信任

人类对事物、现象、过程等的认识,是从现象到本质,从不甚深刻的本质到更深刻的本质无限深化的过程。这个过程需要挑战权威,需要质疑既有的结论和方法,需要从封闭的知识体系中发现问题及突破路径。任何认识在本身都包含着产生错误和幻觉的危险。……人们总是制定关于他们本身、关于他们在做什么、关于他们应该做什么、关于他们生活于其中的世界的虚幻的观念。[1] "科学的光荣不在于它从未犯过错误,而在于它有错必纠、知错必改。科学理论具有可错性并不是科学的缺陷,识错和纠错恰恰是它通向真理的必不可少的阶梯。"[2]教育与学术共同体成员之间的批判反思,既是教育与学术活动的正常状态,也是认知理性形成和发展的基本方式。质疑与批评是一种建设性力量,是思想的活力之源。"如果一个组织要发展而不退化,就有必要对它以及它运行的情况不断地进行检查批评,并不断更新人们的看法"。[3] 早在 19 世纪,托克维尔就曾指出,[4]

---

〔1〕[法]埃德加·莫兰.陈一壮译.复杂性理论与教育问题[M].北京:北京大学出版社,2004,12.
〔2〕李醒民.科学精神的规范结构[A].陈光主编.科技文化传播[C].成都:四川科学技术出版社,2007:1、4.
〔3〕[英]D. S. 皮尤编.彭和平,杨小工译.组织理论精萃[M].北京:中国人民大学出版社,1990,4.
〔4〕[法]托克维尔.董果良译.论美国的民主(上卷)[M].北京:商务印书馆,1995:240.

人类的智力发展有三个总是前后衔接的不同阶段。一个人之所以对某事坚信不疑,是因为他没有深入调查就接受了它。当出现异议时,他就会产生怀疑。最终,他往往能够克服这一切怀疑,从而又开始相信。这一次,他不是随随便便和马马虎虎地去认识真理,而是切切实实地去考察真理,并紧跟着真理之光前进。当人们的智力发展处于第一阶段时,不经深思熟虑就深信不疑是习惯。……在智力的整个发展过程中,人类的理性只能一次认识一点地向前发展,但被认识的那一点也在不断改变。……不久以后,一批新的思想又接踵而来。人们有了经验,在怀疑和普遍不信任中摸索。大多数人总是停留在下述两个阶段之一:不是信而不知其所以然,就是不能确知该信什么。至于来自真知和冲破怀疑的干扰的深思熟虑的自信,以及对这种自信的主宰,那只有很少人有能力达到这个阶段。……在互相质疑和轮番角逐的一切社会理论中,如有一个被人采纳并加以保护,那也不是因为人们相信它是好的,而是因为人们不相信会有比它再好的。……再为这个理由补充一个更为强而有力的理由:当人们怀疑某种见解时,最终总是要联系自己的本能和物质利益,因为本能和物质利益比见解更容易看到,更容易感觉到,更能持久。

　　事物的发展常常是在质疑与反思的互动过程中完成的,西方历史上出现的教育评估思想和言论都会多少引发当时或后来者的争议和反对。这些不同流派的争论所带来的张力与融合,给教育评估的思维建构、运行方式带来持久而深远的影响,正是对这些批评质疑的接受、回应及超越促进了教育评估的持续进步。在世界高等教育发展的历史进程中,每次高等教育危机意识的出现,几乎都伴随着高等教育质量意识的升华。[1] 质疑之于教育评估的理论发展与实践进步有着巨大的合理性和积极意义,这一积极效用的发挥离不开对不信任的纾解和对质疑的超越,也只有充分重视和积极回应了公众的质疑、辩难和不满,作为外部压力的不信任才能逐步转化,不断恢复与改善评估主体的普遍信任。理性质疑的前提在于一种深切

---

〔1〕邬大光.高等教育质量意识的涵义与价值——基于《质量报告》的视角[J].高等教育研究,2012(2):42—35.

的兴趣和精神的期望,这种品性和能力需要有意识的培育和习得。托克维尔在对美国社会和民情进行研究时发现,[1]美国的居民对社会主管当局投以不信任和怀疑的眼光,只有在迫不得已的时候才向它求援,他们从上小学时就开始培养这种习惯。只有养成理性质疑的人格品性,才会关注评估中的风险及可能出现的差错并及时进行矫正。理性质疑能力的养成与习得有助于推动评估的良性运行和健康发展,对于评估公信力的提升也是至关重要的。

不信任并不意味着对立,不代表对抗,虽然并非所有的不信任都能转化为推动发展的有益力量,诸多的批评也无法直接提供更具说服力的解决方案,很多质疑与不满本身也不一定都合理,但是,对教育评估不同的思想观点乃至逆耳的反对意见表明实然评估与人们的期望和需求之间存在沟壑,并为人们从不同角度的思考带来启发,这是提高评估水平的重要资源,也是教育评估实践发展与理论进步的内在动力。如果不承认这种现实,不容许对困境的客观性和选择的开放性进行分析,就无法做出有益的反省,丰富的意义之源也会关闭。大智兴邦,不过集众思,质疑与批判精神是教育精神的有益要素,也是教育发展进步的基础性力量。在宽松宽容的环境中,多元甚至相反的价值诉求,都应有得以展示的资格和平台,在比较与竞争中加以验证。对于个别受众的偏见或价值观的偏狭,评估主体应以建设性的方式,适当加强评估的互动以尽可能促进对教育评估的价值共识以及实践认同。

---

〔1〕[法]托克维尔.董果良译.论美国的民主(上卷)[M].北京:商务印书馆,1995:241.

第六章　提升公信力:范式转型及制度保障

> 故蓍龟,所以立公识也。权衡,所以立公正也。
>
> 书契,所以立公信也。度量,所以立公审也。
>
> 法制礼籍,所以立公义也。凡立公,所以弃私也。
>
> ——《慎子·威德》

教育评估制度与信任的关联极为紧密,正因如此,我们更需厘清一个基本认识:赢得公众的信任不是评估制度的最终目的,尽管赢得公共信任是增进评估综合绩效的重要手段。对于教育评估制度而言,单凭信任是不够的,合理的不信任,如理性质疑对一个有活力的评估制度是必要的。评估公信力主题的核心关注应始终在于如何促进信任及不信任积极潜能的转化,即教育评估公信力的提升。一个社会的普遍信任状况及该状况下教育评估正能量的积累及其效力的发挥,建立在其维持机制即保障体系基础之上。良好信任状态的基础包括法治基础、制度基础和道德基础等,教育评估公信力的提升需要形成评估法治体系,改变激励竞争性的评估供给严重过剩与认可保障性的评估供给严重不足这一结构性矛盾,认真履行监管责任,通过确立公正竞争机制优化评估顶层设计。公信力的提升还需要评估主体专业能力、评估参与者诚实守信、信息公开及互动协商,以及释疑机制的建立健全等方面的协同共构。显然,评估公信力的提升是一个由范式转型和制度保障共同作用的综合体系。

第一节　形成评估法治体系,奠基法理信任

张维迎教授认为,[1]通过实在规范或治理结构形成的激励机制以及各种责任

---

[1] 张维迎. 信息、信任与法律(第二版)[M]. 生活·读书·新知三联书店,2006.

系统可以构成信任的基础。良好法治体系中法律所具有的权威性和广泛适用性，对于社会的普遍信任的维系具有重要作用。20 世纪 90 年代以来，以法治来推进教育事业改革与发展得到社会的广泛认可。针对当前教育评估项目过多过滥的现象，李延保先生曾建议，[1]教育部对高校每年接受的来自各方面、各类型涉及到学校和教师工作的评估、评审进行全面的清理，最好能为学校接受和拒绝各类评审、评估、评奖以及评价工作立法，建立规矩，给学校和教师的学术研究、教学工作留出更多的时间和空间。有专门针对"专家责任"的研究认为，[2]刚刚起步的专业化进程催生了一些缺乏专业素养的专家，为了让他们更明确地意识到对社会的责任，一个有强烈的公众争议色彩的法律责任框架可能是必要的。

一 明确权责，规范评估公共权力

信任与权利之间具有同源关系。国家直接创造信任关系是困难的，但国家能够借助独立司法所支持的权利，使社会内部空间免受破坏信任的权力关系的损害或抑制其不断发展。[3]权利是被法律或规则认可的不受他人干涉的行动的自由，权力则是被授予的合法干涉他人的行动的自由。权利是被保障的，是内在的、消极的；而权力则是被授予的，是外在的、积极的。徐显明先生在《社会转型后的法律体系重构》一文中指出，[4]

> 法治社会中权力必定在法律之下，其体系构成是以权利为逻辑起点，法治的诸环节都以权利为原点而展开。立法是分配权利，执法是落实权利，守法是实现权利，司法是救济权利，法律监督是保障权利。确定权利和实现权利是法律存在的价值和法律运作的目标。在这种体系中，权力处于被强制的地位，权力的性质被重塑为实现权利和保障权利的工具。权力是权利派生的，权利是权力的目的，权力如果不能使权利得以实现或成为权利的障碍时，权力就要受到改造。

〔1〕李延保. 正确认识高校教学评估目的意义和成效[J]. 中国高等教育，2008(13—14)：4—7.
〔2〕刘燕. "专家责任"若干基本概念质疑[J]. 比较法研究，2005(5)：139—146.
〔3〕[美]马克·E. 沃伦. 吴辉译. 民主与信任[C]. 北京：华夏出版社，2004，305—306.
〔4〕徐显明. 社会转型后的法律体系重构[J]. 文史哲，2000(5)：5—7.

权利依其对权力的样态而自成四类,即自由权、社会权、参与权和救济权。自由权的特征是排斥、抗拒权力的干涉,因其以权力的消极自抑为期待,故又称消极的权利。自由权排斥的首指行政权,当法律能够最大限度地约束住行政权的滥用时,自由权便获得了最大的保障。与自由权对权力的排斥抗拒不同,社会权的实现有赖于权力对社会的积极作为,权力应社会权的要求而动。参与权因其对权力的主动参与,使权力的组织与运作成为可能。救济权是救济权利的权利,是最后的权利。人们为救济受到损害的权利,还会启动迫使公权力自律的复议程序,还可以批评、检举、控告等方式以自救。

这一法理思想具有启发意义。不言而喻,任何权力包括学术权力都是有边界的,在边界内行使权力是合理的、正当的,但不能取予随心、逾越界限。如果过分行使职权,超越了可接受的范围,就会导致相对一方的不服。与现代教育管理制度相适应的评估制度,应注重规避对包括以"学术权力"名义在内的各类权力对教学与学术的过度干预与控制。从评估法治的核心理念来看,教学科研主体的教育教学及学术研究权利与行政管理权力之间的平衡是各国评估立法的关键问题。依法评估强调通过确定的、理性的约定的"法"来对评估公共权力进行制约、限制和规范,从而更好地保障和实现教育教学与学术研究等权利。在评估已成为公共行动有机组成部分的美国,1952年,美国国会通过《退伍军人安置援助法案》,从法律上建立了联邦政府与评估认证机构之间的联系。1965年,美国《高等教育法》颁行,该法规定,高校获得资金的条件是获得地区性认证,自此,认证机构开始成为政府经费的"看门人"和联邦政府对大学进行控制的半规制伙伴(semi-regulatory parter),联邦政府对认证机构进行认可的程序和标准被明确载入《高等教育法》历次修正案。1994年,经国会批准,克林顿总统签署《2000年目标:美国教育法》(Goals 2000: Educate America Act)通过立法形式资助和鼓励各州建立自己的学术和测试标准,为教育改革奠定法制基础。《不让一个孩子掉队法》(No Child Left Behind Act)则为州政府发展和实施标准以及评估制度提供联邦法令。奥巴马政府对各州制定和实施以升学和就业为导向的教育评价制度的支持亦建立在对相关法案的修订基础之上。在日本,对国家资源配置的基础性制度亦采用立法方式予以确认。为表明国家的政策理念和基本方针,并规定这些理念和基本方针应该采取的措施,日本1995年制定实施《科学技术基本法》,2001年制定并于次年4月正式实施《关于行政机关实施政策评价的法律(评价法)》,为文部科学省设计国立大学法人和独立行政法人研究机构的机构评价、本部门所辖事业的政策评价、竞争性资金计划评价和研究开发项目评价等奠定法律基础。

在国内,从宏观政策层面上看,目前教育管理还常常采用领袖讲话治教的模式,这一治理模式的优点暂且不做论证,仅就其缺点而言,该模式从根本上影响了管理秩序的确定性,使管理制度的稳定性和可预见性降低。此外,由于评估公共权力的边界不清晰,教育管理的程序规则不完善,教育评估项目缺乏整合,缺乏统一的顶层设计及组织协调,由此导致评估公共权力对教学及科研机构的过度干预,各类评估项目随意设置以及交叉重叠等问题。有关方面曾出台相关文件进行规范,如《教育部关于规范普通中小学校检查、评估工作的意见》(教督[2007]1号),但行政性评估公共权力并未得到有效制约、评估过剩现象依然较为严重。政府要宏观管理学校,学校要加强教育质量的自我保障,以及社会要对学校办学进行必要的监督,这种新型关系的建立需要规章依据和坚实的法律支撑。[1] 形成评估法治体系是国际教育评估发展的共同特点,也是我国教育评估发展的必然趋势。转变行政权力优位的价值观念,通过评估立法的完善,限权问责,设规制矩,以教育组织及师生等的权利为本位构建教育评估法治体系势在必行。

二 形成法治体系,奠基法理信任

中国教育法制建设肇始于19世纪末20世纪初,在一百多年的法治历程中,历经移植模仿、创建繁荣、受挫停滞和稳定发展等阶段。改革开放以来,尽管陆续颁布了《教育法》、教育单行法律、地方性法规、自治条例、单行条例、政府规章等,数量上也有较大突破,但我国的教育评估法制,从整体上说还不完备,还有诸多亟待改善的薄弱环节,与法治的要求和实践的需要还有不小的距离。

---

[1] 李亚东.我国高等教育评估制度建设的回顾与反思[J].江苏教育学院学报(社会科学版),2004(2):24—26.

（一）教育评估立法存在的主要问题

1. 立法滞后，教育评估有法可依的局面尚未形成

我国教育评估在发展过程中往往以教育行政部门频频发布政策文本的形式来实现政策意图，相对忽视法律合法性的构建。总体而言，立法滞后，评估有法可依的局面尚未形成。1990年颁行的《普通高等学校教育评估暂行规定》（以下简称《评估暂行规定》）被视为新中国第一部教育评估立法，确定了我国高等教育评估制度的基本框架。作为评估制度法律合法性建构的一种尝试，其表现形式仅为部门规章。出于教育管理的实际需要，教育行政部门和学校制定了大量的规范性文件。这些规范性文件作为内部管理规范和自治规则，可视为对法律规范的一种补充和完善，但并不属于严格意义上法的范畴。

评估规章的修订同样滞后于教育评估实践的发展，相应的法律法规未能根据客观形势的变化而做出及时的修订和完善。如《评估暂行规定》第七条规定，"合格评估（鉴定）是国家对新建普通高等学校的基本办学条件和基本教育质量的一种认可制度，由国家教育委员会组织实施，在新建普通高等学校被批准建立之后有第一届毕业生时进行。"然而，自2002年教育部启动本科教学工作水平评估以来，一些新建本科院校一直未接受合格评估。总之，当前教育评估的立法层面，对已有的法律、法规、规章及规范性文件的清理和修订不及时，上下层位规范偶尔出现抵触现象。依法评估还没有真正成为政府、教育行政部门和学校普遍的自觉行为。

2. 重权力赋予轻权利救济，评估权力边界不清晰

1995年颁布的《中华人民共和国教育法》第二十四条规定，"国家实行教育督导制度和学校及其他教育机构教育评估制度。"1998年颁布的《高等教育法》四十四条规定，"高等学校的办学水平、教育质量，接受教育行政部门的监督和由其组织的评估。"《民办教育促进法》第四十条规定，"教育行政部门及有关部门依法对民办学校实行督导，促进提高办学质量；组织或委托社会中介组织评估办学水平和教育质量，并将评估结果向社会公布。"这些条文多为原则性、抽象性、实体性的规范，在一定意义上属于宣言性立法。

这些法律以及部门规章等，规定教育行政部门行使教育评估权力的方式和手段多，被评者的权利救济途径少；宣示的权利条款多，保障权利的条款少。如《高等教育法》中规定高校有七项办学自主权，却没有保障这些自主权最终实现的法律救

济途径。有调查显示,[1]在招生自主权、专业设置权、教学管理权、文凭发放权、财务自主权、国际学术交流权等方面不能令人满意。劳凯声先生认为,[2]经过20年的"简政放权",中国的高等学校已经获得了相当大的办学权利。今天高校可以做的许多事情,都是过去不能做的,也是世界上许多国家的大学至今都不能做的。但主要是学校的经营管理权,学校自主办学中的一项重要的权力——学术权力还存在着一些有待解决的问题。这种放权缺乏明确的法律依据,还会出现权力回收或者行政干预的问题。教育评估立法重权力赋予轻权利救济,评估权力边界不清晰。随着教育评估的开展,政府滥用权力、评估法律程序不完善等一系列法律问题已经开始凸显出来,教育教学评估的实践与目标反差愈来愈大。[3]

3. 现行教育法可诉性问题严重,不能产生确定的法律效力

教育法的可诉性是指当发生纠纷时,法律规定的公民、法人和组织可以通过一定的诉讼程度来维护自身的权益。可诉性是法律本质的必然要求,是权利人实现权利的武器,也是司法的前提。如果教育组织的办学自主权和师生的教与学及学术权利受侵犯,教育组织及师生应如何依法维护其合法权益,是否有法定的主体和程序来认定并追究相应的法律责任,能否向法院提出诉讼,能否为学校中的师生提供保护其合法权益的司法救济渠道,有无提起行政诉讼的权利,对于上述问题我国现行的教育法律均未作明确的规定,存在着权利内容不确定、义务主体泛化、法律责任缺失、救济途径狭窄等问题。[4]在司法实践中,《宪法》和《教育法》并不能作为直接的法律依据在法律文书中被援引,其中很大一部分内容由于没有具体化为普通法律规范上的权利,也不能纳入现行体制中的诉讼和其他救济途径。教育法律可诉性问题严重,致使在"司法实践中实际上被'虚置',不能产生确定的法律效力"。[5]明确纠纷解决机制,提高教育法律的可诉性是赢得公众信任的基础性保障。

---

〔1〕姚启和.自主办学:高等学校自身发展规律的要求[J].高等教育研究,1999(5):31—33.

〔2〕劳凯声.教育体制改革中的高等学校法律地位变迁[J].北京师范大学学报(社会科学版),2007(2):5—16.

〔3〕程雁雷,梁亮.我国政府高等教育评估法律治理之路径[J].江淮论坛,2009(6):104—110.

〔4〕叶阳永,尹力.教育法的可诉性探析[J].北京师范大学学报(社会科学版),2012(5):121—128.

〔5〕劳凯声.改革开放30年的教育法制建设[J].教育研究,2008(11):3—10.

（二）健全评估立法，构建有法可依的教育评估法律体系

《国家中长期教育改革和发展规划纲要》(2010—2020)提出，"加快教育法制建设进程，完善中国特色社会主义教育法律法规。"并进一步指出，"根据经济社会发展和教育改革的需要，修订教育法、职业教育法、高等教育法、学位条例、教师法、民办教育促进法，制定有关考试、学校、终身学习、学前教育、家庭教育等法律。加强教育行政法规建设。各地根据当地实际，制定促进本地区教育发展的地方性法规和规章。"这意味着我国的教育法制建设已经进入一个修订旧法与制定新法齐头并进的重要时期。健全教育评估立法，通过创制和修订教育评估法律，构建以公正为取向、以权利为本位、具有可诉性的教育评估法律体系，提高教育评估立法的质量以及运用法律维护权利的确定性，对于教育评估公信力的提升具有重要意义。

1. 坚持公平正义，构建以公正为取向的教育评估法律体系

制定的法律是不是坚持了正义、公平和人权的价值观，这是法的总的精神。[1]罗尔斯(John Rawls)认为，[2]正义是社会制度的首要价值，正像真理是思想体系的首要价值一样。某些法律和制度，不管它们如何有效率和有条理，只要它们不正义，就必须加以改造或废除。理想的教育评估是人类精神对教育世界的深度回应，虽无法替代教育教学及学术创造本身，但符合教育教学本质特性的教育评估机制却可以有效呵护和激励人的激情和创造性。评估进行价值判断时理应凸显对"公平正义"的追求，这一追求应高过对"效率"的追求。我国教育评估在法律体系构建方面所应进行的变革首先是关注公平公正，评估规则也必须贯彻和体现公平正义的法治精神，消除各类评估项目中因区域及身份差异等形成的二元权利体系，如高考等考试中的区域差别、诸多评审中对参评者身份的限制及差别对待等，使公平正义的评估理念得以确立，从而赢得更广泛的信任，同时纾解不信任。

2. 调整评估关系，构建以权利为本位的教育评估法律体系

对权利的确认和保障是教育评估法律调整评估关系的基础和中心环节。参照《社会转型后的法律体系重构》一文的主张，本研究以为，以权利为本位的教育评估

---

〔1〕徐显明.立法质量逐步提高[J].中国人大,2005(5):21.
〔2〕[美]约翰·罗尔斯.何怀宏等译.正义论[M].北京:中国社会科学出版社,1988,3.

法治体系应包括:(1)权利纲领,包括师生、教育组织、学术团体、行政部门等的基本权利的确认与宣告,确定教育及学术行为主体权利与评估权力主动受动的关系。(2)自由权法条,涉及教育教学及学术自由的限度、评估权力的限度及范围等,评估公共权力在多大程度上可施加于教育教学及学术行为主体。有法学学者指出,[1]当前,国内"学术自由"仍然停留在宪法文本中,没有真正成为构筑我国大学制度的宪法基础。(3)平等参评权法条,涉及独立法人平等参评权,如考试权、评审权的保障及实现等。(4)参与权法条,涉及评估主体地位的获得、评估中参与及价值协商的程序和规则、评估过程的监督等。(5)权利救济法条,为评估权力设定界限、督促评估公共权力自律、限制评估权力滥用,确保受损权利得以公正补偿与救济。

立法活动包括前期调研、法案的起草、审议与讨论、修改、表决与公布等阶段,在立法过程中,社会参与的机制和基于对公共利益认同的合作是一个薄弱的方面。[2]我国立法过程就像一个黑匣子,立法过程中的议题设置、争议焦点等利益相关者及公众常常无从获知,立法过程中公众参与途径极其有限。教育评估立法意义重大,应把公众参与、专家咨询论证、风险评估、合法性审查和集体讨论决定等作为评估立法程序的必要环节。建立评估法律依据、权限、过程、结果等公示制度,加强评估立法公开、公众参与及专家咨询论证等。各级学校组织和学术团体也需要逐步完善办学章程,进一步明确办学权利和责任,如教师的教学自主权与教学工作的基本规范及应达到的标准等,理清并确定管理权限和职责。

法律应该是统一的、和谐一致的,为避免出现交叉、重复和矛盾,评估顶层设计应对各级行政部门的评估责权进行科学合理的分工,就评估业务范围、评估机构、委托人、评估专家、行政管理、自律管理、法律责任等进行认真的梳理,创制和完善以权利为本位的教育评估法律体系,消除行政权力优位的价值取向应成为我国教育评估在法律体系构建方面的重点关注。

3. 明确纠纷解决机制,构建有可诉性的评估法律责任体系

《教育发展规划纲要》明确指出,"探索教育行政执法体制机制改革,落实教育

---

〔1〕王德志.论我国学术自由的宪法基础[J].中国法学,2012(5):5—23.
〔2〕劳凯声.改革开放30年的教育法制建设[J].教育研究,2008(11):3—10.

行政执法责任制,及时查处违反教育法律法规、侵害受教育者权益、扰乱教育秩序等行为,依法维护学校、学生、教师、校长和举办者的权益。""健全符合法治原则的教育救济制度。"2012年某大学法律系副教授陈某因自认为职称评审不公正和腐败而拳打评审委员的事件,尽管充满反讽意味,也进一步显现出明确纠纷解决机制,构建有可诉性的评估法律责任体系的重要性与紧迫性。

公众对于法律的特有敬意,是法的有效性的关键所在。而公众"权利"的实在享有,乃是催发此种敬意的活水源头。健全法律的责任规定,保障当事人的被告知权、知情权、申辩权和申诉权,建立相关责任追究机制的法律责任类型,对教育评估领域能被纳入行政复议范围和行政诉讼范围的行为作系统的规定。建立教育评估仲裁机制,受理学位授予、职称评定、教学与科研评审及奖励等方面的学术性纠纷。对违法行使评估权力或行使评估权力不当,侵害评估相关权利人合法权益的,当事人有权利通过救济渠道,来抵抗、制止评估组织的侵权或贪腐行为,以切实精简各类评估项目并遏制评估中的不规范行为。纠纷解决机构可依法解决纠纷,追究责任,补偿或赔偿评估相关权利人的损失。构建具有可诉性的评估法律责任体系是落实对评估公共权力监督制约的基本保障,既顺应又促进了评估公信力由基于对政府和行政的信任向基于现代法理性信任的过渡及转化。

在教师权利救济方面,不少学校已开始了诸多有益的探索。如某大学《教师编制核定、职位设置与职务聘任规程》中设置"申诉与仲裁"条款,对于教师在职务聘任和业绩考核等问题上的申诉权利及程序作出了具体的规定。例如,教师首先以书面形式向以校长为主任的校级"教师编制核定与职务聘任委员会"提出申诉和投诉,委员会接到投诉后,"可委托学校相关部门进行调查,必要时调查可以听证会形式进行。"一般情况下,在接到申诉或投诉两个月之内,要对申诉人或投诉人作出书面的答复,告知处理决定。如果当事人对处理决定不服,可进一步以书面形式提请"学校教师职务聘任仲裁委员会"仲裁,仲裁委员会"在接到申请一个月内,以听证会形式进行调查和审理,并作出仲裁"。上述条款及其落实在教师聘任和晋升制度中十分重要,是规范评估评审公共权力的必要保障。

(三)形成法治体系,奠基法理信任

法治是治国理政的基本方式。十八大报告提出要更加注重发挥法治在国家治理和社会管理中的重要作用,提高领导干部运用法治思维和法治方式深化改革,推动发展,化解矛盾,维护稳定的能力。法治的确立要求必须具有普遍性(平等应用,关切与尊重平等);必须具有抽象性(不为任何人或团体的具体目的服务);权力分立,相互制衡,能达到制止权力腐化与滥用的问题。"法律体系"是静态的,其功能是形成教育评估诸方面的规范体系,它解决的是"无法可依"的问题。法贵善行,徒法不足以自行。"法治体系"则面向制度运行过程,政府及行政权力只能在法律限定的情况下,按照预先确定的方式被行使。

当下时期,"诚信危机"深刻瓦解了教育评估的公信力,作为影响教育评估公信力的核心要素之一,评估参与者的道德伦理责任的履行也可考虑纳入法治体系,经由法治体系加以规范。1978 年,美国国会通过《政府道德法案》(Ethics in Government Act),除了要求政府官员严格遵守"职业道德"——荣誉法典以外,特别规定官员必须向政府定期提供个人收入和财产说明,《政府道德法》还对官员与企业的往来进行了限制性的规定,"职业官僚必须清正廉洁和严格遵守职业道德法"。这部法案是联邦政府第一部完整的政府伦理制度的立法。1989 年美国政府伦理局成为独立的行政部门,时任总统的老布什颁布总统令通过了《伦理改革法》,"对职业官僚的道德进行'净化'工程"。这些法律着眼于恢复对政府的信任,通过消除利益冲突的可能性,使政府官员在制定政策时的动机等不受怀疑。1992 年,美国联邦政府授权设立全国院校质量和诚信咨询委员会(National Advisory Committee on Institutional Quality and Integrity, NACIQI),对认证机构进行认可。哈耶克曾经不无警示性地指出,[1]"没有法治,任何程序性保障的价值亦将不存在。那种以为遵循司法程序的外部形式就足以维持法治的观念,实在是对法治持续的最大威胁。"以本科评估为例,从普通本科到"985 工程"大学,首轮评估过程中造假现象颇为普遍。实践表明,政治宣传、道德劝说等手段往往收效甚微。

在中国形成法治体系,坚持依法评估任重道远。通过完善立法规范评估的公共权力,加强评估法制建设,形成评估法治体系之于教育评估制度具有根本性、全

---

〔1〕[英]哈耶克. 邓正来译. 自由秩序原理(上卷)[M]. 北京:生活・读书・新知三联书店,1997:277.

局性、确定性和长期性的意义,是当前时期重要的基础性工作。建基于法治体系基础之上的教育评估既为公众的法理信任奠基,又有助于促进公众普遍信任的现代转型,依法评估是提升教育评估公信力不可或缺的重要基础。

第二节　强化监管维护良序,转变管理职能

在我国,各级各类教育评估项目的设计、组织及实施很大程度上由政府及行政管理部门主导。加快转变政府职能,深化行政体制改革,是党中央、国务院作出的重大决策。转变管理职能,就是要解决好政府及行政管理、办校主体及评价之间的关系问题,这是教育评估顶层设计优化及评估健康发展的重要基础和根本保障。切实加强监管,确保办校主体资质合格是政府及学校行政部门应履行的重要职责。在资质合格得以确认之后,政府及学校行政部门应回归其应然的责任本位,即确立自由公正的竞争机制并积极维护良序。需要说明的是,教育及学术活动的主体是受过专业教育的拥有较强创造力的专业人员,对富有创造性的人才及其创造性活动的监管及评价离不开同行评议,政府及行政部门应尽量避免对学术市场中教育教学及学术活动的直接支配,把错装在政府及行政部门身上的"手"换成学术同行的"手",以确保教育及学术活动的主体按照教育规律及学术生产规律公正竞争、自由发展。

一　强化监管,确保办学资质达标

西方国家高等教育评估在办学资质合格层面上的监督管理有着可资借鉴的成熟经验。在西方,并不是政府亲力亲为去评估学校的教育质量和专业的学术水准,而是着重关注对以同行评议为特征的评估中介组织的监管,政府的教育质量保障政策,基本的思路在于评估高校质量保障或质量管理机制的适切性和有效性。在美国,教育评估机构众多,且均为非政府、非盈利的民间组织,属独立的中介机构。联邦政府不直接参与评估活动,但是众多的评估机构需要获得高等教育认证理事会(Council for Higher Education Accreditation,CHEA)和联邦教育部(U. S. Department of Education,USDE)的允准后才能开展评估活动。美国联邦政府不

直接负责对高等学校和专业设置的认可鉴定评估,却设有美国国家评估管理委员会(National Assessment Government Board,NAGB)[1]和管理全美高等教育评估的机构——联邦教育部的"资格与机构评价办公室"。这是依国会通过的法令而设立的,是美国官方的高等教育评估管理的最高机构。它每年对全国的高等学校和高等学校学科、专业认可鉴定机构进行审查,然后公布它所承认的鉴定机构名单。它拥有审查全国性和地区性的高等院校认可鉴定机构、高等院校专业认可鉴定机构的权力。全美高等学校认可鉴定机构和高等学校专业认可鉴定机构都必须得到它的承认才具有权威性,才能得到社会的信任。

在英国,2011 年起,高等教育质量保障署(QAA)开始采用院校评审(institutional review)的质量管理方式来替代之前的院校审计(institutional audit)。新的院校评审更强调以学生为中心(student-centered)的质量保障、更具灵活性(flexibility),更加清晰(clarity)与简易(simplicity),更少的行政负担(administrative burden),更清楚地认识到公共信息的重要性、让公众对学术合格质量更有信心等。[2] 2012 学年起,QAA 开始使用《英国高等教育质量法则》(UK Quality Code for Higher Education)来替代之前的《学术基本规范体系》(Academic Infrastructure)。[3] 学术基本规范体系包含四个部分,分别是高等教育学位资格框架、学术基准陈述、专业设置要求和实践行为准则。而教育质量法则主要包括设置与维持合格(底线)学术标准、保障与提高学术质量以及提供关于高等教育方面的信息。QAA 通过这些变化,让高等教育质量管理中的核心要素(同行评议、学生参与以及文化培育)的地位与作用更加凸显。高校层面上,以英国华威大学(University of Warwick)为例,[4]该大学设有大学评议会,下设学术质量和标准委

---

〔1〕 National Assessment Governing Board/NAGB http://www. nagb. org/.

〔2〕 QAA. Summary of Institutional review in England and Northern Ireland[R]. [EB/OL]. [Mar - 2011][2013 - 2 - 28]. http://www. qaa. ac. uk/Publications/InformationAndGuidance/Pages/Summary-of-Institutional-review. aspx.

〔3〕 QAA. UK Quality Code for Higher Education:General introduction [R]. [EB/OL]. [Oct - 2011][2013 - 2 - 28]. http://www. qaa. ac. uk/Publications/InformationAndGuidance/Pages/Quality-Code-introduction. aspx.

〔4〕 University of Warwick. About teaching quality at Warwick. [EB/OL][2013 - 3 - 18]. http://www2. warwick. ac. uk/services/academicoffice/quality/about.

员会(Academic Quality and Standards Committee),全面负责大学的教育质量管理。学术质量和标准委员会从学术人员职业发展与教学技能培训、新课程(Course)与模块(module)审批、教学质量管理中的学生参与(student engagement)等方面,督促院系进行年度专业自我评估,同时对院系进行周期性(五年一轮)的教育教学质量的监管。无论是院校评审,还是高等教育质量法则,主要目的均在于把高等教育质量管理的主动权交还给高校、专家学者以及一线的教师,同时让学生的话语越来越有影响力,督促高等教育质量管理更加关注学生,最终达到质量提升的目的。这一思路较好地平衡了"办"之责任与自由,使高校(而不是评估机构)成为质量管理的真正主人。

我国的教育法律都规定了教育行政部门对高等院校的评估职责,比如《教育法》规定国家实行教育督导制度和学校及其他教育机构教育评估制度;《高等教育法》规定"高等学校的办学水平、教育质量,接受教育行政部门的监督和由其组织的评估";《民办教育促进法》规定,"教育行政部门及有关部门依法对民办学校实行督导,促进提高办学质量;组织或者委托社会中介组织评估办学水平和教育质量,并将评估结果向社会公布。"这些法律文件赋予教育评估活动的合法性地位,对办学主体的资质监管是管理主体应尽的职责,也是行政管理范畴内高等教育评估机构发展和规范运行的前提。政府及学校行政部门管理职能的转变,首先要改善政府及学校行政管理,该管的事必须管住管好,创新行政管理方式,提高政府及学校行政部门治理能力。本书第五章对现代教育学术活动的发展特征进行过描述,本研究认为,以评估为载体的教育管理亟待实现战略重心的转移,化解当前激励竞争性的评优评估供给严重过剩与认可保障性的评估监管供给严重不足这一结构性矛盾。

从2011年下半年开始,教育部启动对未参加过上一轮教学工作评估的各类新建本科学校的合格评估。由政府部门组织对高校进行"合格评估",这是政府职责本身的回归,这一评估思路值得肯定和持续发展,当然如何选出"不合格",如何帮助"暂缓通过"的达致合格,"不合格"之后的撤销停转等方面的研究还需进一步深化拓展。需要特别关注的是,当前,国内个别教育评估项目的质量标准陈旧落后,质量监测体系不健全,教育质量标准与国际标准接轨不够。比如,国外已经普遍开展大学生学业成就测评,而我国教育评估体系中标准体系的设定多侧重考察办学条件和外部投入,学业成就等基于教育教学产出状况的测评在当前教育评估中基本处于空白状态。仅从评估技术方面上,应在办学条件和投入的基础上,增设面向学生学习成就、学生满意度方面的评估指标。办学主体合格资质并非终身免检,而应是周期性的,一方面办学主体的人员流动等内部因素使其资质之波动成为可能,另一方面,伴随时代的进步,"合格"标准亦应随教育的发展而更新,并逐步与国际标准接轨。因此,有必要对合格评估的周期作出明确的规定,并认真履行。目前,教育尤其是高等教育在由规模发展向质量提升的转型时期,教育管理秩序还不很规范,教育教学质量不高,学术造假时有发生。政府及学校行政部门应切实加强监管,并把监管的重点放在学生、社会反映强烈的领域中来,这不仅是政府及行政管理部门不可推卸的职责,也是赢得公众信任的重要基础。

二 "管办评"分离,维护评估良序

(一) 对评估公共权力进行监督制衡,删减行政主导的选拔评优评估项目

学者阎光才在分析我国教育管理中的"行政化"问题的根源时同样指出,"问题往往是由缺乏约束的权力不规范运行而产生的,'去行政化'的核心议题不过是对权力的约束。"[1]现代民主的关键并不在于被统治的多数能否亲自掌握和行使政治权力,而在于制度设计能有效制约统治的少数。当前教育领域中"管、评"机制失衡现象较为普遍,以各种评估项目为载体的教育管理常常出现缺位越位等诸多乱象。行政力量主导的教育评估附着过多的学术资源,各种工程及选拔评奖项目,已过多地耗费大量的社会成本,包括维持行政运作费用、学术人员的精力等;因其附着巨大的名誉及利益,催化了学术场域中的浮躁情绪,更严重的是它成为行政控制学术的一种手段。相比于西方国家高教管理及学术认可中的激励与竞争,或许我们并不缺乏"竞争",但这种竞争有时是恶性的,是无关学术的利益竞争。这种不良竞争的克服需要从根本上削减政府乃至学校行政部门对资源配置过大的控制权力,解决其干预过多的老问题,以维护我国大学较为稀缺和脆弱的治校自主和学术民主。

---

[1] 阎光才.关于高校"去行政化"议题的省思[J].清华大学教育研究,2011(2):13—19.

教育评估学术评价是公器,需要采取严肃、审慎的态度,杜绝人为随意性,评优奖励性评估项目宁愿没有,也不能把标准弄坏了,标准弄坏了,学术生态系统就会受到破坏,恢复起来或将需要几代人的努力。[1] 国家与政府奖励不在"多"而在"精",各类奖励型、重点建设型评估评审项目越多,成本消耗越大,公平公正及自由竞争准则就越难体现(包括学术权威参与的评奖)。要实现资源合理公平的分配和高效利用,为学术新人的成长创造良好学术环境,需要对评估公共权力进行监督制衡。删繁就简,剔除各种无关紧要的项目,最大程度消除由此带来的不良效应以优化教育评估整体环境。

作为教育评估的顶层设计,行政力量主导的评优奖励型评估的删减,需要对评估项目进行综合考虑,对照"评估方案""管理办法",把各种评估项目条分缕析,逐条破解,把那些相互矛盾、彼此相争的,卡住各类教育自由发展、卡住对教学沉潜投入的方案和管理办法逐一剔除。基础教育阶段的"薄弱"学校,也常常是在基础教育不均衡发展过程中"被薄弱"的学校。高等教育阶段,以"985 工程"为代表的诸多重点建设不宜作为长远之计,因为这算不上是一个公正竞争性的制度安排,而是一种有着垄断性色彩的政策框架。建议根据不同学校在各自学科领域的实力,采用竞争性的专项拨款或课题经费拨款的方式,专项拨款或课题经费拨款以学术人而不是其所在机构(如大学、平台、基地等)的"实力"(而不是简单的声誉)为资源配置准则,破除学术资源垄断导致的学术资源向少数机构和少数人的过度倾斜和集中。公正专业、公开透明的评审评估能够激发学界正能量,提升所有成员的士气,进而促进高水平大学群的形成及整体水平的全面提升。

(二)拓展学术共同体的评估空间,维护公正的评估秩序

完全由政府及行政管理部门主导各类教育评估项目的弊端已经显现。如果过多依靠政府及行政部门主导和大量推出评估项目来刺激教育及学术发展,不仅难以为继,甚至还会产生异化的风险和更大的冲突。然而,由于政府及行政管理部门评估权力的垄断,以学术共同体为主体的评估空间一直受到挤压,存在着想进也进

---

〔1〕王鸿飞. 99％的博士和博导不合格〔EB/OL〕.〔2007—10—06〕〔2013—2—24〕http://www.21ccom.net/articles/dlpl/shpl/2013/0224/77626.html 该文 2007 年发表于科学网。

不去的现象。对评估公共权力进行有效的监督制衡,对行政主导的不合理的选拔评优评估项目进行删减不仅是提升教育评估公信力的基础性保障,也为第三方的、学术共同体的评估项目让渡了生长发展的空间。

学术共同体是唤起个体认同和精神皈依的安身立命之所,也是集体意义上的学术自主权实现的组织保障。教育评估承载着丰富的社会性与时代性,通过公正的价值判断与选择表达着对理想教育之属性的公共认知,以促进公共诉求的实现。然而,评估自身却面临着结构性的公共性困境。台湾学者黄嘉雄指出,[1]当机构规划和开发了某一个方案,并投入无数的人力、时间和资源于践履该方案时,机构及其人员往往期待方案会带来很高的效益,也会有意或无意地希望评鉴之结果会强烈支持他们原先的期望。在此种情形下,评价者会面临较大的政治和社会压力使其难以进行客观、诚实的评估。在西方国家,这一结构性困境也是普遍存在的。100多年前,美国人弗莱克斯纳受卡内基基金会资助,在美国医学会的支持下,对当时美国和加拿大的医学院进行评估,这次评估对美国的医学教育产生了革命性的影响,使美国医学从三流水平跃升为世界领先地位。然而,在评估期间,相当多的医学院并不愿意接受考察,评估结束时,一些被批评的医学院相当恼火,有的学校声称要起诉他,有的还发出匿名信,警告他当心吃枪子。[2]对此类现象,泰勒提醒评估者只有秉持评估所应有的专业、客观和诚实伦理规范,才能贡献于学校和社会机构的持续改善。他特别谈到,不管法律有无规定,若效力于一个有偏差的评鉴报告,即是一种实质的白领者罪行(white-collar Crime)。[3]评估的公共性困境易使其客观公正性受到影响,如果行使共同体内部权力的专业权威缺乏公信力,整个社会的学术职业境况恐怕也就难尽人意。

李克强总理2013年5月在国务院机构职能转变会议上的讲话提出要求,"要下决心进一步打开转变政府职能这扇大门,把该放的权力放到位,激发各类市场主

〔1〕黄嘉雄.釐清泰勒的课程评鉴观[J].國立臺北師範學院學報,第十七卷第一期(九十三年):27—50.
〔2〕张大庆.一个人的大学评估[J].读书,2008(10):134—139.
〔3〕Tyler. R. W. General statement on program evaluation. In M. W. McLaughlin & D. C. Phillips (Eds.). Evaluation and education: At quarter century (pp3-17). Chicago: The National Society for the Study of Education 1991.

体发展活力和创造力。"既要把该放的权力放开放到位,又要把该管的事务管住管好,这不仅是保持教育及学术长期健康发展的客观要求,也是我国经济社会发展到这一阶段的迫切要求。学术共同体的同行评议代表教育评估的发展方向,然而考虑到教育特别是高等教育学术与教学的复杂化,在客观存在等级分化的学术系统中,学术精英们拥有话语权优势,有可能控制一个领域的研究主题、话语风格、专业规训制度,尤其是对各种资源分配和新人进入资格的掌控。加之中国学术界中的亲疏有别由来已久,有些学术权威垄断着课题经费、成果奖项等,如果缺乏基本的约束和学术伦理责任,这种体现了对专业权威尊重和以精英为核心的学术体制建构,也同样可能形成话语霸权和资源垄断的格局,导致创新活力的枯竭和学术新人的成长障碍。阎光才先生倾向于"最不坏的路径选择",[1]由学术权威受行政委托来掌控资源分配的权力,体现了学术人自我管理的原则,政府和行政力量通过以相对刚性、透明的制度来介入学术权威的资源分配过程(包括学术伦理规范的制定),并在最大程度上抑制学术共同体内部"老友"网络的负效应。换言之,政府和行政权力的定位是维护学术制度本身的公正性,通过尽可能有效的信息公开方式,接受学术界各方的意见反馈(体现学术民主原则),从而对学术权威的权力进行监督和构成制约。当然,还应该鼓励专业媒体、社会媒体来监督学术界内部运作,对学术共同体成员的行为构成道德压力。这一建议值得重视。转变政府及学校行政管理职能,倡导并强化学术人自我管理,进一步发挥学术共同体的同行评价在教育评估中的基础性作用,同时积极推动学术民主制度的构建,创造一个优良的评估环境,维护学术共同体公正的评估秩序,不仅能激发强化教育及学术主体的制度信任,还能显著增强教育及学术发展与进步的内生动力。

第三节　提升评估专业能力,改善信用水平

王伟廉指出,[2]"在教育理论界,大家有这样一个共识:教育的复杂性,集中

---

〔1〕阎光才.学术共同体内外的权力博弈与同行评议制度[J].北京大学教育评论,2009(1):124—138.
〔2〕王伟廉.从经验到科学:中国大学教学质量外部评估的走向与愿景[J].大学教育科学,2012(4):56—57.

表现在教育评价上。我们长期以来在教育评价上备受社会诟病,其中一个原因就是这件事本身就很复杂,容易让人挑毛病。但社会对教育评价的批评还有一个原因,就是我们的评价从方案制定到实施,缺少科学性。一个事物本身就复杂,如果再缺少科学性,那结果可想而知。"他进一步指出,就目前所具备的体制条件而言,为确保大学教学质量的提高,我们只能在评价的科学性方面做一些工作,从过去经验型的评价尽可能向评估的科学性迈进。全面提升评估的专业能力,改善评估信用水平是现阶段我国教育评估公信力得以提升的突破口和必然要求。

一 发展智库,提升评估专业能力

以评估为载体的教育管理常常既是解决各类问题的最终归宿,又是造成各种问题的起初源头。徐显明先生说过,[1]

> 目前中国高校的教学与科研体制只能造就出如下两类人:第一类是"会申请项目的教师"。这一类人处心积虑申请项目,但做项目的目的是通过获得科研经费和发表论文来满足职称晋升或考核的形式要件。这样的科研被称为"无效科研"。其结果是,中国的各种科研经费都在大幅度上升,总经费已经超过日本,但创新成果与经费投入之间却并不成比例。第二类是"会考试的学生"。只会熟背硬记,缺乏批判性、创造性思维和实践能力,一旦进入社会,各种不适应症就迅速显现。

中国教育正面临着前所未有的挑战。诚如陈玉琨先生所言,[2]关于"教育是什么""教育为什么"以及"怎样才能办出真正的教育",这些涉及教育根本的问题,急需中国教育工作者给出与时代发展相契合的回答。教育评估是一项系统工程,为教育管理乃至社会管理确立法则,体现了法则确立者对教育状态的应然建构,寄托着管理者对教育活动的总体愿景和对教育发展的宏观把握。中国的教育评估要走向新

〔1〕徐显明.大学理念论纲[J].中国社会科学,2010(6):36—43.
〔2〕陈玉琨.卓越校长的追求——陈玉琨教育评论集[M].上海:华东师范大学出版社,2012,前言.

的高度、新的境界,就必须熔铸现代意义上的教育评估理念及理论体系,通过悉心细致的理论建设深入探讨真正能够代表教育质量和能够实现教育资源公正配置的评估体系。

(一)鼓励评估智库发展,增进决策的科学性

智库即思想库,是现代决策体制的产物。[1] 在西方,智库通过策划选题、举办研讨会、出席听证会、办刊物、刊发研究报告、承接政府"课题"、储备与输送高级人才等,影响政府决策与公众舆论,发现与实现"研究价值",智库发挥作用的空间广阔。评估类智库关注学术研究的实际应用,基于对国内外教育评估事务的研究、探讨、交流和合作,为评估决策提供咨询参考,为一个更加专业、开放、合作的评估体系提供可操作的建议。区别于政府的政策研究室,以及政府与特定大学合作共建的"研究基地""研究中心",评估智库的特点在于其民间属性,独立性强,在评判中剔除利益、感情因素和价值取向的影响,意味着"他应该提供有用的信息,不迎合部分人的胃口而只提供有利的信息,也不应该认为只有评价者和外部权威所关心的问题才值得讨论"[2]。独立是手段,客观公正是目的,评估的独立性并不"排斥"政府,刻意与之保持距离,反而应积极寻求紧密的合作,争取政府委托的政策研究,通过高端研究产品的供给影响评估政策,促进教育政策的优化。成功的智库通常拥有多元而通畅的合作网络,包括政府决策机构、学术研究部门、大众传播媒体(包括互联网)和民间组织等。智库这类社会评估组织通过发表调研报告、对评估政策施加影响,及时反映和汇集社会各种意见和需求,搭建利益表达、沟通协商的桥梁,引领公共舆论。

中国长期以来崇尚领袖魅力与领导智慧,这种文化基因使中国的决策者在很长时间内并没有真正重视决策本身及其科学性。很多时候,国内研究者担任的多是对官方已发布决策的跟进式述评,对政策进行解释阐述,而非事先建议或先导式研究。评估决策的科学性是评估专业能力全面提升的基本前提和重要基础,积极鼓励评估类智库的发展,是增进教育评估决策科学性的重要途径。当前社会组织

〔1〕俞可平."智库"的影响力从何而来[J].新华文摘,2010(1):118—119.
〔2〕[美]斯塔克.龚伟民译,陈玉琨校.方案评价的特殊方法——应答评价[A].瞿葆奎主编,教育学文集·教育评价[C].北京:人民教育出版社,1989,332.

处于一个相对较好的发展机遇期,政府部门对社会组织的管理政策将由业务部门和民政部门双重管理要挂靠单位转变为"注册备案"制。民间对智库等社会组织资助支持的意愿也日益增强。企业家陈东升坦言,[1]"我一直有个梦想,就是做智库"。教育评估需要"管办评"的分离,结合中国"强政府—弱社会"的结构特点,在目前的社会现实中,即在第三方评估组织尚未发育成熟的时候,考虑到文化传统连续性与体制创新性的均衡,创立与发展评估智库或许是社会力量培育以及"管办评"分离平滑过渡的可行选择。在我国国情基础上发展评估智库具有一定的现实意义,提供更加宽松的建制政策,积极鼓励并大力支持民间评估类智库的创设与发展,为公共评估政策的设计开发寻求智力支持、为评估政策的出台进行预先试探、为评估政策的执行提供过程监测,是现阶段提高评估理论研究能力,特别是评估专业应用能力的重要途径。

(二) 优化政策议程,打通智库与政府的合作渠道

我国教育政策的制定通常由政府的研究机构起草,政府邀请并组织专家论证,或者直接委托给指定研究机构,如与高校合作共建的重点研究基地,这类政策生产模式的特点在于政府亲自主导,独立性难以保障,一定程度上的垄断性也影响或抑制了政策的科学性及专业化水平。以《国家中长期教育改革和发展规划纲要(2010—2020 年》为例,纲要研究制定历时近两年,参与起草与论证的专家 500 多人。然而,这部国家领导人重视、参与专家众多、耗时长的纲要文件,却在颁布后备受批评。刘道玉先生从八个方面提出质疑,[2]指出它沿袭了过去的思维与旧习,是一副安慰剂。出现这种现象的一个重要原因就在于参与《纲要》制定的学者专家基本上都来自教育领域,所拥有的知识、信息、价值观比较相近,容易达成一致意见,却可能无法反映真实、复杂的社会要求。[3] 教育部负责人表示[4],重大的教育决策不能就事论事,要站在宏观层面和全局的角度来考虑问题,要跳出教育看教育,否则永远会被人民群众批评,永远为社会所不满意。

---

〔1〕陈东升等. 大佬的退休"模式"[EB/OL]. http://www. 21ccom. net/articles/dlpl/cjpl/2013/0226/77818. html

〔2〕刘道玉. 八问"国家中长期教育规划纲要"[J]. 同舟共进,2010(5):3—4.

〔3〕谷贤林. 智库如何才能对教育实践产生影响[J]. 清华大学教育研究,2012(6):42—43.

〔4〕郭少峰. 教育部成立五家智囊机构,为教育决策提供智力支持[N]. 新京报. 2011—10—04(5).

为提高政策的科学性及专业化水平,需对当前教育管理特别是教育评估的政策议程进行优化,可尝试由政府亲力亲为的"临时邀请制"、集中资源投入的"合作共建制"逐步向政策的"智库招标制"过渡。政府通过制度创新特别是公正竞争机制的创设,打通政府与智库的合作渠道,在国内形成作为国家队的"研究基地""研究中心"与民间智库良性竞争的发展格局,以实现对评估政策,如评估事务议程设置、评估方案设计开发及在评价等方面的积极影响,进而增进评估决策的科学性。评估政策"招标制"的思路是政府及学校行政管理部门搭建平台,面向社会公布政策的议事日程,如,政策的构建思路、"竞标"的大致时限以及拟出台的时段。智库有针对性地开展理论与调查研究,撰写政策报告,提出具体政策草案;政府部门组织"招标",对政策草案的实际价值进行论证。论证过程公开透明,鼓励公众的广泛参与。最后,政府部门采纳或者部分采纳智库出具的政策报告,并支付相应费用。"招标制"的益处在于促进政策生产方的自由竞争,要在"竞标"中胜出,各智库必然尽力摆脱传统学院派研究范式的束缚,改变长期以来教育研究与实践的脱节,实现由诠释性追述式研究向引导性论证性研究范式转变。同时,尽力谋求多学科和跨专业人才的通力合作,集中优势智力资源,在自由竞争的机制中,"各有侧重、各具所长"的教育政策、规划研究中心将自发形成。评估智库的良性发展,其制度基础在于自由竞争机制的确立,这一机制保障了智库产品的"市场"需求,外在的竞争压力还将有效督促评估理论及专业水平的提升。

(三)理论与实践并重,全面提升教育评估专业能力

现代社会公共生活中的对话、交往与共识日益重要,尽管某些情境中诉诸情感比逻辑论证更为恰当,更有效力。但一个关切人尊严、充满公共理性的社会,公共意识的确立和对公共秩序的信守,离不开富有说服力的论证来澄明思想,只有充分证明论题的合理性才能说服和吸引公众,并引导人们有效沟通。教育评估要赢得广泛的认同及信任,必须深化基础研究,在公共意义的构建及确证方面体现令人信服的专业胜任力,即评估理论理念的先进性、价值关系揭示的彻底性以及对教育实践经验概括的准确性。改善和提升推理论证的说服能力是教育评估价值引领机制发挥的前提。近些年,我国教育评估的理论研究获得了长足的进步,但与西方国家

相比,在测量与测验的科学性、教育目标的清晰与确定性、教育目标自身的合理性,以及教育评估过程的参与协商等方面都还存在着较为显著的差距。我国教育评估专业水平的提升,需要相关知识的有效积累和评估各个层级的全面改进。提升面向实践的评估专业能力,重视教育评估智库的发展是一个值得鼓励的发展方向。

知识体系的构建有着毋庸置疑的合理性和必要性,但是,不容否认,在国内教育评估的理论研究与实践探索之间依然存在一定程度的隔膜。大学的研究追求高深学问,很多研究是为了填补学术空白推进学科体系,标准是有没有学术创新,而不是能否解决好实际问题,甚至以无用性作为纯粹知识生产的标准。政府与特定大学合作共建的研究基地,也无法脱离学术圈内的学术标准和研究导向。作为一种调整教育关系,实现教育管理的工具,评估天然具备一种实践品格。片面追求"学术创新",既导致对现实的准确认知和深刻把握相对不足,强化了学科建设的封闭性,隔断了理论与实践关联时的鲜活感和时代感,又致使评估研究中应用意识及理论转化能力相对缺乏。

教育评估公信力的提升离不开教育评估专业能力的全面改进,理论研究与实践探索的相辅相成,既要注重评估现象及其本质的理性认识,强调评估研究的基础性与学理性,又要关注评估思想与理论,具体的评估项目及其方式方法对社会、对政府部门和知识界产生的实际影响,教育评估的理论研究要着眼于长远的和宏观的分析,提出具有前瞻性的战略建议,提出改革的总体思路和框架性建议,对一些重大的问题做出应答、解释、说理与论证。作为不同于象牙塔内的专业研究机构,智库强调与社会保持密切的互动,敏锐地捕捉前瞻性、动态性、对策性、预警性的课题,智库提出的观点、思想和主张追求认识全面准确、说理透彻明白,智库有着鲜明的实用导向,除提供认识与解释问题的"批判",更关注既有结构的张力和可操作性,针对现实存在的突出问题提出可行的对策,并有意识地通过思想和观点去影响社会。面向大众,深入了解教育实践中的真实问题,强化应用意识,生产符合教育发展和评估趋势的新思想、新理论、新观点和新方法应作为教育评估专业发展的一个重要方面。当前的教育评估,评估方案的设计、评估专家的选择,其来源主体比较单一,缺乏社会多元主体的广泛参与,智库对"评估产品"的质量要求可客观促进这一局面的改善。

二　设立评估标准，改善信用水平

教育评估的公信力在很大程度上取决于评估自身的专业能力及专业化水平。设定评估的专业标准(含道德规范)既是评估专业化的重要标志，也是保障利益相关者实质性的参与及高质量的讨论交流，消解各类实存或潜在的认知冲突，进而产生和增进有保证的信任的必要基础。评估的专业标准(含道德规范)为评估工作提供方向性依据和基本的质量要求，同时使评估作为一种专业实践在面对广大公众时更加透明，有助于保护学校和师生免受非内行做法的侵害。评估领域的"专家"应该遵守评估的专业标准(含道德规范)，监督者和元评估人员亦应遵照评估的专业标准展开相关活动，一旦出现争议，这些标准还可以为争议的解决提供分析框架，促进人们朝着所谓"最佳实践"的方向迈进。

(一) 教育评估标准与原则：美国的经验及借鉴

1975 年，美国教育评估标准联合委员会(The Joint Committee on Standards for Educational Evaluation，简称 JCSEE)成立，斯塔弗尔比姆担任主席。该委员会研究并制定教育评估的标准，这是一个主要由与评估质量相关的专业协会组成的专业联盟，成员来自不同的专业领域，包括学校认可、咨询和辅导、课程、教育行政、教育测量、教育研究、教育管理、方案评估等。JCSEE 于 1981 年出版《教育方案、计划及教材评估标准》，这是教育评估领域正式出版的第一套专业标准。依据教育评估的发展要求，评估标准不断修订，1994 年修订为《方案评估标准：如何评价教育评估方案》，2011 年发布再次修订后的新版本，即《项目评估标准：评估师与评估使用向导》(第三版)，包含五个维度：效用(Utility)、可行(Feasibility)、适切(Propriety)、精确(Accuracy)和评估绩效(Evaluation Accountability)(见表6-1)。效用标准旨在确保评估指向明确的评估目的并且能够为预期使用者提供所需的资讯；可行标准旨在确保评估必须是切合实际的、审慎的、圆融的，其规划和实施要深思熟虑并具有成本意识；适切标准在于确保评估的实施是合法、合伦理的，并保障公正对待评估参与者和受评估影响的群体；精确标准旨在确保评估能提供足够且准确的关于受评对象优缺点特征的专业信息。2011 年版新增的绩效标准旨在鼓励详实的文本证明，以及聚焦于评估程序及产品改进与问责的元评估。

表 6 - 1　美国教育评估标准联合委员会制定的方案评估标准(2011)[1]

维度	具体指标
效用标准	1. 评估者的公信力;2. 关注利益相关者;3. 评估意图的协商;4. 价值认定;5. 相关信息;6. 有意义的进程和产品;7. 及时传播与报道;8. 关注评估后果及影响
可行标准	1. 项目管理;2. 程序切合实际;3. 情境关联;4. 资源使用效率与效益
适切标准	1. 敏于响应与包容性;2. 正式的协议;3. 人权和尊严;4. 明晰与公正;5. 透明与公开;6. 利益冲突;7. 财务责任
精确标准	1. 结论论证充分;2. 有效的信息;3. 可靠的信息;4. 详尽的方案和情境描述;5. 信息管理;6. 良好的设计与分析;7. 明确的评估推理;8. 交流与报道
绩效标准	1. 评估正式文件;2. 内部元评估;3. 外部元评估

　　JCSEE 在 1988 年和 2002 年分别出版了《教员评估标准》和《学生评估标准》,标准维度及具体指标如表 6 - 2 所示。JCSEE 推出的三大标准均包含较为详尽的

表 6 - 2　美国教育评估标准联合委员会制定的教员评估及学生标准

	适切标准	效用标准	可行标准	精确标准
教员评估标准(2009)[2]	1. 服务导向 2. 政治与程序可行性 3. 评估信息的获取 4. 与评估相对人的互动 5. 全面的评估 6. 利益冲突 7. 法律合法性	1. 建设性导向 2. 使用说明 3. 评估人员的资格 4. 明确的准则 5. 评估报告的功能性 6. 后续及专业发展	1. 务实的程序 2. 政治可行性 3. 财务可行性	1. 有效的判断 2. 确定的期望值 3. 情境分析 4. 评估意图及程序的文件 5. 可辩护的信息 6. 可靠的信息 7. 系统化的数据监控 8. 偏见确认及管理 9. 信息分析 10. 公正的结论 11. 元评估

〔1〕Donald B. Yarbrough; Lyn M. Shulha; Rodney K. Hopson; Flora A. Caruthers. Joint Committee on Standards for Educational Evaluation. The Program Evaluation Standards, 3rd edition: A Guide for Evaluations and Evaluation Users [M]. 2011, SAGE Publications. Inc.

〔2〕Arlen R. Gullickson, Barbara Boyce Howard. Joint Committee on Standards for Educational Evaluation. The Personnel Evaluation Standards: How to Assess Systems for Evaluating Educators [M]. Corwin Press, 2009.

续　表

	适切标准	效用标准	可行标准	精确标准
学生评估标准（2002）[1]	1. 学生服务的提供 2. 合适的策略与程序 3. 评估资料的获得 4. 尊重学生 5. 学生权利 6. 平衡的评估 6. 利益冲突	1. 确认利益相关者 2. 界定使用者和如何使用 3. 信息范围 4. 评估者的资格 5. 明确的价值 6. 有效的报告 7. 后续行动	1. 务实程序 2. 政治可行性 3. 评估资源	1. 有效导向 2. 界定学生期望 3. 情境分析 4. 文件记录的程序 5. 可明辨的信息 6. 可靠的信息 7. 偏差信息的确认与控制 8. 资料处理与质量监控 9. 信息分析 10. 证实的结论 11. 元评估

的标准体系,《方案评估标准》含 30 个二级指标,上百个观测点,着重对评估实施和评估技术的考查,向公众报告具体评估项目的价值和优缺点。

　　值得说明的是,JCSEE 已经被美国国家标准局认可为教育评估标准的制定组织,JCSEE 制定的三大标准均通过美国国家标准局的审核,作为国家标准使用。评估专业标准的设立及实施为评估的规划和实施指明方向,有助于评估专业能力的提升和质量的保证。欧美等国的教育评估组织、学会或协会亦越来越重视评估专业标准的设计及实施,基于评估标准设计、组织实施教育评估活动。以美国年度教师的评选标准为例,标准明确提出,"能激发所有学生发展的学习潜力,无论其来自怎样的家庭和社会背景,无论其能力水平高低";"尊重学生、尊重家长、尊重同事,并对他们始终秉持欣赏的态度";"积极参与学校以及学校所在社区的各类事务并且发挥重要作用";"沉着冷静、善于表达,面对繁重的日程安排能够做到游刃有余"。这些标准是对教书育人理念的具体表达,体现着教师的基本价值和对学生发展的提升的关注,尤其是关注弱势群体、后进学生群体的提升。优秀教师来源结构的不同某种程度上代表了不同的教育价值观念。在美国,年度教师不少供职于十

---

[1] Arlen R. Gullickson. Joint Committee on Standards for Educational Evaluation. The Student Evaluation Standards: How to improve Evaluations of Students [M]. Corwin Press, 2002.

分普通的公立学校,甚至是薄弱学校,而不是名校。以 2011 年度马里兰州的化学教师米歇尔·谢尔为例,[1]这位普林斯顿的优秀毕业生,从教 14 年来最突出的成就是"将各种远离科学的边缘弱势学生带入科学世界"。谢尔在马里兰聋哑学校教授进阶先修课程(AP 课程),这是这所学校建校 135 年来首次开设进阶先修化学课程。她能用手语教授抽象的化学概念,能让传统的白人、男性、精英学生占优势的化学课上,出现大量"非主流"学生的身影,聋哑人、英语学习者、少数民族和声称不喜欢科学的女生;她所教授的进阶先修化学课出勤率 100％,考试通过率高达 90％以上。

我国现代意义的教育评估自 1985 年开始启动,已积累了近三十年的实践探索。20 世纪 90 年代至今,相继成立了十多家省级教育评估机构,2004 年,教育部直属的高等教育教学评估中心成立,随即着手开展首轮全国本科教学工作水平评估。然而,按照评估的专业界定标准审视我国教育评估,评估项目的规范化、专业化状况不容乐观,至今没有教育评估组织制定具有广泛共识的评估的专业标准,亦缺乏对教育评估本身的"再评估"。建立适合国情的教育评估标准,是我国教育评估专业化发展的必经之路,也是我国教育评估机构资质认可的重要依据。

教育评估标准能切实、可行地引导教育评估实践,系统、科学地为教育评估的实施过程优化和评估结果鉴定提供依据,为教育元评估的指标开发奠定基础,不断扩充教育评估领域的知识体系与实证经验,从而保障教育评估的品质,促进教育评估的科学化、规范化和专业化。评估标准与元评估标准没有严格区分。从评估标准的使用者和评估对象来说,它具有双重作用,既是一般意义上的评估标准,又可作为检验评估质量的元评估标准,只是根据用途的不同而加以区别。2010 年 10 月,全国高等教育质量保障与评估机构协作会在北京成立,这为我国教育评估标准的制定提供组织准备。专业标准为各种评估模式,不同的评估目标以及各类评估项目通用,是整个教育评估领域共同遵循的守则,必须得到绝大多数专业人员的认可,教育评估专业标准的制定需要民主沟通和反复试验。任何个人或团体都有权表达观点和意见,对该标准及其适用提出修订建议。

---

[1] 高靓. 和美国国家年度教师面对面[N]. 中国教育报 2011—9—13.

(二) 强调同行评议，提高评估专家水平

费茨帕特里克(Fitzpartrick)等人在综合多方意见后提出了评估专业的十项准则：[1]对评估专家的需求；具有评估所需的独特知识与技能；具有正式的评估人员培训教程；提供稳定的评估职业协会；评估功能制度化；具有评估人员的资格认定或证书制度；具有评估人员的专业学会；评估人员的专业学会制定会员资格准则；评估人员的专业学会对评估人员的培训课程具有重要影响；制定评估实施的专业标准与原则等。评估实施的专业标准与准则是保障评估质量的必要条件，不仅需要让所有参与者(至少是委托方和受托方)都熟知标准、按照这一标准进行评估和评价，还需要明确遵守这一标准是应尽义务。除了前一节所述的评估专业标准，美国评估协会(American Evaluation Association，简称 AEA)在 1994 年还面向评估人员推出了"评估人员指导守则"，如表 6-3 所示。

表 6-3　美国评估协会评估人员指导守则(1994)[2]

系统调查	评估人员以数据为依据，对每个评估对象进行系统调查
专业能力	评估人员具有向评估参与者和相关人员提供专业评估的能力
正直和真诚	评估人员在整个评估过程中要确保正直和真诚
对人的尊重	评估人员要尊重被调查者、项目参与者、委托人和其他参与者及相关人员的安全、尊严和自我价值观
对公共和社会福利负责	评估人员所表达的利益和价值应尽可能考虑到公共和社会福利

公正评判和理性说服能力很大程度上影响着评估公信力的信任水平。当前评估专家和专门人员的业务能力不强是影响制约教育评估信任水平的关键要素。评估专家需要前瞻性的分析，需要揭示现象背后的教育本质、制度缺陷和潜在偏差。随着教育评价学学科的发展，人们对教育评估理性探究意识的不断增强，越来越多

---

〔1〕 Fitzpartrick，J. L.，Sanders，J. R.，& Worthen，B. R. Program evaluation：Alternative approaches and practical guidelines (3rd ed) [M]. Boston/Allyn and Bacon：Pearson Education. 2004.

〔2〕 Donald B. Yarbrough；Lyn M. Shulha；Rodney K. Hopson；Flora A. Caruthers. Joint Committee on Standards for Educational Evaluation. The Program Evaluation Standards，3ʳᵈ edition：A Guide for Evaluations and Evaluation Users [M]. 2011，SAGE Publications. Inc.

的专职研究人员进入这一领域,教育评估也越来越多地成为教育学、管理学硕士博士研究生的科研选题。优化教育评估专业人才培养体系,培养评估专门人员的评估素养、职业伦理和专业技能,为行政部门的官员和评估主体提供技术支持和培训是评估专业化建设的重要基础。

教育评估对评估主体的专业水平和技术能力的要求越来越高,西方国家的评估专家多以同行的身份、代表同行的利益参与教育评估及教育质量管理活动。在英国,评估专家的选择并不是英国政府或 QAA 用行政的手段指定的,而是先由各个学校自行提名,QAA 再进行选拔,选拔过程是透明的,保证了评估专家的专业水平。要保证评估实践中评估主体的专业性,不管是资质的监管还是评优与选拔,强调同行评议应成为我国教育评估的必然选择,以保障评估结果更加客观,更让人信服。

第四节　创设诚信评估环境,增进伦理自觉

"如果一个国家的人民缺乏一种能赋予这些现代制度以真实生命力的广泛的现代心理基础,如果执行和运用着这些现代制度的人,自身还没有从心理、思想、态度和行为方式上都经历一个向现代化的转变,失败和畸形发展的悲剧结局是不可避免的。再完美的现代制度和管理方式,再先进的技术工艺,也会在一群传统人的手中变成废纸一堆。"[1]评估的过程中,往往不可避免地出现许多复杂而棘手的问题,其中涉及道德的问题。道德伦理以其特有的规范、制约、协调和引导功能作用于评估过程,是评估须臾不可离的组成要素,参与者的伦理自觉对于评估的专业发展至关重要,在教育评估公信力的形成中发挥着独特的作用。

一　创设诚信环境,增进伦理自觉

(一) 诚实诚信离不开伦理自觉

在日常的教育生活中,由文本和话语所阐发的诚信是外在于人的,如果它不能

---

〔1〕［美］阿历克斯·英克尔斯. 殷陆君编译. 人的现代化［M］. 成都:四川人民出版社,1985,4.

进入日常个人的实践层面,就只不过是一种苍白、空疏乃至毫无意义的说教。相对于空乏的说教,个人在日常生活实践中关于诚信的误解以及他们所参与的诚信建构,更具有现实性。[1] 评估制度的运转离不开制度文化的支撑,离不开参与者的思维惯习与伦理准则,教育评估公信力的提升,需要评估的专家学者和专门人员扎实的评估知识、娴熟的评估技能和丰富的评估经验,更需要在评估过程中彰显自身的德性价值,不虚美,不隐恶,以"良评人格"承担起伦理责任。学者们是他们自己的道德的唯一评判者。[2] 伦理自觉意味着教育评估中将清晰的诚信价值观加以自觉践行的意识,评估参与者不依靠外在的强制,而是通过个体自我的道德认同与内化,以内化的感受和道德观念驱动。

康德把"在所有场合都诚实"看作是一个"无条件的神圣命令",在他看来,"出于责任而诚实和出于对有利后果的考虑完全是两回事情。前一情况下,行为的概念本身中已经含有我所要的规律,后一情况下,我还要另外去寻找有什么伴随而来的效果。"[3] 教育评估是对教育的价值判断,任何一个判断都是主客观标准的结合,评估主体有很大的自由裁量空间。评估主体更应该把基于责任的诚实放在首位,更加关注人文价值的引领与教化,培育公正、宽容、互信的品性。特别是评估专家,不仅是评估事实的确认者,也是价值意义的阐释者与判断者,他们的实事求是,能为评估相对人及公众树立诚实无欺、讲信履约、浩然正气的形象。评估参与者们的诚信自觉,在各类评估参与时对诚实守信的恪守在一定程度上成了弥补体制缺陷的重要资源,也是评估公信力提升的关键因素。

(二) 创设诚信环境,增进道德伦理自觉

德鲁克指出,[4]"管理者需要有一种道德原则,并将其作为自己被人接受其合法权利的依据。他们应该把自己的权力建立在道德承诺的基础之上。而这种道德承诺,同时又可以表明组织的目的和性质。"因其在促进社会道德发展方面的特殊性,公众对教育评估活动的道德要求和期待要更高一些,评估主体的道德修养状况

〔1〕阎光才.教育日常生活中的诚信[J].教育科学研究,2005(1):14—16.
〔2〕[美]约翰·S.布鲁贝克.王承绪等译.高等教育哲学[M].杭州:浙江教育出版社,2001,32.
〔3〕[德]康德,苗力田译.道德形而上学原理[M].上海:上海人民出版社,1985,52.
〔4〕[美]彼得·德鲁克.王永贵译.管理——任务、责任、实践(责任篇)[M].北京:机械工业出版社,2009,211.

直接影响评估活动的公信力。[1] 教育评估组织和评估主体理应成为倡导人们崇尚自由与平等,践诺契约原则与诚信精神的示范者与领导者,教育评估参与者应履行高于一般层面的道德义务。克拉克·克尔对高等教育机构内部的道德行为十分关注,他认为,[2] 高等教育曾经由多半独立的行会组成,现在越来越变得易受外界公众的检查和控制。旧时的规范不再那么有控制作用,因为在大学内部发展了新的文化行为方式。克尔建议采用新的规则和机制,用更加明确的契约和更加公正的内部的学术法律制度取代行会的规范和实践。我们从来都不缺乏对诚实诚信的重视和关注,但相对而言,在创设营建符合诚实诚信产生的制度环境方面,却付之阙如。前文曾对教育评估中管理主体需深切关注信任的边界进行了初步的论述。一个能够促进牢固信任关系的社会,也很可能是这样一个社会,它能够给予更少的管理和更多的自由,能够应付更多的意外事件,激发其公民的活力和创造性,限制以规则为基础的协调手段的低效率,并提供更强的生存安全感和满足感。[3] 信任的边界反映着制度的现代化水平,不讲边界"制度越严格信任越少"。西方的教育评估并没有过多严密的制度条文来规范成员之间的关系,因为专业与道德共识已经赋予了组织成员互相信任的基础。在教育评估遭遇信任危机的时候,避免出现"管理越紧——责任心就越差——质量下降——管理越紧"的制度嵌套和恶性循环,管理方需要厘清信任边界,在信任的边界之上,创设宽松自由的环境,在民主和谐的环境里,教师的尊严得以维护,自尊心得以满足,自我实现的热情得以释放,学术探究的兴趣和能力得以施展。这会激发教师们的敬业精神,并把这种精神、热情、兴趣、能力和关爱体现在授课过程中,把每一节课当做自身价值和荣誉的实现载体。教师积极向上的心态和真诚爱护学生的情怀在潜移默化中感染学生,教学质量的提高就是水到渠成的事情。反之,易使人产生防备与对立的心理。

教育评估在保障与促进教育教学及学术研究质量提升方面的所有努力,只有通过广大师生积极自觉的行动才能取得预期的效果,这种行动只有当质量成为全

---

〔1〕张会杰.高等教育评估中的价值判断及道德风险[J].大学,2010(1):14—17.
〔2〕[美]克拉克·克尔.王承绪等译.高等教育不能回避历史——21世纪的问题[M].杭州:浙江教育出版社,2001,序言:3.
〔3〕[美]马克·E.沃伦.吴辉译.民主与信任[C].北京:华夏出版社,2004,序言:2.

体成员共同信奉的价值,成为全体师生的内在追求时才能实现。除提供宽松自由的环境,管理方还必须同时明确怎样的评估方式方法才真正符合教育教学与学术活动的规律,以及人才培养和学术精英成长的规律。一个真正有利于一流大学产生和杰出人才辈出的教育评估制度,最为关键的是基于普遍主义取向的实力至上的评价原则,这一原则保障所有人都具有参与学术荣誉的平等竞争的权利,因此,教育评估诚信环境的创设首先需要确立合理的"管、评"机制,确立规范公正的同行评议。芝加哥大学教育系,这个曾经群英汇聚的教学与研究组织,一旦发展战略出现偏差,也不得不选择停办。即使是诺贝尔奖获得者,在有关项目的申请中也未必一定中标,反之,即使是助理教授也有机会赢得大额资助和支持,决定中标与否的核心要素在于研究设计的合理性和研究者的已有基础。公正是诚实诚信的源泉,行政部门不施加太多的制度强制性,防范简单地以既有的声誉和地位作为学术认可和资源支持和资助的标准与依据,也是抑制优势效应和"马太效应"的杠杆。基于普遍主义原则的评估制度总体上保障了一个动态的识别、筛选和认可机制以及与之对应的资源配置方式,只需依靠诚信公平竞争,就有脱颖而出的机会,并获得应有的回报。我们认为,不断清理有碍公平公正的规则,使所有的学术人不受限制地研究与探索,这恰恰为评估参与者的道德自律与诚信自觉提供了制度保障。

二 加强监督制衡,防范道德风险

道德风险是 20 世纪 80 年代经济学家科托威茨提出的一个经济哲学范畴的概念,即"从事经济活动的人在最大限度地增进自身效用的同时做出不利于他人的行动",或者说是:当签约一方不完全承担风险后果时所采取的自身效用最大化的自利行为,道德风险亦称道德危机。[1] 在教育部高等教育教学评估中心举办的首期评估专家培训班上,徐显明先生曾经指出,[2] "有三类腐败令人深恶痛绝。吏治腐败、司法腐败和教育腐败。教育的本质是引领和净化人的灵魂,教育应当拒绝任何污染,教育一旦腐败,受教育者在受教育过程中所付出的成本,将变成他进入社会

---

〔1〕刘雪丰,何静.公务员履责过程中的道德风险及其消减[J].伦理学研究,2011(1):115—118.
〔2〕徐显明.大学理念与依法治校[J].中国大学教学,2005(8):4—12.

后向社会索取的巨大动力,所以教育腐败是根本性的腐败,是最可怕的。"

利瓦伊(Margaret Levi)的研究表明,[1]一个方面的信任可能与另一方面的信任缺失或不信任是协调的,信任缺乏或不信任造成的交易成本的提高可能会在短期内提高合作的经济成本,却可能在长期内降低成本。即使在那些总交易成本很高的案例中,建立良好的制度防范措施仍旧是有生产率的;如果没有相应的制度安排,某些很有生产率的交易和合作方式也许根本就不会发生。健康的怀疑是一种形式的不信任,正是这种不信任导致了对那些不值得信赖者、剥削者和腐败者的防范制度的建立。同样的逻辑也可以应用到教育评估的制度建设中来。2013年初,习近平同志在中纪委第二次会议上强调,要加强对权力运行的制约和监督,保证把人民赋予的权力用于为人民谋利益。把权力关进制度的笼子里,形成不敢腐的惩戒机制、不能腐的防范机制、不易腐的保障机制。防范评估过程中的道德风险,杜绝评估公共权力被误用和滥用,防止评估主体与评估相对人、利益相关者关系的庸俗化,需要加强监督制衡,建立健全评估的规避、问责等机制。

(一) 确立评估规避机制

共同体的特点是成员有一套共享的价值、规范和意义,以及成员们彼此的认同。有学者明确地提出,[2]一个共同体必须要有一群个体之间充满感情的关系网络,而且是彼此交织相互强化的关系。学术共同体内存在着"熟人社会"。西方社会"关系"与"人情"影响相对较小,即便如此,评估体系中"关系无涉"也是一项重要原则,即评估主体与被评对象之间不能有较强的关系。在我国,教育评估制度在实际操作上常常受熟人社会中"关系"与"人情"的深刻影响,"关系"与"人情"基于特殊主义伦理规范,损害评估公正结果的达成。评判中剔除利益、感情因素和价值取向的影响,置身事外的"中立",有助于客观公正的实现,评估规避机制的构建目的在于阻塞关系运作与人情请托的缝隙。在某些评估项目中,比如,全国教育科学规划办对部分科研成果的评价,已开始着手改变现行的代表作评价和评奖的"申报评

〔1〕玛格丽特·利瓦伊(Margaret Levi).恰当防范促成好邻居关系:对信任、信任缺乏和不信任的交易成本分析方法[A].[美]科斯,诺思等.刘刚等译.制度、契约与组织——从新制度经济学角度的透视[C].经济科学出版社,2003:175.
〔2〕Etzioni, A. The Responsive Community: A Communitarian Perspective [J]. American Sociological Review, 1996,61(5):5.

审"方式,尝试采取先由各地同行专家提名推荐,再由同行评审专家对这些提名代表进行集中评审的方法。如果由学者本人申报或单位组织申报,则容易在单位利益刺激下开展"评价公关",使评价丧失客观性和公正性。而这种提名评审的方式仿效诺贝尔奖的评选原理,有助于发挥学术共同体的作用,学术共同体中的同行专家平时都在追踪和关注学术领域的研究动态和研究成果,对本学术领域的标志性成果和代表作具有共识,提名评审方式可有效避免"评价公关"等现象。评选的结果公示后,得到了社会各界的普遍赞同。[1]

在教师聘任晋升的评审中,也在逐步确立评估评审的规避机制。丁学良概括为学术评价之"六不准"[2],如采用匿名的外部学术界评审,这要求不是原来的导师;不是共同发表文章和论著的人;不是共同主持课题研究的人;不是工作单位的同事;不是亲属。评估专家不是来自本系所、本学院和本学校,而是来自外部,来自国内相关领域的专家,来自全世界相关领域的专家教授。匿名的外部学术界评审既避免外行人评价内行人,真正发挥同行评议的积极作用,同时也有助于监督与制约。其他一些评估项目的议事规则中,也都在逐步增加"回避"的条款,规定当"有具体事实足以确认委员会委员对于评审议题有偏颇之虞者,被评审者可向委员会申请该委员回避。"不过,总体而言,教育评估规避机制的制度理念及顶层设计的研究和操作办法还不系统,还需不断强化。

(二)建立教育评估的问责机制

教育评估的问责是评估机构向他人报告,解释证明,回答关于评估项目的运行以及产生效果的一种任务和责任。问责的目的在于防范权力腐败(包括操纵、渎职等行为),并迫使评估机构对自身的运行进行批判性地审视,以维持和提升评估质量。1968年,美国《高等教育法》修正案授权教育办公室设立"认证和学校资格专员"(Accreditation and institutional Staff, AIES)来认可(Recognition)认证机构,此后,联邦政府对认证机构进行认可的程序和标准被明确载入《高等教育法》历次修正案,联邦政府通过认可对认证机构进行规制和问责。联邦教育部的"认可"是一

---

〔1〕刘贵华,柳劲松.教育科研评价的中国难题[J].高等教育研究,2012(10):25—29.
〔2〕丁学良.什么是世界一流大学[M].北京:北京大学出版社,2004:65—70.

种行政问责,民间的高等教育认证理事会(CHEA)的"认可"是一种行业问责。[1] 2006 年,美国院校质量和诚信咨询委员会(National Advisory Committee on Institutional Quality and Integrity,NACIQI)认为美国自由教育学会(American Academy for Liberal Education)未能清晰地定义与学生成绩相关的"学校成功"的水平,因此中止了该机构认证学校的资格。作为有一定强制性的手段,问责机制替代和补充了信任的不充分,并保障评估机构失信行为出现时,给予受损者追究和补偿的机会。定期对评估项目的执行情况进行问责,既有助于评估项目的改进和完善,也是有效纾解不信任,增进信任的重要途径。

(三)加强信息披露与同行监督

教育评估具有实现公正管理,价值引领的应然职能,评估主体的判断权具有公共性。如学者阎光才所言,[2]合理的学术制度建构不应以"学术精英"为权力核心,或单纯以少数"杰出人才"的培养为制度设计的依据和逻辑,而应建立一个面向所有学术人的民主参与、监督的透明机制,以防范权力过分向英才倾斜而带来的另外一种负效应。在教育评估中,由于评估不公正,评估权力的滥用及腐败等现象的可能存在,或者有合理的理由提出质疑,针对评估活动的舆论监督便是合理的、正当的。有效监督离不开信息的公开透明,信息披露机制是同行及舆论监督的重要前提,包括诚信记录制度和信息披露制度。前者要求对所有参与主体遵守或违反评价规则与学术道德的行为进行记载,它反映了评价参与主体的诚信状况;后者指教育科研评价的管理机构利用诚信记录,适时公布,让社会了解其相关诚信记录。这一机制借助于诚信记录与信息披露带来舆论压力,敦促评估活动参与者的自我监督,使评估行为在法治和道德的轨道上健康运行。

来自香港地区的学者认为,[3]面对复杂的情境,仅靠评鉴者的良心来处理评估问题是不足够的,要妥善处理好各种利益与道德观念上的冲突,还要有其他专业上的保障。他们建议成立教育评鉴公会,进而采取一系列的措施如确定守则、加强

〔1〕彭江.美国高等教育认证机构的自律与他律分析[J].高等教育研究,2012(11):97—104.
〔2〕阎光才."杰出人才"不是计划出来的[N].社会科学报,2010—10—14(005).
〔3〕林智中,张爽.教育评鉴中的道德问题:一个未受到应有重视的问题[J].教育曙光,2004(50):98—105.

职业资格评定、集体谈判等,进行专业的自我管理和监察。一方面可以建立集体的道德行为规范,约束评估者的行为;另一方面可以加强对道德问题的检查及对不当行为的处罚。同行与公共媒体有权在一定规范下监督教育评估,既是恢复学术诚信的保障,也是防范道德风险的关键。当前已有评估项目开始通过信息监管网络对评估评审进行监督。[1]评价者和被评价者在评价过程中,一旦遭到投诉或出现违规行为,就将出现在监管网上,任何一个利益相关者都可通过查询记录来了解评价流程状况,相关人员在评估过程中一旦行为失范,将为其失信行为付出的代价,从而使评价的违规行为在信息阳光的照耀下难以生存。对于科学研究与教育教学特别是高等教育教学而言,因其专门性和复杂性,只有学术共同体,特别是同一领域的专家和学者才能更好地理解并评估其价值,教育评估诚信环境的构建需要通过共同体的努力,通过分享共同的价值及行业禁忌、通过更加专业的同行监督使评估权力的行使更加规范和严谨。这对于评估者个人的职业发展和评估专业的发展都是非常重要的。

第五节　公开信息促进协商,引导舆情民意

评估公信力属于关系性范畴,既取决于评估理念、评估行为与评估效率,也与公众的认知及感受密切相关。人们很容易对一个从运转到目的都不明确的机构失去信任。同诸多制度一样,信息不对称也是教育评估制度面临的主要约束,评估不仅要评得正确、公正,符合评估的目标和精神,还应当使人感到评估过程是公平合理的,即"正义要实现,而且要以看得见的方式实现"。"生怕沾上评估的腥气""谈评色变"等现象的存在表明评估公信力低落状况的严重性,这与评估信息公开不足及有效舆情引导的缺失有一定的关联。教育评估有着鲜明的公共性,"要切实保障人民群众对教育的知情权、参与权、表达权、监督权、建立和完善群众利益表达渠道和对教育建言献策的平台,积极利用社会力量监督和评价教育,参与教育管

---

〔1〕刘贵华,柳劲松.教育科研评价的中国难题[J].高等教育研究,2012(10):25—29.

理。"[1]对于社会上的负面感知与评论,评估主体不能简单抱怨公众不理性,而应坦诚相待,主动接受师生与公众的监督,通过评估制度的切实改进及评估水平的全面提升赢得公众的普遍信任和积极支持。

一 制定执行细则,公开评估信息

充分且相对准确的信息是理性判断的前提。在阿伦特看来,个体充分宽广的视野是其进行正确判断的前提所在。如她所言,"在判断程序中,判断者的视野必要容受诸多相异相左的观点,其容受的视野越大,判断的'代表性'愈充分,其决断亦更具正当性。"[2]相关研究认为,参与者充分了解教育改革的内容及相关观点是摆脱"平庸之恶"的重要前提。[3] 评估信息公开指评估参与主体将评估活动中产生、获取的评估信息及时、准确地向学校师生和社会公众公布,这些信息允许用户以查询、阅览、复制、下载、收听、观看等方式使用。信息公开是师生和公众知情权的本质体现,是师生对教育评估参与和协商的逻辑前提。只有评估信息的公开,才能促进师生等利益相关群体进一步分析、理解和思考教育教学评估,公布评估方案、公开证据及论证过程,公开评估报告和专家组的合议意见,公开关键的评估行为,有助于减少评估主体与评估相对人之间的信息不对称,有助于疏解外部群体对教育评估的不信任,也有助于增强师生对教育教学质量的关注,使之共同致力于评估目标的达成。

同样以本科教学评估为例。2011 年 10 月正式启动的本科评估新方案第 12 条提出,"切实推进'阳光评估'。评估机构、参评学校人员和评估专家要增强责任感、使命感,自觉遵守评估工作规则规程,规范评估行为。建立评估信息公告制度,评估政策、评估文件、评估方案、评估标准、评估程序以及学校自评报告、专家现场考察报告、评估结论等均在适当范围内公开,广泛接受教师、学生和社会各界的监督。"何谓"适当范围",并未明确界定或列举说明,缺乏明确的标准和操作细则,公开什么、公开多少、何时公开充满弹性或不确定性。迎评学校首先会考虑本部门的

---

〔1〕胡锦涛.在全国教育工作会议上的讲话[N].中国教育报,2010—9—9(1).
〔2〕阿伦特•汉娜.反抗"平庸之恶"[M].陈联营译.上海:上海人民出版社,2014,9.
〔3〕孔祥渊.论教育改革中参与者的"平庸之恶"[J].中国教育学刊,2015(6):5—9.

利益和管理的便利,选择公布"有利"的信息,而回避相对不利的,个别情况下甚至公布一些失真信息。教育评估的信息公开应在顶层设计层面制定信息公开的执行细则,对信息管理主体、公开内容、时间节点、渠道途径、范围、审查机制(程序与责任)等进行规定,以切实改进教学评估的程序。

(一) 评估信息公开的内容

评估的信息公开,国内一般理解为评估反馈会的公开,这显然是不够的。"信息公开"中的"信息"指作为公共事务的评估活动在启动、实施等环节涉及到的信息。评估政策、文件方案、标准及程序的公开并不困难,在相关部门的官方网站上均可自由下载。本科评估新方案指出,"高校要建立本科教学自我评估制度,根据学校确定的人才培养目标,围绕教学条件,教学过程,教学效果进行评估,包括院系评估,学科专业评估,课程评估等。建立高校本科教学基本状态数据库。高校对数据及时更新,及时分析教学状况,建立本科教学工作及其质量的常态监控机制",作为内部质量保障重要组成的院系评估、学科专业评估、课程评估,教学状态的基本数据,学校的自评报告、专家考察报告、会议纪要或简报等以及评估报告评估结论等也应面向全校师生和社会公众公开。

专家现场考察计划及考察活动也应作为信息公开的主要内容,包括专家组集体或个人分工活动,如教师、学生和管理人员座谈会、深度访谈的纪要,专家听课、教师说课的活动纪要等。对专家组接待标准及招待行为,如专家组是否按规定在学生或教工食堂就餐等也应予以公开。这类信息的公开有助于师生和社会各界的监督,降低灰色成本,提升评估工作的良好形象。

(二) 评估信息公开的时间节点

本科评估新方案强调低重心、常态化的教学质量保障,要求高校面向校内分阶段发布评估报告及教学基本状态数据,并为教职工和学生们参与教学评估提供适当的途径。应确定评估信息公开的时间节点,迎评学校应至少提前5—7天公开自评报告。这样,评估专家能提早对迎评学校有一个全面的了解,提高进校考察的效率和质量。还能服务社会各界,保障社会获取和利用学校的办学信息,为第三方评估机构和社会多元评价的参与提供现实可能。

(三) 评估信息公开的渠道及范围

一般而言,评估信息的公开渠道主要是通过学校网站、校报校刊、校内广播电视等。也可借助公共媒体,公共媒体传播效力大,公众能快速获取评估信息,迅速形成社会共识和集体记忆。建立健全评估信息发布协调机制,各类评估组织可对评估数据信息进行沟通、确认、保证信息公开的准确性一致性。还以美国国家年度教师奖的评选为例,该项评选过程完全开放。除了综合面试,还要经过星探暗访等环节,首先进行州年度教师评选,在50个州、华盛顿特区、国防部教育处以及五大特殊地区各推选出的一名州年度教师中进行角逐。要求每位州年度教师提交个人简历、专业发展情况、8篇介绍个人教学观或者对教育所面临的问题看法的文章、推荐信,再参加国家年度教师的评选,先从所有州年度教师中选出4名候选人,再参加全国评选委员会最终的评选。在评选中,评委将按照评价标准,比较哪位年度教师在这些方面做得最好。

评估牵涉许多人,如委托人、利益相关者、信息提供者以及以其他方式参与评估的人,评估者有责任在与之交往的过程中尊重他们的身份,保护他们的隐私。评估信息公开细则应对公开的范围及程度加以明确。评估信息公开除应强调公开的主动性、及时性、全程性外,还要注重信息的大众化。在分工日益深化的现代社会,大部分公众对于自己职业以外的其他信息都存在一定的认知盲点。由于公众知识结构的差异,应避免采用"专业型"的信息发布模式,对不得不用的专业术语加以必要的注释和说明,使评估信息能被普通读者所理解,从而为教育评估公信力的提升奠定认知基础。

二　促进互动协商,引导舆情民意

西蒙认为,[1]单独一个人的行为,不可能达到任何较高程度的理性。由于他所必须寻找的备选方案如此纷繁,他为评价这些方案所需的信息如此之多,因此,即使是近似的客观理性,也令人难以置信。如果仅仅是评估者和委托者有权决定

---

〔1〕［美］赫伯特·西蒙.杨砾等译.管理行为——管理组织决策过程的研究［M］.北京:北京经济学院出版社,1988:77.

调查哪些问题,使用何种手段和数据分析模型,以及作出何种解释等,那么很有可能剥夺其他利益相关者追求合法利益的权力。公共部门文献中几乎所有的例子都认为,[1]克服劳工不信任问题只能增加工人之间、工人和工会领导之间,以及工人和资方之间面对面的联系和交流,以及在设置那些影响他们的工作规则和服务提供方式上有一种更大程度的共同参与。每个人面对教育评估时,他(她)的信任状态是由当事人生活世界内先前的经验性认识并结合习俗文化建构而成的。这种被符号化地建构起来的视域,在精神分析中被称之为"幻想之屏"。很多时候,个体的人通过自己的幻想之屏所理解的那个现实世界是没有评估主体所倡导的那些价值的。教育的评估活动更需要互动与协商,通过平等对话的理性辩论与说服方式增进评估活动的合理性。

协商的作用之一是帮助形成挑战,协商常常使参与者暴露出那些关于共同价值与利益的想当然的"错误"理解,这可能会(必然)减少信任。然而,使无保证的信任破灭对于建立有保证的信任来说是一个必不可少的转折点。问题是协商过程是否能产生有保证的信任。建构主义极为关注利益相关者的有效参与,并以评估主体与客体的平等对话与协商研讨为主线构建起兼容并包、求同存异、聚同化异的评估体系。每个人都有机会平等地参与评估政策的制定过程,自由地表达意见,倾听并考虑不同的观点,在理性的讨论和协商中作出具有集体约束力的决策。早在20世纪中叶,泰勒在"目标确定"的具体做法方面,就曾建议采用施瓦布提出的"集体审议的程序",即要考虑到教师、教材专家、课程专家、心理学家、社会学家和人的发展方面的专家提供的建议和判断,以作为目标的基础。泰勒认为,这种审议程序有助于确定把目标定在何种一般化程度上。[2]对话与协商是一种对他者及其经验的尊重,接纳和开放的态度,是评估主客体之间的经验、视界、方法、情感、态度与价值的共享和融合,不仅有助于回应多元文化社会认知的核心问题,增进共识,减少分歧,促进公共责任的履行,还有助于相互理解,以及对自由与尊严的认同。"对话

〔1〕玛格丽特·利瓦伊(Margaret Levi).恰当防范促成好邻居关系:对信任、信任缺乏和不信任的交易成本分析方法[A].[美]科斯,诺思等.刘刚等译.制度、契约与组织——从新制度经济学角度的透视[C].经济科学出版社,2003:174.
〔2〕拉尔夫·泰勒.施良方译.课程与教学的基本原理[M].北京:人民教育出版社,1994,136.

便是真理的敞亮和思想本身的实现。在对话中,可以发现所思之物的逻辑及存在的意义。"[1]基于价值的多元以及大学治理对平等参与的呼求,评估主体的角色应从传统的评估传播者向评估的组织者、促进者和帮助者全面转换,迎评学校尤其是师生们也应抛弃消极接受者的传统角色,从被动参与者或旁观者转变为"共同建构者",评估参与人有权利分享彼此的理解,并努力形成一种共识的、合理的、成熟的意义建构。

(一) 激发对教育评估的参与意识

现代教育评估制度、行政权力、学术权利与公民精神之间有着内在的关联,西方教育评估社会组织的繁荣与其公民公益取向的参与精神密不可分。美国高等教育认证机构是自发产生的,由大学和中学的自愿性会员协会发展而来。认证后来演化成为一种私人性的、非营利的大学自律(Self-Regulation)制度,目的是确保大学能达到高等教育行业公认的质量标准。认证机构按自律和自治的原则运行和发展,认证专家主要来自大学,大多数认证工作是由大学的志愿者承担的。[2] 相比而言,我国数千年来的封建文化型塑了"强权力—弱权利"的基本格局,总体来看,不管是在行政管理系统,还是在教育系统内部,有效参与的力量依然较为薄弱。总有一些人看起来比较超脱,缺乏对教育评估的关注、理解和独立思考,尽管他们有时还是教育评估的直接参与人和重要的利益相关者,也有不少人认为自己对教育,对教育评估体系的影响有限,"如果不能改变世界,那就改变自己",故此并不特别关注公共决策程序及过程,或者仅仅关注政策之于自身的直接后果而相对忽视其公共效应。这一文化基因也是我国社会组织,第三方评估组织难以充分发育的重要原因。

公众对教育评估这一公共管理事务参与的意识和能力是现代教育评估制度构建的文化基础。为确保评估的质量、有用性、可实施性和公正的操作程序,如德国评估学会和其他一些协会组织在它们的标准中所要求的,让与评估有关的人员主

---

〔1〕[德]雅斯贝尔斯.邹进译.什么是教育[M].北京:生活·读书·新知三联书店,1991,12.
〔2〕彭江.美国高等教育认证机构的自律与他律分析[J].高等教育研究,2012(11):97—104.

动参与进来是很有好处的。[1] 随着公民素质的提升,公众对教育的关注以及参与国家政策制定过程的意愿和能力也在逐步增强。2011 年 7 月,有媒体对《教育规划纲要》实施一周年的满意度进行网上调查。此次调研挂网短短 3 天,人气值已达22508,参与的网友中 35.38％为教师,20.16％为学生,19.72％为普通职员。[2] 教育评估涉及多个阶段,包括信息调研、草案公布、意见征集、质询反馈等,构成环环相续的程序链条。如果利益相关者只能选择性地参与其中,进入一个或者若干环节而非全部,他们的信息仍然不充分,知情权与表达权仍然不完整,无法影响相关政策议程。如果利益相关者进入决策太迟,以至于无法对评估议程产生影响。为有效激发公众的参与意识,应确定利益相关者参与为全程性权利,当然,评估公信力的普遍改善需要评估者和利益相关者在评估过程中谋求所承担的互补性任务的最佳组合,将科学本位的评估理念与参与式方法有效结合起来。

(二)汇聚民智,搭建互动沟通的平台

伴随社会民主化和教育治理体系现代化的进程,尤其是师生及公众知情及参与诉求的提升,评估活动已不再只是某种强制性规则的简单适用,而成为一种需要通过证据及论证的交互对话和价值判断的充分商谈来为评估行为及其结果提供合法性的、正当性理由的证明活动。教育评估的制度设计需要切实避免评估场域中意见的说服蜕变为行政科层制中下级对上级命令的简单服从。如果教育评估的制度运作所凸显的仍是评估主体作为行政权力的身份与角色,运作逻辑仅仅只是将"专家意见"演化为行政命令并单纯藉由行政力量加以贯彻实施,评估主体漠视异议、回避质疑,师生及公众的正当诉求不能通过制度途径进行表达和反馈,评估主体也将在整体上强化着公众对评估失范行为的主观认知,并助长公众的消极否定情绪,同时丧失应有的舆论引导的主动权。

信息公开与参与协商有助于师生理解和认同评估的价值目标,并建立评估与公众良性互动关系,通过交往增进理性意见的共识。在评估公信力式微的当下,广

---

〔1〕[德]赖因哈德·施托克曼,沃尔夫冈·梅耶.唐以志译.评估学.北京:人民出版社,2012 年版.前言,5.
〔2〕解艳华.教育规划纲要实施过程公众渴望参与[EB/OL].[2011—7—20].http://www.edu.cn/zong_he_news_465/20110720/t20110720_653207.shtml.

开言路、汇聚民智，自觉构建多层次、多角度的评估有效参与机制，评估组织、迎评学校在对评估信息进行全面准确及时公开的基础上，通过公示、听证等机制，与师生及社会公众进行客观理性地对话、论辩与协商，评估组织通过积极引导师生和公众参与评估事务并进行良性互动，全方位地回应公众质疑，引导公众对不当的价值认知及逻辑推理进行纠正，充分的辩法析理可使评估过程成为主体间的文明讨论，这是教育评估维护自身声誉的必要选择，既体现评估主体认真负责的态度和开放透明的理念，展现了评估民主、开放、廉洁、务实的姿态，也有助于增进当事人对评估结果的认同和接受。

教育评估面对的"公众"有时是个体的成员，有时以群体的形式出现，评估主体所感知的社会需求是分散的，经常是未加甄别和整合的，有理性也有非理性的。要实现有序参与，需要设立相应的参与机构，将分散的力量予以组织化。公众的组织程度越高，对评估主体施加的外部推动力也越强，越有助于将对制度的需求转化为制度的实践。具有良好信誉的互动沟通平台是消除歧见、达成共识的有力杠杆。2010年某大学的自主招生中，有一名在"中国古典文化素养方面具有极佳的学术潜力"的考生，因高考分数未及一本线与该校失之交臂，通过校方自主招生信息的公示，实名教授的评价，记者的调查，媒体的报道等，公众得知该考生在国学上的造诣颇深，是难得的人才，多数人对其最终无缘于该校而叹息。在国内，制度化参与渠道有限，公众对教育评估的参与多是随机的、零散的、碎片化的。作为有利益关系、情感和尊严的人，应有平台和机会充分表达对评估的认识、情感和利益诉求。重构一个以公众有效参与及价值协商为特征的合作型评估机制，各级教育行政主管部门可在"信息汇集＋深度互动＋集体协商＋合作建构"方面增设公众参与机制，搭建沟通平台。坚持重大问题事先广泛征求各方意见，定期或不定期就重大问题，重大决策和公众平等对话和民主协商，同时，推动新闻宣传改革与创新，积极回应公众利益和价值诉求。

这里需要特别强调对话与协商的平等性，大学的治理相比较于其他许多机构的治理，必须更加注重平等参与性。[1] 这意味着任何人都应有机会自由地表达自

---

〔1〕[美]德里克·博克,曲铭峰译.大学的治理[J].高等教育研究,2012(4):16—25.

己的理解与诉求。按照杰弗逊的理论,所有政府的合法权力都来自被统治者的同意,因此他们主张,所有与学生有重要关系的决策都应该征求学生的意见。[1] 在英国 QAA 评估小组中有一名学生代表,目的是为了更好地听取学生的意见,为高校质量管理提供学生视角的评析。QAA 并不要求学生代表具有高校教学和管理的经验,它会对学生进行专门的培训,使其能胜任质量评估或审计工作。[2] 共同体内的成员还通过选举等形式直接约束或抵制非理性的权力。当然,参与及价值协商并不一定总能达成一致,但决策是经过公开讨论的,公众藉对话与协商这一载体增进彼此的理解,获得平等和值得信赖的感受与体验,进而在教育系统内确立普遍的相互承诺及基于合理预期的信任关系。

教育评估信息公开及参与协商牵一发而动全身,是评估机制诸多问题尤其是诚信问题最好的解决方案之一。要进一步完善和细化信息公开的标准和要求并严格执行,在尊重参与者隐私的前提下,通过公开信息的范围尽可能拓展和公开内容的尽可能全面来促进规范透明评估工作的开展。信息公开与参与协商是对评估公共权力进行监督制衡的制度安排,信息公开理念的形成和嵌入,相关参与协商制度的设计和执行在多元博弈下或许难以一蹴而就。为增强科学性及针对性,避免被虚化和空置,建议把信息公开及参与协商纳入评估元评估方案中。

(三) 加强舆情引导的机制建设,增进公共理性

法国心理学家勒庞在《乌合之众》中指出,[3]聚集成群的人的感情和思想会产生一种本质性的变化,由于匿名、模仿、感染、暗示、顺从等心理因素的作用,个体有时会不由自主地失去自我意识、个性,以及理性和责任感,不能容忍对立意见。因人多势众产生的力量感会使个体失去自控,表现出冲动而具有攻击性等过激行动。如黑格尔所言,[4]"在公共舆论中真理和无穷错误直接混杂在一起"。各种权力的滥用、腐败、官僚主义等在这种氛围下有了滋生的可能空间和现实土壤,从众心理、

---

〔1〕[美]约翰·S.布鲁贝克.王承绪等译.高等教育哲学[M].杭州:浙江教育出版社,2001,42.
〔2〕汪雅霜,杨晓江.英国高等教育质量管理的核心要素——同行评议·学生参与·文化培育[J].黑龙江高教研究,2012(5):41—43.
〔3〕[法]古斯塔夫·勒庞.冯克利译.乌合之众:大众心理研究[M].北京:中央编译出版社,2000:16—23.
〔4〕[德]黑格尔.范扬,张企泰译.法哲学原理[M].北京:商务印书馆.1961:333.

社会感染、责任扩散效应等，构成影响教育评估普遍信任的社会心理根源，"正是场域层次上组织之间的互动，建构了它们之间的'集体理性'"。[1] 在教育评估遭遇公信力危机的时候，评估专家、学者、评估组织需要形成对公共需求变化的敏感性和快速反应机制，了解民情，听取民意，汇聚民智，在对话和意见整合中促成普遍的公共理性。当前阶段，"各种思潮此起彼伏，凝聚共识的任务更加艰巨。壮大主流思想变得异常重要。也因此，那些不利于打通心结、凝聚共识的僵化观念，那些放任信仰缺失、价值迷失、信任流失的错误行为，那些手段单一、自以为是的生硬说教，都应坚决摒弃。"[2]

理性是追求真理并使人类活动合理化的思维方式。近几年，"理性"频频出现于党中央、国务院的报告和文件中，已成为当代中国主流话语的重要概念，反映出党和政府对理性精神的倡导、对培育理性平和的社会心态的重视。在童世骏先生看来，[3] 这种"理性"并不专指认识活动的一个阶段，也不局限于形容实践手段的一个特征，而是表示人们对于自己或别人的判断和行为之理由的一种态度，……就是人们在特定语境中为了与他人达成共识而询问自己的判断和行为之正当性理由的那种态度——讲道理的态度、通情达理的态度。对教育评估体系而言，公众对教育及学术的认知与理解，对评估制度及评估过程的公正性、合理性的认可，对评估人员的专业水平、道德状况的认知是影响普遍信任的基本要素。有效的信息传播及舆情应对不仅能减轻危机，还能更进一步增进组织的声誉，而拙劣的舆情应对则会损害组织的信誉和公众的信心。评估主体应增强舆论引导力，通过对评估相关信息的组织、选择、解释、加工和制作来影响公众舆论，及时把握和准确判断社会舆情，找准舆论的关键节点，主动设置议题，用评估主体议程引导公众议程，通过有影响力的新闻报道与权威性的学术期刊传播，逐渐消解非理性的、错谬的舆论，通过有效的舆情引导培育公共理性。

按照共享程度的高低，信息可分专业型与常识型两类。专业型信息是具有自

〔1〕[美]W.理查德·斯科特.姚伟,王黎芳译.制度与组织——思想观念与物质利益(第3版)[M].北京:中国人民大学出版社,2010,225.
〔2〕陈焜.要跟得上时代的节拍[N].人民日报,2013—1—7(5).
〔3〕童世骏.理性精神是民族精神和时代精神的结合[N].中国教育报.2012—10—17(9).

己独特的范畴、定义、方法、对其正确解码必须具备达到临界点的知识存量和相关参照系,共享程度较低的信息。[1] 从知识社会学的规律来看,这类信息能否被正确理解是由个体对问题的熟悉程度以及自身的信息存量和知识结构决定的,教育评估公信力的提高离不开教育教学理念思想的广泛传播,有效的传播又需要与公众认知规律相契合。比如卡耐基教学促进基金会,这家智库致力于通过生产并传播面向大众的教育研究成果影响人们对教育世界的观察、理解和行动。在英国,QAA 鼓励学生会或学生代表撰写书面报告,[2]引导学生重点关注(1)学校发布的各类信息的准确性;(2)学生们是否明确校方对他们的期待;(3)作为学习者的学习体验怎样;(4)学校是否愿意听取他们的意见等四方面的信息。QAA 在其官网上发布了一系列的指南,比如《微向导:从院校到院校审核之学生报告》(《Mini Guide:a brief Student Guide to Institutional to Institutional Audit》)、《院校审核:学生报告指南》(《Institutional Audit:a Guide for Student Representatives》),还专门制作了介绍质量评估与审计的短片供学生们观看和下载。通过这些方式,学生们能更好地理解质量管理,更好地撰写体现自身学习体验的评估报告。正如阿什比所谈到的"报告中有两个突出的特点:一是它们很成熟,二是它们很坦率。所有报告几乎毫无例外地把教学质量、导师任务、师生联系、图书设备等有关学术教育的问题,放在先要的地位。"[3]

同样以美国年度教师奖为例,按照职责规定,美国年度教师获奖者将在获奖后停教一年,在美国国内和国外,参加一系列(约近 150 场)规模大小不同的活动,宣传教师形象、交流教学经验,让更广泛的教师群体乃至社会认识教师职业,鼓励更多优秀人才成为教师,激励在职教师成长为优秀教师。年度教师到各地参加活动,不是做巡回事迹报告,而是做教育教学交流。一些美国年度国家教师和年度州教师曾受邀来华开展教育交流活动。与之相比,国内教育评估实践中面向一线教师和广大师生,面向社会公众,生产并传播教育教学评估思想理念的机构及做法还不多见,教育评估中的舆情引导有必要引起足够的重视,应积极鼓励智库普及性学术

〔1〕吴元元.信息基础、声誉机制与执法优化[J].中国社会科学.2012(6):115—133.
〔2〕QAA. Handbook for Institutional audit:England and Northern Ireland. 2009:16.
〔3〕[英]阿什比.滕大春,滕大生译.科技发达时代的大学教育[M].北京:人民教育出版社,1983:67

产品及评估活动的发展以促进教育教学理念思想广泛而深刻的传播。

第六节　建立健全释疑机制，提升信任品质

改革开放以来，信任生成与维护的基础与环境发生了重大改变。伴随社会的发展进步，中国公众的文化水平和观察分析问题的能力逐步提高，自主意识也越来越强，"老不信"现象将持续存在，这一现象甚至会成为未来社会的常态。信任是重要的，却并非公共治理之目的与归宿，更非首要或全部。对待教育评估中的不信任，有关方面不必纠结戒惧，可以坦然地把不信任的出现看做是合理的、必要的。各种意见自由地竞长争高，有助于评估实践的监督制衡以及公共理性的发展进步。不信任促压效应的发挥离不开思想市场的开放，所以要尊重人们的质疑精神，保护和鼓励公众发现问题、提出批评的积极性。不信任具有不容忽视的内在潜能，是推动教育评估发展进步的外部压力，不信任不可能也不必完全消解。当然，不信任的内在潜能缺乏自足性，并不必然带来评估的发展进步，放任信任的丧失亦将带来难以弥补的损失，因此绝不能认为信任的匮乏是无关紧要的，普遍信任也是不足追求的。有关方面对公众的批评质疑不能漠然视之，应建立健全释疑机制以尽力降低信任流失裹挟着的风险，通过制度化渠道，如信息公开、参与协商、评估的元评估、反对者模式等纾解并超越各种批评质疑，建立健全释疑机制既是促使我们对教育世界深入理解的精神动力，又是现代教育评估制度发展与进步的重要保障。对于公信力视野下的教育评估的发展，这是一个不着形迹却具有重大意义的思想转变。

一　开放思想市场，善待批评质疑

犹太人在"判处死刑的时候，如果裁判所的所有审判官意见一致，则判决无效。"[1]他们认为，如果全体一致，就没有不同的见解和看法，就不能对同一问题从尽可能多的观点和角度进行观察，就往往把现实简单化，容易造成冤案。犹太人"意见一致，判决无效"的智慧与孔子"众恶之，必察焉；众好之，必察焉"（《论语·卫

---

〔1〕［美］马尔文·托卡耶尔．彭旭译．犹太五千年的智慧［M］．北京：中国社会科学出版社，2009．

灵公》)的思想高度一致。2011 年底中国财经年会上播放了一段诺贝尔经济学奖得主、101 岁的科斯为会议录制的视频致辞。他特别提到，[1]"如今的中国经济面临着一个重要问题，即缺乏思想市场，这是中国经济诸多弊端和险象丛生的根源。"笔者以为，这一论断对于教育领域同样适用。开放的思想市场鼓励新知识、新观念的产生，同时通过自由竞争，去伪存真，去粗取精，淘汰过时"错误"的知识和思想。保障知识和思想自由传播和流通的言论自由至关重要，如果没有言论自由，会影响学术自由，影响对知识的探索和创造力。有学者在对新中国高等教育发展的历史反思中指出，[2]在我国，由于认识上的偏差，人们非常容易把学术上的批判反思等同于政治上的批判和斗争。于是，即便是自然科学中的某些学术上的争论，也曾经被上升到政治路线斗争乃至阶级斗争的高度来认识和解决。至于人文社会科学领域的学术观点被当作"革命"批判靶子的闹剧，在个别特殊的历史时期更是屡屡上演。我国教育评估理论与实践的进步，在很大程度上依赖于国家政治文明的持续进步，依赖国家对宪法所赋予公民的"言论自由"的切实保障。

科斯在致辞中提出，自由的思想市场虽不能阻止错误思想的产生，但历史表明，压抑思想市场会遭至更坏的结果。防民之口，甚于防川，川壅而溃，伤人必多，民亦如之。是故为川者，决之使导；为民者，宣之使言。在开放的社会，错误的思想很少能侵蚀社会的根基，威胁社会稳定。公众的批评质疑及指责，如边沁所言，[3]

　　　"要么会给人留下印象，要么留不下任何印象。如果没有产生印象，那就等于对此事没有说过什么。如果确实产生了印象，便自然会唤起某人出来为之辩护。因为一种制度如果对于一个社会真是普遍有益的，那么一定有许多人会十分关切地来保全它的。通过这些人的努力，它所根据的理由就可以大白于世。以往出于信赖而加以默认的人，看到这些理由之后，就会心悦诚服地来拥护它。因此，一种批评，尽管根据不足，也只不过使一种制度受到这种考

〔1〕科斯. 缺乏思想市场是中国经济险象丛生的根源[EB/OL]. (含视频)[2011—12—16][2013—2—1]. http://www.21ccom.net/articles/zgyj/hwkzg/article_2011121650490.html
〔2〕陈学飞，展立新. 我国高等教育发展观的反思[J]. 高等教育研究，2009(8)：1—26.
〔3〕[英]边沁. 沈叔平等译. 政府片论[M]. 北京：商务印书馆，1995：100.

验,在这种考验之下,那种只会使偏见流行的有关制度的价值将受到贬斥,而对真正符合功利原则的制度的信任将得到肯定。"

人们通常对无根据地批判一切,以及不假思索虚无主义地否定一切,也就是不信任中的极端状态比较反感,科恩则指出,[1]民主国家的公民必须学会容忍,要"容忍不守成规""容忍别人直接反对自己的信念与原则""容忍甚至怀有恶意或出于愚蠢的反对"。

孙立平先生曾经指出,[2]将真相呈现给社会的机制,最重要的有两种。一是有一个权威的信息发布机构,大家信任。这种权威性以及支撑这种权威性的人们的信任感,需要漫长的时间才能积淀而成。二是多元的信息来源使你能够鉴别,孙先生本人"倾向于相信公开的、不拒绝质疑的信息。"他进一步解释说,"当对相关信息缺乏判断的专业知识的时候,我更看重的是信息传播的机制。相反,缺乏这样的机制,甚至是对信息进行封锁的机制,人们对这种机制下发布的信息进行怀疑,在逻辑上是可以成立的。如果不允许质疑的声音出现,反倒加深了人们对政府提供的可能是真实信息的怀疑。"虽然孙先生谈论的是政府的公信力,但就信息开放的重要性而言,它无疑也适用于教育评估公信力的形成及水平的提升。思想市场的开放竞争本身具备一定的约束力,约束着评估参与者行为的规范,有助于公正、独立、求真、惟实局面的形成。

伴随社会的开放、民主进程的推进以及舆论氛围的进步,公众的独立批判及理性质疑能力逐步增强,对公共组织的不信任与质疑将越来越多,这是正常的,也是必要和重要的。西方有学者指出,[3]"如果能够创造一种环境使人际信任最大化,并能够使公民对商业和政府的信任保持在一定的水平,那么解决这个困境的方法就是制度化不信任,即运用合理的制度设计原则使制度能够监督其他机构的权

〔1〕[美]卡尔·科恩. 聂崇信,朱秀贤译. 论民主[M]. 北京:商务印书馆,1988,188—189.
〔2〕孙立平. 重建公信力关键在机制[EB/OL]. [2012—8—27]. http://www. 21ccom. net/articles/dlpl/szpl/2012/0827/article_66410. html.
〔3〕John Braithwaite. Institutionalizing Distrust, Enculturating Trust [A]. Valerie Braithwaite and Margaret Levi. Trust and Governance [C]. New York:The Russell Sage Foundation. 1998, 343—344.

力。"大众媒体、学术报刊、博客微博等都是释放不信任的话语渠道,现代社会已开始初步显现出此前并不易见的反思性和批判性的时代特征,这是现代教育评估未来发展的制度环境。教育评估将不得不习惯和适应公众的质疑和批评,评估主体要有直面挑战的勇气,为思想和知识创新营造宽松的氛围和自由竞争的平台,使各种不信任可以通过制度化的渠道得以公开表达。评估组织或评估专家公布了相关的评估信息,当普遍的质疑出现时,评估主体不回避、不掩盖与压制对自身的批评,而是对其质疑进行积极的回应,深度解析,科学论证,同时提供矫正和救济等制度保障,不断修正自身的谬误和不足,批评正常进行,质疑规范展开,善纳群言、广聚群智、有则改之,无则加勉,必将有利于公众对教育、对教育评估理解的加深、认同的增强和信任水平的提升。

二 增设风险论证,健全元评估机制

教育评估通过价值判断与价值选择,促使教育管理秩序的形成和扩展,评估担负着为教育管理提供正当性证明的职能,这种证明始终与证伪或隐或现地联系在一起。无论自称为正确或真理的是什么观点,它必须经受批评和异议,并因此而获得活力。[1] 公开的挑战虽然容易使无保证的信任破灭,却有助于有保证的信任的稳固。在公开挑战可能性存在的地方,信任往往是有保证和坚定的。教育评估公信力的提升,需要认真对待评估中的各种批评质疑,增设风险论证、健全元评估机制以避免不信任的拥堵与阻塞,同时优化信任,提升信任品质。

(一)增设风险论证及不可行性研究

教育评估的发展进程中,通常会看到有关方面对评估理想状态与正面价值的积极诠释,而忽视评估的自然及社会属性所决定的能力限度和应用风险,以及被不合理运用后可能产生的系列副效应。在变得越来越复杂的现代社会中,必须比以往更加强烈地根据非预期的和部分确已存在的副效应来质疑教育发展战略和相关政策。教育上的错误比别的错误更不可轻犯。教育上的错误正和错配了药一样,

---

〔1〕〔美〕乔·萨托利.冯克利,阎克文译.民主新论[M].北京:东方出版社,1998,104.

第一次弄错了,绝不能借第二次第三次去补救,它们的影响是终身洗刷不掉的。[1]教育评估政策的制定者,各类评估项目的设计者不能着眼于短期效应,急功近利仓促推进,欲速则不达,见小利则大事不成。急于求成的发展思维带来的蒸蒸日上往往只是表面现象,长期以往,这一随意专断的试错过程必将导致泡沫化的繁荣和教育生态环境的扭曲变质,对教育的发展带来严重伤害。因此,各类教育评估项目的项层设计必须采取极为审慎的态度。教育管理者必须更加重视行动的非预期效果,全面反思既往实践的偏差与所付出的代价,冷静审视评估在教育管理中的过度拓殖所蕴藏的风险,才有可能使向前迈进的步子既科学合理又踏实稳健。

加塞特曾经写道:[2]"一种思想的全部意义,只有当它遭遇到对立面的观点时才会或多或少乃至彻底地表达清楚。任何思想都有对立面,两种不同思想在对抗中才能展示出各自观点的特征。"理性批判是知识增长的唯一途径,必须通过不断地"猜想"与"反驳",才可能逐步接近真理。如果评估理念、评估政策方案是在缺少争论的情况下达成一致的,与总有不同意见者不断提出改进建议相比,人们就失去了接触不同观点的机会。因此,与开放的社会相比,在封闭的社会里,更容易出现普遍的无知。[3] 各级各类教育评估项目的启动,相应的审议程序是不应或缺的。审议程序应包括评估项目的风险论证,甚至是不可行性论证。风险论证和不可行性研究是评估项目在设计过程中对影响评估预期目标实现的不利因素的研究,包括对项目必要性的质疑与证否,以充分揭示潜在的评估风险,以及考察评估失败的可能性及危害性,防患于未然,避免"善意的摧残",这是各类评估项目启动之初理应认真面对的重大问题,是避免评估工具滥用的重要手段以及评估政策科学性的必要保障。当前,教育评估实践中决策过程只有可行性论证,而风险论证和不可行性论证严重缺位,基本没有或者做的很不够。

教育评估存在与发展的历史,就是评估主体面对信任与不信任,对正确和合理的确认与坚守以及对错误和偏执的不断扬弃的历史。如果某种观点在受到挑战的情况下仍然能够成立,对于信任品质的提升也是有益的。加强风险论证、开展不可

---

〔1〕[英]约翰·洛克.傅任敢译.教育漫话[M].北京:教育科学出版社,2000,2.
〔2〕[西班牙]奥尔加特·加塞特.徐小洲等译.大学的使命[M].杭州:浙江教育出版社,2001:41.
〔3〕[美]第默尔·库兰.丁振寰,欧阳武译.偏好伪装的社会后果[M].长春:长春出版社.2005,17.

行性研究,以及反对者模式的引入是一个科学论证民主决策的过程,更是一个解疑释惑增进普遍信任的过程。未来国家对教育的投入将持续增长,各项基于评估评审的政策执行有必要加强评估项目决策的风险论证和不可行性研究,深入论证其在目标上的不合理,条件方面的不成熟,同时深化对教育问题对策效果链的纵横分析,全面呈现评估对策可能导致的各种后果,可能遇到的困难和风险等。虽然考验着评估主体的智慧、气度和容忍精神,但通过不可行性报告的考验的评估决策自然更加科学和合理,同时也表明他们纯正的动机、高度的责任感、实事求是的精神,只有经过一个否定之否定的过程,才能进一步增强说服力[1],也才能使资源的配置真正用到实处并充分发挥作用。

教育评估的风险论证与不可行性研究,比较常见的有反对者模式(adversary model),这一评价模式是美国学者欧文斯等人在20世纪70年代提出的,又称“对手模式”或“反向评价模式”。反对者模式十分重视听取关于教育方案和教育活动的争议意见,尤其是反对者的意见,在操作程序上模仿法律实施过程中正反双方的互辩活动、陪审团复议、最终形成法官审判意见等。反对者模式的基本特点是充分反映各类人员多元的价值认识,充分揭示正反双方的长短得失。反对者模式的典型代表是1973年沃尔夫提出的“司法模式”。他将教育评价分为争论的提出、争辩的选择、辩论的准备和听证四个阶段,主张让持有不同意见的正反双方一起参与评价并衡量教育方案和教育活动,通过相互对立的评价者分别出示证据和相互诘问,而得出更为全面合理的结论。尽管这种模式有时容易受辩论技巧的影响,评价成本也比较高,但反对者模式有助于决策者获得广泛的信息和各方面的意见,有助于深刻认识各种潜在的冲突意见。教育评估风险论证与不可行研究不能完全由政府及学校内部的行政部门主导而应广泛征求各方的意见和建议,使各种不同的意见有机会充分地呈现。对于一些影响重大、矛盾相对集中的评估决策和评估项目,有必要尝试引入反对者模式,对评估项目的合法性、必要性和可操作性等进行深度调研和论证,使人们更加理性地看待和实施评估,使评估方案或者“储备性方案”在不同意见的公平竞争中更趋合理,同时尽可能防范、规避和降

---

[1] 李景鹏.政府的公信力是在公众的质疑中逐渐实现的[J].国家行政学院学报,2011(6):14—16.

低评价中的风险,使评估机制更加符合教育发展的规律,惟其如此,才能够使行政部门包括学术部门的行政权力回到它一向所声称的服务职能的本位上。

我国教育评估缺乏制度化的不信任的表达及纾解机制,建立健全沟通机制,公示和听证制度,为风险论证、不可行性研究,以及反对者模式的应用提供讨论、交流的平台,督促评估主体接受并吸收质疑中的合理成分,认真克服不可行报告中的各种挑战,对于推动评估的进步意义重大。建立健全释疑机制并推动其有效运行成为教育评估公信力提升的一个值得尝试的思路。

(二)建立健全元评估机制,提升教育评估公信力

美国学者库克(Cook)和克鲁德(Gruder)认为:任何一个评估结论要经得起推敲,就必须经过元评估。元评估"就是评估的评估,一般是指对评价技术的质量及其结论进行评价的各种活动,其目的是向原来的评估者提出他们工作中存在的问题和片面观点。"[1]元评估按照一定的评估理论和价值标准对评估的质量及结论进行检验,运用统计和其他方法估计可能出现的各种偏差及其影响,通过明确指出评估的优劣所在进而加以改进。元评估是教育评估发展到高级阶段的产物,是现代教育评估体系的重要标志,它对评估活动起着规范、监督和辅助改进的功能。元评估是元评估主体帮助评估活动进行反思的过程,需要一定的自觉意识和主动性,而这种自觉意识和主动性源于对已有结论进行怀疑的精神。[2]

20世纪60年代是美国教育评估的重要转折点,评估活动本身的合理性、有效性和科学性日益受到关注。1969年,斯克里文首次提出"元评估"概念,并列在他所设计的关键评估量表(Key Evaluation Checklist)的最后一项。[3] 1981年,他又将元评估定义为"由另一评估者去评估一项已计划或完成的评估。"斯塔弗尔比姆将元评估定义为记述、获取和运用有关评估活动的效用性、可行性、适切性和精确性,以及其系统本质、行为能力、诚信度、受尊重程度和社会责任感方面的描述性和评估性信息,据以引导评估并公开报告该评估的价值和缺陷的过程。[4] 正是由于

---

〔1〕简明国际教育百科全书·教育测量与评价[M].北京:教育科学出版社,1992,65.
〔2〕霍国强.我国教育元评价的实践缺失及对策思考[J].教育发展研究,2012(15—16):21—25.
〔3〕Michael Scriven. An Introduction to Meta-Evaluation [J]. Educ Prod Rep, 1969.
〔4〕Daniel Stufflebeam. Meta-evaluation [R]. Western Michigan University, School of education, 1974:159-161.

对这些评估自身问题的反思、批判与改进,元评估作为保障教育评估品质的重要手段不仅日益受到关注,被提上日程,也成为完整评估过程中的一个必要环节。1975年,美国教育评估标准联合委员会(JCSEE)成立,17个创始成员由12个专业委员会委派,如美国评估协会、美国教育研究学会、美国心理学会及美国教育测量评估委员会等,该委员会已被美国国家标准局认可为教育评估标准的制定组织。在西方,无论采用何种评估模型,所有评估项目都强调对评估方案优缺点进行综合评判,对评估结果进行审查,大部分评估模型要求对评估过程进行审查。

当前时期,尽管国内对于教育评估的元评估的研究相对薄弱,至今尚未确立类似 JCSEE 那样的元评估标准,但元评估在改善评估活动方面的积极价值已越来越得到人们的认可,一些评估项目也开始立足于"元"层面对评估方案进行思考和设计,以提高评估中事实认定、价值判断及价值推理的准确性和公正性。如全国教育科研项目的评审中已构建了以评价结果的复审为代表的元评估机制。[1] 当评估相对人有正当理由对评审意见提出异议时,可提出申诉并将其意见反馈给匿名评审专家。同时,从专家库中另择数名专家组织重新评审,若复审意见与申诉者一致,则矫正原评审意见;若复审意见截然不同,可再送审。再次送审仍不能达成一致,可重复匿名评审程序,乃至由更高层级的评价机构进行仲裁,并回复申诉者。复审机制在评估相对人与匿名评审专家之间建立一个学术交流的平台,通过解疑释惑修复评估相对人的信任感知,激发并增强其信任情感。元评估机制的有效运行是建构现代教育评估体系的根本,也是增强评估的可信赖性,不断获取公众信任和支持的重要基础,加强教育评估的元评估是提升公信力的理性选择。

信任是一个与人休戚相关而又常常令人困惑和苦恼的问题,就像福山所说,"(信任等)社会资本的积累是非常复杂的,往往是一个神秘的文化过程。政府制定的某些政策有可能会削弱社会资本,但政府却很难了解如何创建新的社会资

---

〔1〕刘贵华,柳劲松.教育科研评价的中国难题[J].高等教育研究,2012(10):25—29.

本。"[1]时至今日,人们除了普遍意识到信任的丧失比修复更容易之外[2],对于信任的增进尚未得到统一的认识,信任修复被看作是最重要的未解问题之一。[3] 教育评估集思想、理论、方法、行动、互动等复杂特征于一体,评估公信力作为深层次的内在问题,不可能仅发展出单一旨趣的公信力研究,也不应只有单一确定的解释,具体实践更不该只有单一线性逻辑的策略选择。不同的人对教育评估公信力有不同的看法,见仁见智,希望本研究可以抛砖引玉,提出问题供大家讨论。

〔1〕[美]弗朗西斯·福山. 彭志华译. 信任:社会美德与创造经济繁荣[M]. 海口:海南出版社,2001:13.

〔2〕乔治·恩德勒. 信任的丧失比修复更容易[J]. 新华文摘,2002(10).

〔3〕Schoorman F D, Mayer R C, Davis J H. An Integrative Model of Organizational Trust:Past, Present, and Future [J]. Academy of Management Review, 2007,32(2):344 - 354.

第七章 结语

> 世有伯乐,然后有千里马。千里马常有,而伯乐不常有。故虽有名马,祗辱于奴隶人之手,骈死于槽枥之间,不以千里称也。……策之不以其道,食之不能尽其材,鸣之而不能通其意,执策而临之,曰:"天下无马!"呜呼! 其真无马邪? 其真不知马也!
>
> ——(唐)韩愈《马说》[1]

马道斯(Madaus)、斯克里文和斯塔弗尔比姆将教育评估描绘成一个动态、尚未发展成熟的专业,但其作为教育领域不可或缺的重要部分是毋庸置疑的。[2] 现代意义的教育评估是教育价值与意义确证的核心载体,对于教育价值的实现及教育管理秩序的维护具有重要的意义。近些年,在国内,"公信力"开始成为研究政府与执政党、司法、公共组织(NGO、NPO)、大众传媒等领域的一个重要概念,但在教育评估领域,公信力问题尚未引起必要的关注。这是一片相对空白却十分重要的研究领地,选题的原创性对笔者而言,既是机遇也是挑战。转型期中国教育评估的信任困境和基于公信力提升的评估秩序建构,是教育评估乃至教育管理必须面对的颇具挑战性的基础性问题。然而,当人们发出慨叹"中国教育改革为什么会这么难"时[3],本研究不能说已经清晰地回应了当前教育评估的公信力困境,但行文至此,笔者认为有必要对这一探索性研究进行阶段性总结。对初步的研究结论及创新点、研究的局限及今后研究的方向做一简要说明。

---

[1] 韩愈.马说[C].义务教育课程标准实验教科书 语文(八年级下册).北京:人民教育出版社,2008:175—176.

[2] Madaus, G. F. , Scriven, M. S. & Stufflebeam, D. L. Evaluation Models: Viewpoints on Educational and Human Services Evaluation [M]. 1983, Boston: Kluwer-Nijhoff.

[3] 吴康宁.中国教育改革为什么会这么难[J].华东师范大学学报(教育科学版),2010(4):10—19.

一　结论及可能的创新之处

教育评估与教育活动相伴而生,制度化的教育评估是教育尤其是教育管理发展到一定阶段时的产物,制度化教育评估的出现意味着"公信力"所指称的现象开始若隐若现地出现。公众普遍信任与广泛不信任的双重变奏将成为教育评估未来发展所面临的基本处境。本研究初步形成了以评估相对人、利益相关者及社会公众对教育评估的期望及信任特征作为出发点的教育评估公信力的分析框架。基于该框架,本研究对当前教育评估实践中的"时代难题"作出具有制度实践意义的学理回应,一定程度上增进、拓展和深化了对教育评估公信力这一特定问题的认识和理解,具体如下:

首先,明确教育评估公信力的概念,并对相近概念如信度、效度、可信度、影响力进行了辨析,特别探讨了公信力在教育评估概念地图中的位置坐标。本研究指出当前我国教育评估存在公信力低下这一现实困境,并从理论层面细致分析了教育评估实践的公信力诉求及其特性,继而揭示公信力这一概念的公共性、关系性、整合性以及教育评估公信力提升的艰巨性。本部分研究旨在表明这样一种基本看法:公众的信任是重要的,是公共权力有效行使的必要基础,但是,公共权力及组织的首要和根本目的并不在于赢得公共信任,而在于公共利益的最大化,而公共利益的最大化离不开合理的适度的不信任。教育评估有着多元的属性和多重的职能,既在教育教学活动中体现着自身的教育学属性,又在教育管理乃至社会管理中发挥着管理学意义上的管理职能。教育评估公共权力最佳效力的综合发挥需要良好的信任机制,公信力主题的核心关注应在于如何促进信任及不信任积极潜能的转化。

其次,对教育评估公信力的影响要素进行解释性建构。本研究从评估相对人、利益相关者及社会公众的评估期望及其信任特征出发,对评估主体的诚信、公正与权威、评估过程中的参与协商及舆情引导,以及社会系统性因素进行了详细论证,研究指出,诚信与诚实、公正与准确、权威与利害分别构成教育评估伦理、专业及利益认同的基础。本书对传统的信任文化及特点、教育规模与价值观多元等进行了简要概括,研究发现,信任的历史依赖与时代诉求交织呈现,在评估由行政力量主导向"去行政化"转型,"管办评"分离深入推进的过程中,人们对教育评估的期望正在发生变化,这直接促成评估公信力中信任结构变迁,由人际情感信任向制度系统信任转变,从基于政府和行政权力的信任向法理性信任转化。影响要素及公信力结构变化特征的分析为教育评估公信力提升途径的探讨奠定基础。

再次,提出教育评估公信力在其指向上存在着信任结构以及在其性质上存在着类型差异的观点。结合评估发展四个阶段的划分,指出公信力的信任指向分别对应于测量、描述、判断以及价值协商等层级,人们的信任在教育评估"硬核"与"保护带"上存在着结构性的差异。研究还对评估公信力的类型进行了区分,并详细指证了威慑型公信力、批判型公信力、自致型公信力的特征及其效用。该部分强调区分公信力层级结构及品质类型的必要性和重要性,以反映出信任水平与评判标准及信任结构的关联。在此基础上,对我国教育评估当前的公信力状况,特别是公信力的双重面相给出了分析与解释。伴随社会转型的持续推进,舆论环境日益开放,公众的质疑能力逐渐增强,这些因素亦将影响教育评估的公信力。

信任问题与教育评估关联密切,本研究详细论证了教育评估中的有限信任及其特征。基于人类才德的非完善性,教育评估中的有限信任是合理的,相比于充分信任与不信任具有比较优势。研究分析并揭示出评估中不信任与信任胶合共生这一实然状态,并对教育评估中信任关系的非对称性进行了概括。基于"办"之责任与自由,对教育的"管、评"机制进行了理论探讨。研究指出,教育及学术产品的公共属性要求管理主体履行底线意义上的监管职责,以保证教育教学及学术供给的基本水准。在办学资质得以确认的基础上,"管、评"分离,管理的重点应致力于对学术共同体评估公正竞争秩序的维护上,严格限制行政权力对具体教育教学及学术活动的干预及控制。当前国内教育评估中"管、评"失衡,选拔评优评估供给过剩而认可保障性评估供给严重不足,以至于形成"善意"的摧残。教育评估公信力由信任与不信任共同驱动,不信任作为外部压力促压着却并不必然促进教育评估理论与实践的改善,教育评估发展及其公信力的提升需要强化信任纾解不信任。提出不同于普遍的忽视"不信任"之于公共权力积极潜能的公信力理念成为本研究重要的观念及理论创新,这一思路是对当前信任研究与公信力研究的重要补充,有助于澄清公信力问题争论上的误区,有助于认识和发现不信任之于公共治理的积极价值,通过不信任的纾解及超越,改善公共管理绩效。

最后,从范式转型与制度保障层面提出教育评估公信力提升的策略及途径。基于信任的强化及不信任的纾解与超越,研究从明确权责,规范评估公共权力,完善教育评估立法,形成评估法治体系;转变管理职能,强化监管维护良序;发展智库,提升评估专业能力,设定评估标准,改善评估信用水平;加强监督制衡,防范道德风险,创设诚信评估环境,增进伦理自觉;制定执行细则,公开评估信息,促进互动协商,引导舆情民意;建立健全释疑机制,如开放思想市场,善待批评质疑,增设风险论证,建立健全元评估机制等六大方面提出了我国教育评估公信力提升的策略建议。这些建议寄期望于为现实问题的探讨提供参考。

二 局限及未来的研究方向

物之初生,其形必丑,本研究当然也存在着诸多不足和缺憾,分析论述还比较肤浅和单薄。这些不足的克服及局限的突破可作为未来的研究方向。

(一) 评估参与者整体道德水平的改善路径尚不清晰

诚实诚信是公民应履行的基本道德义务。然而,这一道德义务却成为我们当下最为稀缺也最为宝贵的社会资源。以知识生产和传播为己任的教师和学者,理应表现出高于常人的道德水准。但是,在急功近利盛行、浮躁风气弥漫的当今社会,教育评估实践中诚实诚信式微、道德失范现象及其严重程度令人焦虑。大家都在呼吁要拯救道德,然而百余年来,中国剧烈的社会变革致使传统的道德机制日渐失效而新的机制尚未全面形成,道德建设从何处寻找资源,如何创设诚实诚信的评估环境,如何防范道德风险,增进伦理自觉,这是教育评估公信力全面提升所面临的最难解决的难题和最为艰巨的任务。本研究尚未给出评估参与者道德水平整体改善的清晰的路径。这方面的研究还需持续跟进。

(二) 对资源约束及评估成本的关注不足

制度运行是有交易成本的,包括维持组织和机构的费用、信息成本、决策成本、监督成本等。资源约束是任何类型的制度设计都无法回避的现实挑战。某些设计良好的制度由于资源约束与交易成本过高,难以获得充分的发展,甚至无法付诸实施。教育评估公信力的提升不能回避资源约束与交易成本,但本研究对此未做充分的探讨。比如,本研究提出形成评估法治体系以顺应公众信任结构的现代转型,通过奠基法理信任进而全面提升教育评估的公信力这一策略建议,并尝试给出了评估法治体系的框架和要点。但是,就目前而言,中国教育评估立法机关的组织形式和立法程序不尽合理,颇为稀缺的评估立法及司法资源很大程度上约束着教育评估法治体系短时期内的建设成效。资源约束对评估实践具有限定性,所有的评估活动都是在成本可控和可承受的范围内展开的。笔者今后将尝试对教育评估的制度资源、成本构成及来源,特别是既有资源水平下教育评估实践的合理化做进一步的研究。

(三) 研究的理论纵深、论证的严密性还需加强

本研究兼具解析问题的理论取向与解决问题的行动倾向,较多关注"面"上的系统性与结构性,意在通过高度抽象形成具有一定普适性的认知框架,而相对忽略"点"上的细节性探讨。与此同时,因关注具体的改善思路与行动策略,追求设计的合理性与策略的可行性,而对教育评估中信任之起源及其意义的追问、对信任内在机制、思想文化等的剖析还较为薄弱,诸多论证还不够充分,比如,从个体主观的心理反应过渡到社会整体的信任特征,对公共组织以赢得"信任"作为提升公信力的理念反思,不信任积极潜能的转化规律、教育评估中信任关系的非对称性、评估公信力的双轮驱动机制的揭示还不彻底,对教育评估公信力的信任指向、信任标准,对社会转型期公众信任结构的变迁的把握还不够精准,研究还相对缺乏理论纵深,论证的严密性还需加强。

以本研究提出的信息公开及参与协商这一主张为例,显然,研究不能仅仅停留在一般性地阐述该主张的必要性和重要性上,问题的关键在于首先揭示信息公开及参与协商对教育评估信任品质及信任程度的实际影响状况,在此基础上,将公众参与的热情与评估的过程有机结合起来,在评估政策制定、执行、后续整改等环节嵌入公众的参与及协商行动,同时保障评估活动有序有效。在新媒体技术的助推下,良好的舆论氛围,舆情引导能力之于教育与教育评估公信力的提升日益发挥着重要的作用。这部分内容尚未纳入本研究的讨论范围。笔者的后续研究将持续探寻不同评估项目中公众参与及价值协商适宜的范围和程度、技术方法的确定、模式的选择等,以及评估的舆论解读与评析、舆情民意的辨识与把握、舆情引导能力的

建设等,以进一步丰富和深化评估公信力主题的研究。

（四）研究发现的科学性及策略建议的有效性还需检验验证

尽管当我们严肃审视当今中国教育评估的诸多现象,实际状况似乎明显地支持了教育评估在整体上所面临的"信任危机",但对教育评估公信力水平的描述,特别是评估公信力低下程度的评判缺乏科学测评工具的测量。作为探索性研究,本书以质性研究方法为主,质性研究的研究者是社会现实的"拼凑者",通过一些局部的观察和描述,将某一时空发生的事情拼凑成一幅图画展示出来。本书中的理论发现,即公信力影响要素的解释性建构、信任结构、评估中的有限信任,特别是基于"办"之责任与自由的"管评"机制、公信力的双轮驱动模型,以及教育评估公信力的提升策略等,虽然几经权衡,但基本上都还是构想中的,如书中提出教育评估在其指向上存在着信任结构以及公信力在其性质上存在类型差异的观点,这些理论发现的科学性以及评估公信力提升策略的有效性还需加以检验验证,笔者的后续研究将通过随机调研、统计调查和案例分析等方法对本研究提出的观点进行证实证伪,或者不同程度的修正。

科学巨匠钱学森提出了一个恼人的问题,为什么中国总是"冒"不出拔尖人才。跨越时空,一千多年前的韩愈博士通过隐喻给出的回答是"千里马常有,而伯乐不常有",这一回答令人感慨万千。千里马好比拔尖人才,在现代社会,各级各类的评估就是伯乐,在伯乐常有且慧眼有神的日子里,食之尽其材,策之以其道,鸣之通其意,自然就会出现万马奔腾的大发展大繁荣。对于人类的幸福和教育的进步,评估是一项关乎宏远、功在千秋的基础工程,评估公信力的不断提升虽然任重道远,但值得我们把它作为未来发展中的永恒追求。

附录 部分访谈记录

2009年10月至2013年5月,笔者对教育行政官员、评估专家、大学及中学校长、各级学校教师、学校管理者,以及在校及毕业大学生进行了访谈,访谈内容主要围绕教育评估公信力的现象表征、影响因素、不信任的具体指向以及评估公信力的提升之道等主题展开,访谈对象近百名。以下为部分访谈信息的文字实录,按访谈时间排序。

X1(男,某实验初中校长,2009年10月,淄博):教育是一门科学,有很强的专业性,这应作为一个基本的教育观。我们在办学时,遇到的最普遍的问题是,有的领导说,别的我不懂,教育我还能说两句,然后说三道四。我们学校提出的校训"科学民主,自由创新",针对的就是当前办教育的这些实际情况。政府对教育的干预太强,我们感到最大的问题还不在教育局长,而是分管教育的那些市级领导,不懂教育,还特别喜欢干预,教育局长还不能不听他的。我们还总结出一个规律,什么人当教育局长好呢,是一些老同志,不想再升官了,如果来个年轻人,还想再升官,那就麻烦大了。

L1(男,某实验初中语文教师,校教研室主任,2010年3月,淄博):今年我们区评了一名语文特级教师,说实话,我们都不服气。这个老师的课上啥样,我们都很清楚,和我们学校的中级水平差不多。为什么要评她做特级,上边说是因为当前国家强调义务教育的均衡发展,要在政策上向农村学校倾斜,倾斜我们没意见,可是,特级教师最重要的标准是什么,能因为政策的导向就选教学不怎么样的人做特级教师吗。

L2(男,35岁,某新建本科院校教务处科员,2010年7月,济南):大家对本科教学评估的批评,我不同意。我们学校是新建本科院校,从我们学校来看,我觉得本科教学评估促进了管理的规范,这种促进是多方面的。比如,我们以前学生的试卷、毕业论文根本不注意保存,评估要求考试实验实习及毕业论文的管理规范,现在看来这一要求十分必要。我们也是因着评估，才开始重视的，是评估教会了我们如何对这些教学环节进行管理。

S1(男,某省教育厅高教处处长,2010年12月):教育评估公信力这个选题很好,我们很想参考参考。目前教育厅每年组织10多所高职高专的评估,还有其他评估活动,工作量很大,我们也曾放手给挂靠在某高职院校的中介组织来做,效果非常差。首先,被评学校不重视,不当回事;其次,评估行为不规范,评估真成了走形式的行为。所以,从今年开始,高教处收回了对高职高专评估的组织权。

评估指标作为尺子,虽然有争议,但还不是当前评估的核心问题,核心问题在于评估专家的专业化水平。比如,有专家在评估时指出学校办学定位不太清晰,我认为作这样的论断必须提供令人信服的例证,最好还能多角度地提供相关证据,能从一些普遍存在、习以为常的现象入手分析出让人心服口服的东西来,人家才能服气;其次,评估结论反馈时对象的选择,我认为教学工作水平的评估就应该扩大到全体教职员工,就是要指出办学中的问题,使校长、中层和教师们进一步明确学校存在的问题、不足等等。现阶段,一味倡导第三方评估并不很理性。对于民办学校,第三方评估的需求会有,但对于公办学校,对荣誉政绩等的需求会压倒对问题的评判,不对高校的评估需求进行精细化分析,难以提供行之有效的评估策略。评估专家的专业化途径是实践,只有到实践中去,才能锻炼自己,发现真问题,才能逐步走上评估专业化这条路。教育评估公信力的提升,还必须加强评估行为的监督,包括学校层面的监督,政府层面的监督,对评估专家的监督也很重要。

S1(2012年7月):有一次评高职高专,一位专家在大会反馈时批评这所学校课程体系有问题,缺乏清晰的专业课、专业基础课、专业选修课的课程结构体系。我当时坐在那里,既着急又没有办法。紧接着到下一所学校去评估时,我先发言,我先介绍高职高专课程体系与普通高校的差异,会后,那个专家专门对我说,哦,原来高职高专的课程与普通高校的差别这么大。评估专家的专业化水平真是问题。(这么不专业,为什么聘)省里组织的高职高专评估,必须要有省外专家,省外专家是教育部随机分配的,我们也没有办法。

C1(女,某市语文学科教研员,2011年3月):基础教育评价的问题很多,像示范中学评价时用的指标,比如德育指标,是否反映了学校真正的德育水平,我是相当怀疑的。此外,评估的组织实施,很多时候评估者不是学科专家,对学科的把握并不准确,还有,就是参与评估的人的一些造假,很难避免。

中学语文与政治是饱受诟病的两门课。以语文为例,现在的语文学习,最大的问题在于学生的阅读,不是享受阅读,而是千方百计揣摩出题人的意图。一切以考高分为目的,直接的后果是学生考上大学之后不会读书、不爱读书。

从积极方面看,这些年也有一些变化。比如,市级优质课的评选,以往评上二等奖一等奖的教师,有一些也就刚工作2、3年,只要学校往上推,教研组帮着磨课,就像表演一样,当时的评选关注形式化的东西多一些。以往选出来的教学能手、教学名师,学校区县推出的人的水平差异比较大。现在的评选,首先笔试,对教师的专业基本功进行考核,然后是初试,最后是决赛,水平差的在笔试环节就被刷掉了。评选越来越重视教学形式承载的内容,除了声音洪亮流畅、表达清晰准确、重难点把握到位,开放性、生成性的东西在评价中越来越重要,如果没有相当的知识底蕴和人文素养,教师的"优秀"很难表现出来。现在被评上的,差不多都是三四十岁的。

W1(男,某"985工程"大学某研究中心主任,教授,2011年5月):学术领域已经成为一个江湖,各种关系盘根错节,每个人都痛恨学术腐败,但是大多数人都不同程度地参与了,或深或浅,或直接或间接。在这种体制下,培养了一大批伪君子,说一套做一套,但是他们也有苦衷,他们也要生存,一方面不喜欢腐败,另一方面为了生存又参与腐败,在有机会腐败的时候,不会客气,在没有机会腐败、机会被别人拿走的时候,就谴责腐败,这就是我们目前面临的怪象。

H1(男,中国籍,日本某大学国际学生事务主事,教授,2011年6月,青岛):我以前负责制定所在大学的教育标准,标准公布时,大家都很吃惊,怎么这么低。我们对外解释说,这是标准,标准就是必须达到的最低的临界值。我们没有对外界说,其实,就这个最低标准,有一些大学生也达不到。设置这个标准,是想让大学清楚学生毕业的最低要求是什么,帮助达不到的学生达到这些标准,实在达不到的,不能毕业。我们的目的是保证只要这里毕业的,都是底线标准之上的。

这些年,日本政府也想通过评估加强对大学的管理,但是遭到强烈的反对。大学怎么办是大学的自由。日本有大学设置基准,比如,所有大学的教师都有不低于20平的独立办公室,这是办大学的前提。当然还有一些其他的规定,既然已经通过了设置基准,就应当给大学自由。我所在大学有一个教授,教经济学的,快50了,他最大的爱好就是打游戏,也不和人交流,关着门天天打游戏。他是我们公认的、教学最不用心、科研也是最不好的,但是,大学不把他怎么样。有一年,他系里老师们投票,还投了他一个什么奖。别的老师看到,这样的人学校都能容忍,他们自然就体会到了自由的边界有多广,当这份自由用于科研时,真的可以毫无顾虑地倾注全部热情,这是作出真正有价值研究的重要条件。日本大学评职称主要也是熬年资,成果并非主导因素,所以大家不慌不忙地做研究,许多学者是退休以后才陆续出版著作的,至于有的老师不认真,那也没办法,这是大学发展要付出的代价。这个代价是合理的。

H2(女,某"985 工程"大学教育学院博士后,2011 年 9 月,上海):H2 所在的教育学院接受全国多所学校及某些民办教育集团与私立教育机构委托的评估项目,H2 是一些项目的评估报告执笔人。她谈到:一般情况下,他们委托我们开展评估,就是想要一份对他们有利的评估报告,而不是客观的、公正严谨的报告。他们不愿意提供他们认为不能"贴金"的数据信息,不愿意配合评估活动组织相关的随机调查。让你出一份什么报告,你就出什么报告。我不明说,但是你想要的数据我不给你,通过我筛选过的信息,你只能写成我想要的报告。你可以拒绝写,你不愿意干我可以找别人干,这年头想赚这钱的大有人在。在评估中,如果硬要坚持更具公正性的观点,会断了财路,断了人脉,我没法向所在单位交代,因此,评估的时候,尽量少给他们添麻烦,尽可能简化评估程序,尽可能充分挖掘支撑其办学成就的教育事实,同时忽略甚至掩饰存在的各种问题。说实话,这类报告我以后不愿意多写了,没意义。

W2(男,1988 年生,某"985 工程"大学硕士研究生,2011 年 9 月,济南):(如果在全体教师中挑出 1%或 5%的教学效果特别差的教师,你觉得有什么好的办法)一个学院教师也就那么几十个,从中挑 1%或者 5%特别差的教师,我觉得不太可行,比如,我所在的学院,我觉得教得特别差的教师不是 1%—5%,而是 50%左右,这些老师的课实在是没有意义。当然,我们这个学院教师的素质不如其他一些学院,其他学院这么差的比例可能没有这么高,但是,10％以上应该是有的。所以,如果非要限定在1％—5％,硬被挑出的那1％或5％很可能不服气,因为周围有不少和自己差不多的,他们凭什么不是最差。

(什么样的教师是教学不好的)对学生不了解,有一个老师,课堂上净问一些浅薄的问题,比如,"金砖四国是哪四国,同学们你们知道吗""亨廷顿《变革社会中的政治秩序》大家听说过没有",对于政治学系的学生,这些问题有意义吗,所以,第一堂课,有一百来个学生,第二堂课就剩下十来个,可是,老师似乎无所谓。还有,就是和学生沟通太少,一下课,就不见老师人影了。当然,特别牛的老师,就算沟通少还是很喜欢,有一个老师,上课从来不带教材,也不用ppt,一讲2个小时,大家都很喜欢。还有一些老师,简直不可思议,比如,上课时学生进进出出,也不看学生,照本宣科念他的东西。现在学生的学习也是普遍地不用心,除非是定力特别特别强,闷着头,自己学自己的。反正学习认真不认真,找工作都很难,用功学习也没用。也有很多学生其实是想学习的,但实在是缺乏引导,都不知道该怎么学。要说书本上的那些东西,突击突击应付考试,一个星期也就足够了。平时到底应当用心学习什么呢,真是不清楚啊。(2020年建成世界一流大学,你怎么看)我在这本科4年,对学校的教育教学已经绝望了,世界一流大学,不可能吧。

X(女,35岁,武汉市某小学语文教师,2011年10月,1112次列车上):前些年的评估,比如,我当年评小高,还是比较公平的,参加统一考试和其他考核,后来就不是这样了,必须得去找关系,即便是条件都满足了,也要去找关系。要不然很可能评不上,还有一些即便是条件达不到,也能评上。

说到素质教育,毫无疑问是应该的,可是很多素质真的很难考核,在不清楚怎么考素质的时候,现在这样的考试,至少保证了确定性,对于贫困学生是一种保护。否则,你让这些孩子怎么办,他们有什么路实现阶层的流动。现在的语文教学,我们有时很矛盾,必须要考虑学生们如何应对考试。比如说阅读是肯定要考的,肯定要考对文本的理解,很多时候,学生们的理解是很多元的,分析也有一些道理,如果是我们自己组织的考试,通常就会算为对,可是,在正式考试中,答案是确定的,虽然遣词造句可以适当灵活把握,但知识点是一定的,其他理解都算为错,这明明是对学生思维的一种限制。你说我们做老师的该怎么办。

我们一线的小学教师，最不喜欢的就是专家，他们就会泛泛而谈，讲的那些东西没有针对性，还不如和同事们聊一聊。专家要想说服我，比如，专家你说我这里有不足，那你究竟会怎么处理，为什么要这么处理，究竟好在哪里了？要是能亲自演示演示那就更好了。在江浙那边的，很多老师的功底是很高的，一听就能感觉出来，这些老师在课堂上娓娓道来，学生遇到什么问题了，老师们都能巧妙加以应对，而我们，就是以事先的教学设计来组织教学，课堂如果出现了新情况，通常会迅速调整，把学生的思维拉到我们的设计中。

前几天我们去曲阜参观孔府孔庙孔林，我最大的感受就是，孔子的优秀率还不到 2.5%，却要求我们 80% 以上，这合理吗？其次，孔子是有成就，可是凭什么赐他的儿子孔鲤为泗水侯。凭什么一人得道，荫及子孙。

L3（男，某"985 工程"大学原党委副书记，首轮本科评估时一些参评学校的评估专家组组长。2011 年 10 月，武汉）：评估公信力是一个很敏感的问题，对这个问题，有必要放到未来十年后来看。评估政策的出台背景是高等教育的大扩招，我们了解到当时有的学校，一个专业，200 个学生，只有两三名教师，各个方面都跟不上，教育部教育评估的实施，客观上推动了多方面的建设。不过，评估也存在很多问题，比如，评估政策的出台太匆忙，用一套评估指标，一把尺子，评估所有的大学，必然存在指标适用性的问题；其次，评估设计不合理，不应该评优秀良好，而是应评合格与不合格。一旦设计了优秀良好，根据中国人的文化性格，必定想方设法也要评个优秀。所以，评出来的结果是优秀很多，可是，当时状态下，优秀程度确实还达不到。我认为，后续的评估肯定不会再这么评了。此外，评估也没有充分发挥省级政府的作用，省级部门没有和学校一起来建设。设想如果由省级部门来组织实施，效果大约会更好一些。对待评估，我们需要结合当时的历史背景来综合评价，大家可以设想一下如果没有评估，我们高校的状况会是怎么样，所以有问题，要总结，要不断改进。

C2（男，62 岁，某"985 工程"大学教育学院副院长，2011 年 10 月，武汉）：教育评估公信力的问题，必然涉及从谁的视角来看的问题，视角不同，结果可能会完全不同。我们曾经组织学生调查过北京市一些大学的教师们对本科教学评估影响的评价，教师们讲，本科评估就像一场风暴，刮过去之后什么都没有了，这种观点很典型。

H3(男,华人,日本某大学教授,2011年10月,武汉):我本人作为教育部本科教学评估中心境外评估专家也参与过国内多所大学的评估工作。从中日比较的角度看,中国教育评估的评估主体,一般由学者、政府官员组成,构成比较单一,与其让媒体、文化界站在对立面来对评估进行负面报道,不如把这些有识之士吸纳到评估组织中来,吸纳媒体的、企业的、甚至学生家长参与进来。总之,评估主体有必要多元化。此外,是过程的透明化、公开化。当前的评估不太透明,外界的各种猜测必然出现。今后的改进,过程要尽可能地透明公开,还应分类评估。

W3(女,35岁,博士研究生,S师范大学,2011年10月,武汉):教育评估,高校自身的诚信也很重要,评估需要什么数据,学校都能去造,有的学校,还找年轻漂亮的女老师陪聊(陪评估专家聊天),这种状况之下还谈何公信力。

Y(男,黄冈人,81年生,2002年考入湖北农学院,该校2003年并入长江大学,动物学专业,2011年10月,1114次列车):我们老家现在年轻人上大学的不多,都去打工了。农民嘛,都很现实,花了那么多钱,找不到稳定的、或者收入高的工作,谁还去读书。不过,我觉得大学是一定要去上的,三本、高职,民办也要上。农村的孩子,不上大学,还有啥出路? 很多不都是出死力,挣不着钱,也没啥发展空间。上大学关键是一种经历,一种进入社会前的人际锻炼,这对今后的发展是有帮助的。上大学不一定是冲着学知识去的,我上大一的时候,竞选当班长,竞选锻炼了口才和胆量。当班长之后和老师们走的很近,对协调能力有很大帮助。我是班里第一个入党的,还是优秀学生干部、奖学金什么的。虽然入党对于毕业以后的工作没啥用处,但是,大学这几年的锻炼,我觉得对自己做业务是有帮助的。如果现在回过头来给所上的大学打分,我会打70。我本科毕业时根本没想过考研究生。我家是农村的,下面有弟弟妹妹,经济条件不允许,我也不太喜欢做那些研究,我还是适合和人打交道。读个硕士肯定是好事,有机会一定要去上。不是说上个研究生能学啥知识的,而是开阔开阔视野,主要是认识一些层次高一些的人。

北大清华在湖北,每年合起来也就招五六十个人。像华科,在湖北,算是招人很多了,但是,也得班里的头两名才能考得上。全国考大学太不公平了,河南、山东、湖北,我们这些地方很难考。现在的大学生真有不少眼高手低的,觉得自己该拿多少多少钱,哪有这回事。就算是大学毕业,从底层干起也是正常的。我们班的同学毕业的时候,不少人都去卖饲料了。我也是卖饲料,面向养殖场,猪饲料、鱼饲料,多得很。像我们做业务的,业务多了收入才会多,我有的同学,现在做业务一年挣一二十万的也不少。所以,找不到工作,不能光说学校,说老师,关键还是自己。

Z(男,淄博人,84年生,2002年考入山东某大学,2006年考进西部某"985工程"大学攻读园艺学硕士,2011年10月,1114次列车):我们上高中的时候,最高理想就是山东大学。(研究生就读大学)招聘老师,拿了海外的学位,还得有关系才能进。我一个师兄,联合培养,在宾夕法尼亚大学待了一年,回来后也进不来,学位不是美国的,访学的不算。这可真是个好地方,老师的收入特别高,很多老师都开宝马奔驰。作为首批985,我觉得按我们学校的实力,根本进不去,当时,西部大开发,主管农业的想重点扶持西部的农业,所以就进去了,这里还有国家级农业示范基地。中央每年投很多钱,这就是政策性扶持,不管有没有真东西出来。我接触到的老师,几乎没有一个教学好的,还不如在山东,在山东上学的时候还遇到几个教师,也不是说有多认真,关键是上他们的课,能感受到这些老师还是有想法的,他们确实是喜欢科研。

我们老家现在年轻人读大学的不多,我之后,很少有年轻人读大学了。关键还是人少了,生源数量大大减少,这非常明显,你到农村一看,就知道了。再就是,也不愿意随随便便上个大学。我现在在桓台,差不多每个月挣三四千,我才从广州回来两三个月,在广州的时候收入高得多,我父母嫌那地方太远,非让回来。我有个本科同学,前两年在济南开了个厂子,生产建筑工地上能让水泥迅速凝固的一种配料。一年就买了房子、买了汽车。我猜房子可能有贷款,不过,这也算很成功的了。没办法,他有技术,人只要有技术,就挣到大钱。

S2(女,35岁,山东省某初中英语教师,2011年11月,淄博):市、区教学能手,公开课比赛,是比较公正的,选出来的都是课上得很不错的。至于评职称,学校都有评分的办法,有教学的,比如公开课出课情况,等等;有科研的,论文发表,这倒不是什么问题,都是花钱买的,大家都有;还有获奖情况,区里的、市里的、省里的,分别多少分,(每个老师根据自己的情况)一项一项地加分,然后学校往上推,总的来说还是比较公正的,当然也不排除有人有关系,不过我觉得有关系也得大差不差。

Z1(男,33岁,山东省某初中体育教师,2011年11月,淄博):评职称是我们最关心的一件事。区里这几年评聘分开,我08年评的中教一级,到现在还是聘的中教二级,没办法,如果真按评的职称聘,区财政的压力确实也是太大。今年光我们学校就有几十个老师排着队评高级,名额只有一个,那就等呗,等老教师们退休了,我们再补上。学校都有评聘的办法,考试成绩、公开课、论文发表,论文发表大家都是买的,我就发表了两篇。我是校团委书记,这块工作评职称时加分,所以我08年就评上了中教一级,多干一些工作还是有好处的。

Z2(男,山东省某初中校长,2012年9月,上海):教育评估太重要了,尤其是在中小学。必须首先搞清楚什么是教育、什么是学校、教育的目的是什么,才能做教育评估。我们很有必要吸收西方的评估理念,关注知识之外的东西。比如学生的家庭条件,这影响着学生的学习环境和家长对学生的期待,在中国,家庭的期待很高,不过,基本上都是教育改变命运,而西方则是让孩子有思想,关注孩子将来在社会中发挥什么作用。家庭条件对孩子的成长影响很大,而我们的学校教育,我们的评估基本忽视这块。评估非常非常有用,当然,专业性也很强。比如,数学都考了80分,80分背后的含义可能有很大差异,得分点可能有差异,有的逻辑思维强,有的计算能力强。还有更深层的,有的孩子有较为明确的人生规划,这个80分是在有明确的人生目标的前提下追求的。评估如果把这些东西都挖掘出来,对教育教学的帮助引导将是很大很大的。

J1(女,30岁,某"985工程"大学教务员,2012年11月,济南)本科评估呀,不是五年一轮吗,现在咋没听到动静呢,当然,没有动静是最好的。06年的评估把我们折腾死了,没完没了地加班,有一次学院布置工作到夜里1点,实在是太痛苦,受尽折磨。当时我是辅导员,管学生,早晨5:30出发去宿舍检查,看有没有睡懒觉的。我记得清清楚楚,听到宿舍里面学生在骂我们,太遭罪了。评估不能不说是形式主义,比如,校领导觉得学生宿舍窗帘不好看,一个字,换!当时每个学院分了几万块钱,专门买窗帘,真是拼钱。还有,校内的小广告多,为了好看,大布告栏内不能贴小广告。为此,专门派两个学生从早到晚看着不让贴小广告。(有什么办法改善一下吗)说实话,我们这波人记忆中的评估太恐怖,太摧残了,我真诚建议,以后再也别搞了,饶了我们吧。

L4(女,某"985工程"大学硕士研究生,本科就读云南某高校,工作两年后读硕士,2012年11月,济南)我们学校当时评估,学生都折腾惨了。早上六点起来跑步,宿舍要求纤尘不染,桌面上不能放书。食堂的饭,老师要求必须说好吃。评估期间,确实也比较好吃,但评估过了以后,就不行了。

S3(女,33岁,山东省某小学英语教师,2012年12月,淄博):说起晋升职称,我是觉得没一点希望。现在,我们区中小学严格控制中高级职称的比例,必须是空出来一个指标,才有一个名额。这个政策是前几年才定下的,从我们学校教师们的年龄结构看,等腾出来的指标轮到我,我也该退休了。我现在每个月收入差不多2500元,这还是今年刚涨上来的,前提是集资了一万块钱。我觉得我身边的老师没几个愿意当老师的,只不过是不当老师,又能做些别的什么呢。

W4(男,40岁,某"985工程"大学副教授,2013年1月,济南):申报课题是有方法的,要讲技巧,一定一定要认真对待。我报的××课题,光申报书就写了两个月,当时在外地,什么也不干,一门心思写这个申报书,最后批下来了。还有,要提高课题命中率,研究必须聚焦,我现在就关注大学组织的制度逻辑,发表的也都是这方面的论文,以后再报课题,命中率肯定要高。

C3(男,某"985工程"大学副校长,2013年1月,济南):我现在最关心的是对教师的评价。我想知道用什么方法能选出全校教学最好的5%和最差的5%。好的表彰,差的培训。(为什么一定要坚持选后5%)现在,我们学校大部分老师上课都不认真,我们要站在学生的角度上,把最不认真的选出来,让他们去培训,又不扣他们工资,又不影响待遇,怎么会遇到这么大的阻力。不能光站在教师的立场上,不站在学生的立场上,我们的学生,那么高的分数考进来,本科四年教育,给了学生什么?!学生是客户,他们不满意了,就要把让他们不满意的老师找出来。你好我好大家好,老好人都会做,可是能有效促进教学吗。如果全员培训,现在没有那么多的师资。先选出这个5%,让他们先来培训,那处在6%位置上的、8%位置上的就有了危机感,他们能自觉地提高自己的教育教学水平。改革是要得罪人,我们不要害怕得罪人。

S4(女,某省属师范大学发展规划处工作人员,某"985工程"大学在读博士生,2013年3月,上海):每年×××的大学排行榜一出来,我们都会买过来,把涉及我们学校的信息进行认真的整理,哪些排名提高了,都要写成材料向校领导汇报,有时也给相关学院打电话,他们也很高兴。领导对大学排行很关注,这无可厚非,他们想在任期内有看得见的成果。可是,这几年,对排行榜的关注明显过了头。省内另一所大学把×××请过来做讲座,请他帮着分析学校在哪些指标上还有潜力,顺便给一大笔讲座费,这所学校的排名就上去了。我们规划处的领导也准备这么做,花钱买个好排名,领导高兴,规划处还能弄点活动经费。

X2(男,某"985工程"大学终身教授,2013年3月,上海):当下的社会可以用"形势大好、秩序大乱、人心大坏"来形容。道德伦理实用化、相对化,导致信用破产,造假之风盛行。所有的造假都有冠冕堂皇的理由。前几年的教学评估,发动学生集体造假,却有一套冠冕堂皇的理由。中国人越来越没有原则,只要对自己、对小集团有利,对幸福的追求可以超越其他所有的伦理原则,恰恰道德伦理是绝对的,对神对上帝、对天理天命的敬畏,没有敬畏很容易走极端。儒家的道德要求高,会产生虚伪的人,也就是伪君子。人有善恶二重性,既有可能向上行善,又有可能向下堕落。因为人性向恶,所以民主是必要的,因为人性向善,所以民主是可能的。中国教授很轻松,美国教授很累,学校里面什么事情都要民主讨论,民主要搞起来,离不开献身的公益精神。人具有神魔二元性,好的制度激发人的道德心,重建伦理要有好的制度,制度非常重要。中国社会道德伦理并不是一直在堕落,汶川地震之后,社会尤其是北京、上海、广州等地出现各种志愿者,生活稳定之后不少人想为社会做点事,越来越多的光明、正能量在萌发弥漫。崔卫平教授讲,你的脚下就是你的中国,你是什么样的中国就是什么样的。在当下这个社会,诅咒黑暗很过瘾,但更重要的是尽本分,不做自己认为不该做的事情,一点一点力所能及地去影响周边,改善你的小环境。不要比,有多少光就发多少热,点亮你的蜡烛,你的中国就不再黑暗。

Y1(男,某中美合办大学校长,2013年5月,上海):教育评价真是蛮有意思。大学的招生,核心问题就是学生评价,如何考试,怎么评价。中国大学招生的公信力太低了，大家谁都不相信，什么都不相信，只有分数还能让人有点信任。可是，光看分数，完全根据这个考试分数也有问题，所以，教育陷入了一个怪圈。

我们的招生，基本采用美国大学选拔学生的作法。美国大学在招生时，一般不特别重视分数，当然，也有SAT等考试，这是录取的重要参考，但不是唯一重要的。美国人认为，当分数达到一定程度之后，再高一点低一点就不重要了，需要考察学生的人格特质与培养潜力。美国教育特别注重定性评价，就是关于人的自身特长、潜能禀赋、人格特点、人际沟通交往能力等方面的评价。我们希望招充满好奇、勇于创新、有国际视野、愿意跨文化沟通的学生，我们需要考试分数，但更重要的是定性评价。有学生和家长提出来，定性评价多是主观的，怎么保证评得准确，没有人找关系。我料到家长和学生们会问这样的问题。我说，主观标准不妨碍选拔人才。我们的招生老师全是美国人，他们谁也不认识，不存在关系问题。再说，单纯以考试分数作为学生水平的标准也有问题，考分上的几分差异，智力其实差不多，严格按照分数选拔，看似客观，并不准确。我这段时间常常引用新民晚报上一个上海女生的例子，这个女生非常优秀，SAT等考试分数极高，她申请哈佛大学，哈佛没有录取她，她后来被MIT录取。她到了美国，经常到哈佛去，想知道为什么哈佛不录取她，慢慢地她发现，哈佛大学不录取她，是她不适合哈佛，或者哈佛不太适合她。哈佛大学的教育目标在于培养领袖人物，因此招生时更关注领导力、社会责任，希望学生活泼开朗善沟通，相对不太重视单一的智力因素。而她，智商高，能沉下心来做研究，还有点钻牛角尖，个性特征更适合做工程师，MIT的目标就是培养卓越的工程师。在这种评价机制下，她进了一所最适合她的学校。美国大学选拔学生时都有各自的期待和追求，这里面没有谁谁最好的意思，更多是适合。哈佛是名校，当然很多人去申请，但并不是每个人都认为上哈佛是最适合的。而国内，大家则是千方百计上最好的学校，大家所认为的好，主要还是以后能有权有钱，这些问题很麻烦。国内大学的评价过于单一，现在没有意识，也不太在乎是否适合学生。多元化的发展是解决中国教育问题的根本方向，多元的发展离不开多元化的招生，招生又需要科学的学生评价。

附表1 访谈对象对教育评估的关注议题

编号	关注议题
X1	教育发展观(专业化);政府干预过强;教育决策中的"官本位";教育的政绩观
L1	特定评估项目——教师评聘中的价值标准:重"政治性"轻"专业性"
L2	首轮本科教学评估对新建本科院校教学管理规范化方面的积极推动
S1	政府部门委托中介组织的评估尝试;中介组织评估功效发挥;评估判断中的说理论证,评估的专业化水平及提升路径;评估公信力提升需加强全面监督
C1	评估指标体系及组织实施的专业化水平;语文考试异化所导致的严重后果;评估项目的发展进步及其表现
W1	学术关系网的普遍及严重程度以及评估参与者的诚信式微
H1	校方管理中基于底线标准的评估思维及其践行;基于教师自由的"管评"机制
H2	第三方评估的公正困境
W2	对当前高校教师整体教学质量的消极判断及原因分析;缺乏有效指导的大学生的学习状况;对"世界一流大学"建设目标达成可能性的极端怀疑
X	对职称评审中"关系""人情"影响及其变化状况的判断;对不合理考试办法的无奈及妥协;对"专家"在实践层面上的专业水平的不认可及基于江浙等地教师教学的对比反思;对"一人得道,鸡犬升天"传统文化的质疑
L3	本科教学评估的时代正当性;评估的推动作用;评估政策的科学性,如指标及等级设定的反思、对评估组织实施中中央与地方分工协调的反思
C2	指出评估公信力离不开施信者的理解视角。从大学教师的视角看,本科评估这场"风暴",刮过去之后什么都没有留下
H3	国内评估中评估主体构成单一,公信力提升需加强参与协商及互动,增进公开透明
W3	评估相对人的迎合及评估过程中的不规范行为
Y	教育价值观;高考机会的严重不公
Z	大学教师招聘中的选聘办法及"关系"运作,对"985"工程遴选办法的理解及质疑;对当前大学教师教学质量普遍低下状况的感知;教育价值观及教育发展观
S2	对特定评估项目(教学能手、公开课比赛等)公正性的认知,对指标体系及评估办法的看法
Z1	职称评审中的指标配额、评估导向
Z2	教育评估的重要性,教育、学校目的对于评估的基础性影响;教育评估对家庭之于学生影响的挖掘,评估对考试等信息的深度挖掘及其对教学的促进

编号	关注议题
J1	本科评估中的形式主义及人力财力的浪费；评估中辅导员等超负荷的不合理劳动
L4	学生对本科教学评估中形式主义现象的描述
S3	职称评聘中的名额配给、教育发展的不均衡及其负面效应
W4	学术评价的导向及其消极效应
C3	对教师教学评价方法的关注；当前大学教师忽视教学的严重程度；教学评价重要性
S4	高校管理体制对大学排行的过度关注及背后的利益交易
X2	诚信危机及道德重建的出发点
Y1	国内大学招生公信力低下的总体判断及后果；大学招生选拔中考试分数的中美比较分析；大学发展的多元化及评价办法的多元

图书在版编目(CIP)数据

教育评估公信力研究/张会杰著.—上海：上海三联书店，
2016.9
ISBN 978-7-5426-5637-7

Ⅰ.①教… Ⅱ.①张… Ⅲ.①教育评估－研究－中国
Ⅳ.①G40-058.1

中国版本图书馆 CIP 数据核字(2016)第 154758 号

教育评估公信力研究

著　　者 / 张会杰

责任编辑 / 殷亚平
装帧设计 / 周剑锋
监　　制 / 李　敏
责任校对 / 张大伟

出版发行 / 上海三联书店
　　　　　(201199)中国上海市都市路 4855 号 2 座 10 楼
网　　址 / www.sjpc1932.com
邮购电话 / 021-22895557
印　　刷 / 上海惠敦印务科技有限公司

版　　次 / 2016 年 9 月第 1 版
印　　次 / 2016 年 9 月第 1 次印刷
开　　本 / 710×1000　1/16
字　　数 / 290 千字
印　　张 / 18
书　　号 / ISBN 978-7-5426-5637-7/G·1432
定　　价 / 48.00 元

敬启读者,如发现本书有印装质量问题,请与印刷厂联系 021-56475597